D1481527

DARWIN

JOSÉ LUIS MARTÍNEZ SANZ
Y
ANA MARÍA GONZÁLEZ MARTÍN

Copyright © EDIMAT LIBROS, S. A.
C/ Primavera, 35
Polígono Industrial El Malvar
28500 Arganda del Rey
MADRID-ESPAÑA

ISBN: 84-9764-582-0
Depósito legal: M-35191-2004

Colección: Grandes biografías
Título: Darwin
Autores: José Luis Martínez Sanz y Ana María González Martín
Coordinador general: Felipe Sen
Coordinador de la colección: Juan Ernesto Pflüger

Diseño de cubierta: Juan Manuel Domínguez
Impreso en: COFÁS

Reservados todos los derechos. El contenido de esta obra está protegido por la Ley, que establece penas de prisión y/o multas, además de las correspondientes indemnizaciones por daños y perjuicios, para quienes reprodujeren, plagiaren, distribuyeren o comunicaren públicamente, en todo o en parte, una obra literaria, artística o científica, o su transformación, interpretación o ejecución artística fijada en cualquier tipo de soporte o comunicada a través de cualquier medio, sin la preceptiva autorización.

IMPRESO EN ESPAÑA – *PRINTED IN SPAIN*

INTRODUCCIÓN

Un funeral en la abadía

El 26 de abril de 1882, en un brumoso día de la primavera inglesa, en la emblemática abadía británica de Westminster (construida en el centro de Londres desde 1245) se desarrollaba una ceremonia fúnebre marcada por el dolor de los familiares del finado, pero en medio del respeto de los concurrentes y con la solemnidad acostumbrada en este tipo de actos religiosos. Por otro lado, la grandeza y hermosura de la propia abadía confería a aquel acto un tono de grandiosa solemnidad, enmarcada con los pendones heráldicos de los nobles allí enterrados y los de sus condados y señoríos, que colgaban de la galería superior, junto con los cantos fúnebres del oficio de difuntos anglicano. En su camino hacia el pasillo norte de la nave y entre otros personajes ilustres, portaban aquel féretro algunos de los mejores científicos de Inglaterra: John Lubbock, Thomas H. Huxley, Alfred R. Wallace, Joseph D. Hooker y el duque de Argyll.

Aquel día se daba sepultura en la más famosa abadía de Inglaterra a un hombre conocido en todo el mundo por sus escritos; pero no era un poeta ni un novelista, sino un científico: Charles Robert Darwin (1809-1882). Este hombre había sido una verdadera «piedra de escándalo», según el dicho del Evangelio, y no sólo en su propio país, la Inglaterra victoriana, sino en todos los ambientes religiosos, universitarios e intelectuales. Su teoría de la *evolución de las especies* había dividido al mundo científico, había enfrentado a éste con los círculos religiosos y, además, parecía atentar no sólo contra el dogma religioso, sino también contra el orden moral y la dignidad humana.

Su trabajo científico como naturalista, y la teoría evolucionista que formuló para definir sus conclusiones, sacudió el mundo científico existente hasta entonces, y sus consecuencias llegaron aún a trascender más allá del campo estrictamente científico al servir de apoyo a teorías política y sociales. Los estudiosos de historia de la ciencia saben que, así como Albert Einstein ha sido la gran figura científica del siglo XX por su aportación a la Física, Charles Darwin fue la figura científica del siglo xix al igual que Galileo Galilei e Isaac Newton lo habían sido en el xvii. Y aunque parezca curioso, fue precisamente cerca de la tumba de Newton donde Darwin recibió sepultura en la abadía.

Para entender la importancia y la grandeza de este personaje, basta fijarse en un detalle. La vida de Darwin transcurrió durante la época de esplendor de la Inglaterra victoriana: la reina Victoria I, diez años más joven que Darwin, ascendió al trono británico en 1837 y murió en 1901; sin embargo, sólo historiadores y políticos recuerdan a aquellos prohombres —Peel, Palmerston, Disraeli, Gladstone, Salisbury— que construyeron el Imperio británico, mientras que Darwin es conocido y respetado en todas las partes del mundo y su teoría sigue siendo el imprescindible punto de referencia para conocer el panorama de la ciencia en el siglo xix.

Sin embargo, en su fama universal hay un error generalizado, incluso entre el público culto. Si se pregunta a cualquiera quién fue Darwin, hasta los niños de escuela dicen que era «*el que decía que el hombre viene del mono*». Y esto es falso: Darwin jamás dijo eso ni nada parecido. Lo que el naturalista inglés defendió durante toda su vida con gran convicción es que el hombre actual y el mono actual descienden de un antiguo tronco común, que en el remoto pasado se separó para dar origen a dos especies distintas. Esa falsa creencia reduccionista es la que suscitó el lógico rechazo de todos los creyentes, para quienes es una verdad de fe lo escrito en la Biblia: el hombre es una creación de Dios.

Charles Darwin fue un científico británico cuyos trabajos, descubrimientos y conceptos del desarrollo de todas las formas de vida, a través del proceso lento de la selección natural, sentaron las bases de la moderna teoría de la evolución de las especies vivas. Su trabajo tuvo una influencia decisiva sobre las ciencias de la vida y de la tierra, y sobre el pensamiento moderno en general. Además de influir decisivamente en la mentalidad y en la sociedad de su tiempo, el famoso naturalista dejó sentir su autoridad en tres áreas científicas: Biología general, Botánica y Geología. Y a pesar de vivir en el siglo xix, el siglo en que la soberbia humana alcanzó su culmen en los países germánicos y anglosajones, mantuvo su respeto y fidelidad al pensamiento de los antiguos (no a su ciencia, que era escasa y precaria); así, hablando de Aristóteles, decía: *Yo tenía un gran concepto de los méritos de Aristóteles, pero no tenía idea de lo fantástico que era. Linneo y Cuvier, por distintos motivos, han sido como dioses para mí, pero no son sino meros aprendices del viejo Aristóteles.*

A pesar de todo el escándalo que suscitó la teoría de Darwin, y aunque había fallecido el miércoles 19 de abril de 1882 en su domicilio de Down House, en Bromley (Kent), cuando contaba 73 años, gracias a una rápida campaña que iniciara John Lubbock y a la colaboración de 19 diputados del Parlamento, debido a su relevancia científica se le concedió el honor *post mortem* de ser sepultado una semana después en la abadía de Westminster, muy cerca de las tumbas de Newton († 1727), de Faraday († 1867) y de Ch. Lyell († 1875). Acerca del sepelio —y del correspondiente funeral— en la Abadía de Westminster (Londres), y a pesar de que Darwin había producido escándalo en los clérigos y fieles anglicanos, es sabido que el viernes 21 (Darwin había fallecido el día 19) fue dirigida al Dr. Bradley, Deán de Westminster, una carta firmada por veinte miembros del Parlamento, y cuyo tenor era el siguiente:

CÁMARA DE LOS COMUNES, 21 de abril, 1882.
REVERENDÍSIMO SEÑOR: Esperando que no crea que nos tomamos una libertad, nos atrevemos a sugerir que muchos de nuestros compatriotas de todas las clases y opiniones desearían que nuestro ilustre conciudadano Mr. Darwin fuera enterrado en la Abadía de Westminster. Sus fieles servidores, John LUBBOCK, Nevil Storey MASKELYNE, A. J. MUNDELLA, G. O. TREVEL-YAN, Lion PLAYFAIR, Charles W. DILKE, David WEDDER-BURN, Arthur RUSSELL, Horace DAVEY, Benjamin ARMI-TAGE, Richard B. MARTIN, Francis W. BUXTON, E. L. STANLEY, Henry BROADHURST, John BARRAN, J. F. CHEE-THAM, H. S. HOLLAND, H. CAMPBELL-BANNERMAN, Charles BRUCE y Richard FORT.

Aunque en aquella fecha el Deán estaba en el extranjero, telegrafió rápidamente su consentimiento con verdadera cordialidad. Nada que objetar por parte de la Iglesia anglicana, pero sí por la familia del difunto: los Darwin deseaban enterrar los restos del naturalista en Down, en la aldea elegida por él como lugar de residencia; pero en contra de ese deseo familiar, el también naturalista y político Sir John Lubbock escribió al hijo de Darwin una sencilla y escueta carta, pero muy emotiva, en la que reflejaba su respeto y su afecto a quien había sido su mentor científico:

CÁMARA DE LOS COMUNES, 25 de abril de 1882.
QUERIDO DARWIN:
Comprendo perfectamente sus sentimientos, y personalmente hubiera preferido que su padre descansara en Down,

entre nosotros. Por supuesto, queda clarísimo que no fue usted el que tomó la iniciativa. Ahora bien, desde el punto de vista de la nación lo justo es, evidentemente, que sea enterrado en la Abadía. Considero un gran privilegio el que se me permita acompañar a mi gran maestro a la tumba. Con mi sincero afecto, JOHN LUBBOCK.

La familia acabó cediendo en su primitivo proyecto, y tanto el sepelio como el funeral se celebraron en la Abadía de Westminster el miércoles 26 de abril, justamente una semana después de la muerte del naturalista británico. Llevaban el féretro varios naturalistas, profesores unos, políticos otros, pero todos unidos por el afecto común al fallecido: Sir John LUBBOCK, Mr. HUXLEY, Mr. James-Russel LOWELL (embajador norteamericano), Mr. A. R. WALLACE, el Duque de DEVONSHIRE, Mr. Canon FARRAR, Sir Joseph HOOKER, Mr. William SPOTTISWOODE (Presidente de la *Royal Society*), el Conde de DERBY y el Duque de ARGYLL. Además de tan ilustres personajes y amigos, asistieron al funeral representantes de Francia, Alemania, Italia, España, Rusia, y de varias universidades y sociedades eruditas, así como un gran número de amigos personales y hombres eminentes.

La tumba de Darwin está en la nave norte, cerca del ángulo del coro, a pocos pies de la de Sir Issac Newton, y su lápida lleva esta sencilla inscripción:

CHARLES ROBERT DARWIN
nació el 12 de febrero de 1809
murió el 19 de abril de 1882

Fue el único honor nacional que recibió. A juicio de Bowler, ese honor puede interpretarse como un símbolo de la transformación cultural que había desencadenado su teoría, pero también como la expresión de una curiosa realidad social: lejos de destruir los valores tradicionales de la civilización cristiana europea, el evolucionismo transfirió de la Iglesia a los científicos la responsabilidad de salvaguardar esos valores de progreso humano. Pero la realidad es que eso ha resultado una falacia: en el siglo siguiente, el siglo xx en el que todos hemos vivido, no se impusieron esos valores, sino el fanatismo ideológico (comunismo y nazismo) y el capitalismo liberal y su culto al nuevo *dios dinero*. Y, precisamente, muchos científicos de ese siglo pusieron sus inteligencias y conciencias no al servicio de los valores del progreso humano, sino al servicio de la guerra, la barbarie, la destrucción con bombas atómicas, el genocidio (desde el de los judíos por Hitler y los japoneses por EE.UU. hasta el actual de los palestinos por los judíos, que han pasado de víctimas a verdugos) y la opresión de grandes sectores de la Humanidad. Y, sin embargo, en esta época a la que G. Fernández de la Mora definió como «el crepúsculo de las ideologías», lo más curioso es que quienes en la práctica sirven al capitalismo liberal y a su *diosdinero* se autodenominan «progresistas». Como decían nuestros inteligentes abuelos, «*vivir para ver*».

La cultura y la ciencia en aquellos momentos

A finales del siglo XIX, ante la revolución científica y tecnológica que se estaba produciendo entonces, el jefe del partido *tory* británico, Lord Salisbury (1830-1903), comentaba: *Son los científicos los que están cambiando el mundo, y nadie parece darse cuenta. Los políticos no son más que el volante que gobierna las ruedas, pero los científicos son la potencia motriz.* También en la primera mitad de ese siglo, el siglo en que la soberbia anglosajona alcanzó su culmen, se cumplía este acertado juicio del líder conservador. El problema inicial es que no resulta sencillo ni fácil definir qué es y qué ha sido la ciencia, y sobre qué principios o leyes se basa. Habitualmente definimos la **ciencia** como *el conocimiento sistematizado de un tipo de fenómenos junto con el de las causas que los originan.* Respecto a los fenómenos que producen admiración, es sabido que, desde los inicios de la Humanidad, lo que despertó la curiosidad de los primeros hombres (y aún hoy sigue despertando las primeras curiosidades de nuestros niños) fueron los fenómenos o manifestaciones de la Naturaleza; y no sólo los espectaculares y extraños, sino también los más normales y cotidianos.

Por su parte, los escolásticos medievales definieron la ciencia como «el conocimiento cierto de las cosas a través de sus causas o principios». Esta visión causal suponía la existencia de unas leyes a las que cualquier fenómeno concreto estaba sujeto. Como postulado o axioma se entendía que esas leyes eran inmutables, puesto que habían sido establecidas por Dios al crear el mundo: por ello, conociendo las causas de un fenómeno, se tenía la certeza de poseer la «ciencia» de aquella disciplina o área de conocimiento. Este tipo de conocimiento científico se adquiría, normalmente, por la observación y experimentación de las supuestas causas, y producía una certeza basada en el principio lógico de «no contradicción»:

9

una cosa no puede ser algo y su contrario al mismo tiempo y bajo el mismo aspecto.

En nuestros días, aunque pueda discutirse el significado y los contenidos del concepto «ciencia», lo que sí es claro —y así es aceptado por todos— es que la base del conocimiento científico descansa en el principio de «verificación»: una teoría o ley científica es válida en tanto en cuanto funcione como tal, y así es mantenida y usada hasta que otra teoría o ley científica venga a sustituirla, mejorarla o mostrarse más operativa. Por ello, es inútil hacer una definición de la ciencia. Es tan antigua, ha sufrido tantos cambios y malentendidos a lo largo de la Historia, está tan encadenada en cada época al resto de las actividades sociales, que cualquier tentativa de definición —y ha habido muchas— sólo podría expresar inadecuadamente uno de sus muchos aspectos.

La ciencia puede describirse y estudiarse como institución, como método, como una tradición acumulativa de conocimientos, como agente decisivo en el mantenimiento y desarrollo de la producción, o como uno de los factores más influyentes en la configuración de las creencias y actitudes hacia el universo y hacia el hombre. En nuestros días, la ciencia aparece para el vulgo como una actividad extraña y cerrada, altamente especializada, llevada a cabo por una clase también especial de personas: los científicos. John Bernal nos recuerda que este término no es demasiado viejo, pues ya fue usado por Whewell en su *Philosophy of Inductive Sciences* de 1840: *Realmente* —decía— *necesitamos un nombre para designar al cultivador de la ciencia en general. Yo me inclinaría a llamarle «científico».*

Ciertamente, en el pasado se han olvidado o descuidado mucho en los libros de Historia los efectos de la ciencia en la sociedad, en la vida humana; incluso todavía en nuestros días son tratados de modo superficial o erróneo. En esos libros se sigue dando una tendencia a considerar el estado de la ciencia al mismo nivel notificador que el de la literatura o el del arte, tratándolo como una especie de apéndice cultural de la temática política, sociológica o —como todavía se sigue haciendo— económica de cada período histórico. Por el contrario, se necesita una reflexión y constatación sobre las aportaciones de la ciencia a la técnica y al pensamiento, lo cual mostraría plenamente justificada su inserción en el desarrollo diacrónico de la Historia. La ciencia influye en la Historia de dos maneras: o bien originando cambios en los medios y métodos de producción, o bien mediante el impacto de los descubrimientos, ideas y postulados científicos en la ideología de la época, en las mentalidades de las gentes.

Por ello, los grandes cambios que han tenido lugar en el pensamiento de la Antigüedad, en el del Renacimiento y en el de la época moderna sobre la concepción humana del universo, y sobre el lugar y función que en él corresponde al hombre, se han debido casi exclusivamente a la ciencia. Por ello, el nuevo «reino de la ley natural» inaugurado por Galileo y Newton parecía justificar, al mismo tiempo, el retorno a un simple deísmo en materia religiosa, el *laissez faire* económico, y el liberalismo político. La selección natural de Darwin, pese a haberse originado a partir de esa ideología liberal, fue utilizada a su vez para justificar la más cruda explotación y sujeción racial, según el principio de «supervivencia del más fuerte». Por el contrario, una comprensión más profunda de la evolución ha servido para hacer claro el camino por el cual, a través de la sociedad, el hombre puede trascender los límites biológicos de la evolución animal y lograr una evolución social más profunda, dirigida conscientemente.

Precisamente porque se entiende que la ciencia es el conocimiento de los fenómenos y de las causas o leyes que los producen, desde la Edad Media se ha buscado el saber científico sobre algo indagando cuáles eran las leyes que regían ese objeto del conocimiento. De ahí que los científicos y estudiosos hayan buscado durante los últimos cuatro siglo **las leyes** que rigen cualquier ámbito:

• **Nicolás Copérnico** y **Galileo Galilei:** en los siglos XVI y XVII, respectivamente, buscaron y encontraron las leyes que rigen el sistema solar, creando el *sistema heliocéntrico* (el giro de los planetas en torno al Sol).

• **Isaac Newton:** a finales del siglo XVII formuló las leyes que rigen los movimientos giratorios y orbitales de los astros a través de la *gravitación universal*.

• **Charles Darwin:** en el siglo XIX expuso las leyes que rigen la Naturaleza mediante la *evolución de las especies por selección natural*.

• **Karl Marx:** también en el XIX, estableció la *lucha de clases* como la ley que —según él— rige la sociedad humana.

• **Sigmund Freud:** en la primera mitad del siglo XX, propuso las leyes que rigen el pensamiento o alma humana, cuyos impulsos o instintos se captan mediante el *psicoanálisis*.

• **James Watson, Francis Crick, Severo Ochoa de Albornoz y Arthur Kornberg:** en la segunda mitad del siglo XX, establecieron las leyes que rigen la vida y sus manifestaciones, a través de la genética según el ADN y el ARN.

A la hora de elaborar esta biografía de Darwin, no basta con narrar la vida del personaje; para entender su figura y su importancia en la

11

Historia y en la ciencia es preciso hacer un breve recorrido por la **tradición histórico-científica** en la que él se inscribe como una gran figura. Según el físico John Bernal, la darwinista teoría de la evolución cambió la dirección científica y filosófica del mundo occidental, asunto que él considera de la máxima importancia: el darwinismo rompió con los eleáticos y los aristotélicos, recuperando en cambio la doctrina de los jonios basada en el cambio, tal como lo formulara Heráclito. El evolucionismo, en efecto, venía de lejos: a pesar de que durante siglos el origen de los seres vivientes fuera explicado con las palabras del *Génesis*, los griegos habían desarrollado curiosas teorías que contradecían la idea de que las especies habían sido creadas tal y como las vemos, y de que eran fijas e inamovibles. Llegaron a establecer, por ejemplo, que las divergencias y transformaciones de los seres orgánicos provenían de un tronco común, y explicaron la precedencia de las plantas sobre los animales en una serie evolutiva, tesis esta que sostuvo Empédocles de Agrigento.

Aunque el Renacimiento recuperó algunas de estas teorías, la idea de la evolución no comenzó a abrirse paso hasta el siglo XVIII. En la Historia de la Ciencia, ese siglo ha sido denominado «*el siglo de las luces*», puesto que se decía que había sido iluminado por las luces de la Razón y de la Ciencia. De este modo, razón y ciencia fueron los dos conceptos dominantes en un siglo que culminaría con un movimiento cultural (la Ilustración) y una obra que manifestaba los logros del hombre (la Enciclopedia francesa). El *mecanicismo* imperante en aquel pensamiento hizo que las ciencias destronasen a la metafísica: los filósofos pensaban como geómetras y matemáticos, y renunciaban a descubrir el «porqué» de las cosas, contentándose con conocer el «cómo». La ciencia dieciochesca mantuvo el equilibrio de los dos métodos en los que se apoyaba: era decididamente experimental (newtoniana), sin renunciar por ello al principio de evidencia racional (cartesiana). El espíritu geométrico estaba presente en todas las creaciones humanas: el orden, la claridad, la precisión y la exactitud reinan en todo. La veneración del público culto por todo lo que se relacionase con la ciencia era tal, que se llegó a considerar el desarrollo de las ciencias y las técnicas como una condición imprescindible para la llegada de las «luces». De este modo se inició una moda o afición por la ciencia, que acabó teniendo importancia decisiva.

En ese tiempo, el método experimental contribuyó a mejorar la noción de especie, y el espíritu de la Ilustración combatió las supersticiones y las ideas pseudocientíficas. Uno de los precursores del evolucionismo, Buffon, afirmó la autonomía de la ciencia frente a la religión y criticó la clasificación de Linneo, pues en algunos aspectos representaba una especie de secularización del mito bíblico de que —tras el Diluvio Universal— las especies descendían directamente y sin variación de la pareja original creada por Dios. A pesar de que sostuvo la teoría «creacionista» sobre la inmutabilidad de las especies, Buffon contribuyó también al pensamiento evolucionista al introducir la noción de progreso y de encadenamiento (los diferentes eslabones o etapas de una misma cadena) de los seres naturales.

Darwin nace y vive en el siglo XIX, y —como es lógico— recibe la herencia científica del siglo anterior. Durante los años de mediados del siglo y tal como había dejado establecido en el sigo anterior Buffon y más recientemente Cuvier, el creacionismo era el pensamiento general del pueblo vulgar, pero también el de la mayoría de los científicos: no poseían teoría alguna que añadiese nada nuevo a lo hasta entonces admitido universalmente. Sin embargo, empezaban a aparecer teorías y doctrinas que rechazaban el creacionismo y la inmutabilidad de las especies: así, el cambio orgánico había sido ya sugerido por el mismo Buffon; Lamarck había hablado ya claramente del cambio o variación en la naturaleza, denominándolo «modificaciones», mientras que Saint-Hilaire lo llamaba «mutaciones»; incluso Erasmus Darwin, el abuelo del naturalista, había dedicado un capítulo a la transmutación en su obra *Zoonomía*, editada en 1794-1796.

Respecto al área de la Geología, mientras la Orogenia oscilaba entre el *neptunismo* del alemán A. Werner y el *plutonismo* del escocés J. Hutton, quienes en el siglo anterior habían establecido respectivamente la acción del mar o del fuego en la morfología terrestre, en la primera mitad del siglo XIX se iniciaba la Paleontología estratigráfica, que culminaría cuando Renevier presentó en el congreso de Zurich de 1894 su *Cronógrafo geológico*: la Tierra tenía 5 «eras», divididas en períodos y subdivididos en pisos. La mayoría de los geólogos seguían la teoría «*catastrofista*» que propugnaba que la Tierra había experimentado una sucesión de creaciones de vida animal y vegetal, y que cada creación había sido destruida por una catástrofe repentina como un levantamiento o convulsión de la superficie terrestre.

De acuerdo con esta teoría, la más reciente catástrofe, recogida en la Biblia como el «diluvio universal», habría eliminado toda la vida excepto aquellas especies que se salvaron en el arca; el resto habría quedado visible solamente como fósiles; desde el punto de vista de los catastrofistas, las especies habrían sido creadas inmutables e individualmente, lo que equivaldría a decir que no habrían cambiado o evolucionado con el paso del tiempo. El catastrofismo fue cuestionado por el geólogo inglés Sir

13

Charles Lyell en su trabajo de dos volúmenes *Principios de Geología* (1830-33): sostenía Lyell que la superficie de la Tierra está sufriendo un cambio constante, como resultado de las fuerzas naturales que operan uniformemente durante largos períodos de tiempo. Veinte años después, Leonce Elie de Beaumont combatiría abiertamente el catastrofismo en sus magistrales libros sobre las montañas de Francia.

Por lo que se refiere a la Biología, a lo largo de la Historia ha sido siempre obvio para la mayoría de las personas que la gran diversidad de la vida, la increíble perfección con la que están dotados los organismos vivos para sobrevivir y multiplicarse, y la desconcertante complejidad de las estructuras vitales, sólo pueden ser obra de la creación divina. No obstante, una y otra vez han existido pensadores aislados que creían que debía haber una alternativa a la creación sobrenatural. En la antigua Grecia existía la noción de que las especies se transformaban en otras especies; esta creencia quedó arrinconada hasta que en el siglo XVIII fue retomada por pensadores como Pierre de Maupertuis, Erasmus Darwin y Jean Baptiste de Lamarck. En la primera mitad del siglo XIX, esta idea se hizo habitual en los círculos intelectuales, aunque siempre de forma vaga y sin que existiera una visión clara del mecanismo que podía originar estas modificaciones.

Para precisar aún más, a pesar de haber estudiado en las universidades de Edimburgo y Cambridge las carreras de Medicina y Teología, Charles Darwin era un naturalista. El término «naturalista» se aplica a quienes se dedican al estudio de la Naturaleza; hasta el siglo XIX, la ciencia que versaba sobre ese estudio se llamó **Historia Natural**, nombre que reflejaba literalmente el título que Plinio el Viejo (s. I d.C.) dio a la obra que escribiera acerca de la Naturaleza; desde entonces, ese término abarcaba todas las ciencias que estudiaban la naturaleza o alguno de sus elementos. A su vez, el término *Ciencias Naturales* es la traducción de la expresión alemana *Naturwissenschaft*, lengua en la que los naturalistas de los siglos XIX y XX expusieron las mejores investigaciones que se realizaban en estas disciplinas. El primer término, el latino, se usó y pervivió hasta el siglo XIX, en que progresivamente fue desplazado por el término alemán: éste es hoy más conocido y utilizado incluso por los niños de nuestros colegios e institutos, mientras que aquél se ha mantenido en el lenguaje intelectual, siendo manejado por los naturalistas, académicos, universitarios e historiadores de la ciencia.

En la época en que Darwin nació, estudió y desarrolló su actividad en el ámbito de la Historia Natural, los postulados de esta ciencia estaban directamente influidos por las doctrinas y teorías de tres grandes personajes. El primero de ellos era Georges-Louis Leclerc, conde de **Buffon**, (1707-1788), naturalista francés y autor de uno de los primeros tratados globales de historia de la Biología y la Geología no basados en la Biblia. Estudió Medicina, Botánica y Matemáticas, y desde 1732 entró en relación con los intelectuales franceses. Fue admitido en la *Real Academia de las Ciencias* en 1734 y prosiguió sus eclécticos trabajos científicos hasta su nombramiento como intendente del *Jardin du Roi* en 1740. Su principal obra fue la *Historia natural*, un trabajo en 36 volúmenes que publicó entre 1749 y 1789 en el que incluía una completa descripción de sus características mineralógicas, botánicas y zoológicas: en él se ofrecía la primera visión transformista o evolutiva en la historia de la Tierra, recurriendo sólo a causas empíricas (no a la providencia de Dios) para explicar los fenómenos naturales. Como fruto a su trabajo y merecido prestigio, Luis XV lo nombró en 1773 conde de Buffon.

La segunda gran figura era otro naturalista francés: **Georges Cuvier** (1769-1832), considerado el creador de la Anatomía comparada y la Paleontología, especializado en la reconstrucción de fósiles. En Alemania estudió ciencias administrativas, jurídicas y económicas, que completó con Historia Natural y Anatomía comparada. Por invitación del naturalista Étienne Geoffroy Saint-Hilaire, se trasladó a París en 1795 para trabajar en el recién reorganizado Museo de Historia Natural: inmediatamente fue nombrado profesor de Zoología y de Anatomía animal. Gracias a su formación administrativa, su brillante estilo expositivo y su atractiva personalidad, Cuvier prosperó rápidamente y fue nombrado catedrático del Colegio de Francia en 1800. Al igual que sus colegas Geoffroy Saint-Hilaire y J. Lamarck, Cuvier creía que era posible ordenar u organizar los seres vivos en una serie continua, empezando por los organismos más sencillos y terminando por los seres humanos.

No obstante, abandonó esta doctrina en 1800, y comenzó a difundir su propia idea de que, según la estructura corporal de los animales, existían cuatro «tipos corporales» básicos en el reino animal: vertebrados, articulados, radiados y moluscos. Además de esta clasificación, Cuvier propuso tres hipótesis morfológicas: la primera era que, de acuerdo con su principio de la «correlación entre las partes», la estructura de cada órgano de todo animal estaba funcionalmente relacionada con todos los demás órganos; la segunda, que era el entorno el que había determinado el diseño o forma del animal; y la tercera, en que, al contrario de las ideas evolucionistas de Lamarck y Saint-Hilaire, Cuvier defendía la inmutabilidad de las especies y sostenía que el diseño eficiente de cada animal es la prueba de que éste no podía haber variado desde su creación. Así, a esa

15

teoría que defendía la fijación o no evolución de las especies se la llamó «*fijismo*».

Combinando los tipos básicos de estructura corporal con aquellos principios morfológicos, Cuvier reconstruyó las antiguas formas de vida a partir de fragmentos encontrados en París, cerca de Montmartre. Estas reconstrucciones, que aún se conservan, contribuyeron a incrementar los fondos del museo: los 3.000 especímenes que había a su llegada los aumentó Cuvier hasta más de 13.000 en 1832. Entre sus obras destacaron *Lecciones de anatomía comparada* (1800) y *El reino animal distribuido según su organización* (1817), que sirvió para respaldar el sistema de clasificación cuvieriano, imponiéndose así como el autor de referencia en Historia Natural de Gran Bretaña y Francia hasta la publicación en 1859 de *El origen de las especies* de Darwin.

El tercer gran maestro de naturalistas de la época era Jean-Baptiste de Monet (1744-1829), caballero de La Marck, biólogo y zoólogo francés especializado en invertebrados que formuló una de las primeras teorías de la evolución. En 1759, a la muerte de su padre, **Lamarck** ingresó en el ejército y comenzó a estudiar las plantas, y en 1768 abandonó la vida militar y estudió medicina en París; en ese período comenzó a interesarse por la meteorología y la química. Al mismo tiempo, escribió un trabajo sobre sus observaciones botánicas, que Buffon le publicó en 1779 con el nombre de *Flore française* (*Flora francesa*). Como fruto de aquel libro y de su amistad con Buffon, Lamarck fue elegido miembro de la Academia de Ciencias: se convirtió en colaborador botánico en 1783, pero realizó su trabajo más importante cuando empezó a trabajar en el *Jardin du Roi* en 1788, al suceder allí a Buffon. Tras su reorganización en 1793, las ideas de Lamarck contribuyeron a definir la estructura del nuevo Museo de Historia Natural de París, donde coincidió con Cuvier desde 1795. Resulta irónico que dicha reorganización supusiera el desplazamiento de Lamarck del departamento de Botánica y su nombramiento como profesor del área de insectos y gusanos, sección que él mismo bautizó como departamento de Zoología de Invertebrados. Publicó una impresionante obra en siete volúmenes: *Historia natural de los animales invertebrados* (1815-1822).

Aunque su contribución a la ciencia incluye trabajos sobre meteorología, botánica, química, geología y paleontología, es especialmente conocido por sus estudios sobre la Zoología de los invertebrados y por su «teoría sobre la evolución». Las observaciones teóricas de Lamarck respecto a la evolución, conocidas a principios del siglo XIX con el nombre de *modificación* o *transformacionismo*, precedieron a sus extensos traba-

16

jos de investigación sobre los invertebrados. Como otros naturalistas, entre los que se contaban Cuvier y Saint-Hilaire, Lamarck defendía que, en la naturaleza, los animales están organizados con arreglo a una *scala naturae* (escala natural), sin solución de continuidad. Afirmaba que, una vez que la naturaleza creaba la vida, las subsiguientes formas de vida eran el resultado de la acción del tiempo y el medio ambiente sobre la organización de los seres orgánicos. A partir de las formas de vida más sencillas surgían de modo natural otras formas más complejas.

Lamarck expuso estas ideas por primera vez en su principal obra teórica, *Filosofía zoológica* (1809), aunque continuaría elaborándolas a lo largo de toda su vida. Incluyó la versión final de esta hipótesis en su trabajo sobre los invertebrados antes mencionado. En él, Lamarck explica que su *marche de la nature* (escala natural) está gobernada por tres leyes biológicas: la influencia del medio ambiente sobre el desarrollo de los órganos, el cambio en la estructura corporal basado en el uso o la falta de uso de distintas partes del cuerpo, y la herencia de los caracteres adquiridos. Pero Lamarck nunca expuso sus opiniones con claridad ni las razonó de forma coherente, por lo que sus ideas nunca fueron tomadas muy en serio durante su vida. Su teoría de la evolución sufrió grandes críticas de Cuvier, que defendía sus propias teorías desde una posición científica mucho más sólida. Por esa razón, a su muerte no tenía Lamarck un reconocimiento científico hacia sus ideas, que no fueron reevaluadas con rigor hasta la segunda mitad del siglo XIX en que se lo reconoció como pensador profundo y avanzado para su época.

Señala Bowler que las teorías de Lamarck (1744-1829) se basaban en muchas suposiciones que Darwin pretendía rechazar, entre otras cosas, para evitar la etiqueta de materialista que se había atribuido a aquél. En su teoría del origen de la vida, Lamarck sostenía que los primeros seres vivos habrían sido producidos por «generación espontánea», mediante una transformación natural de la materia no viviente a la materia viviente. Para los conservadores, esa tesis atacaba la esencia de la creencia tradicional del «creacionismo»: la vida es un don del Creador. Por si fuera poco, Lamarck decía que las formas más simples de vida avanzaban gradual, pero inexorablemente, a través de una escala de complejidad, que iba de los seres más simples a los más compuestos, y que en el extremo superior había llegado a formar la especie humana. Esta idea de la «evolución progresiva» o progreso necesario resultó ampliamente aceptada, pues implicaba que el ser humano era la especie animal más desarrollada. Y es preciso destacar que ambas ideas, la «generación espontánea» y «la evolución progresiva», fueron las partes esenciales del evolucionismo materialista que tanto afectó a los científicos de la primera Inglaterra victoriana.

Sin embargo, para los biólogos más tardíos Lamarck se asociaba a lo que sólo era una parte menor de su teoría: «la herencia de los caracteres adquiridos», un mecanismo de la evolución adaptativa que suponía que una especie viva puede transmitir por selección natural de tipo sexual sus cambios corporales a su descendencia. En nuestros días, la genética actual afirma que los caracteres adquiridos por los esfuerzos de un adulto no se pueden transmitir a los hijos, pero no conviene olvidar que Darwin recibió inicialmente estas doctrinas y teorías lamarckianas en la Universidad de Edimburgo por la influencia de **Robert Edmond Grant**. Este profesor no era una figura menor, un precursor al que nadie hizo caso, sino que fue considerado por el joven estudiante Darwin como un experto en su área de conocimiento y, aunque en 1826 no lograse convertirlo al evolucionismo, era una importante figura en Anatomía y Zoología. Pero entró en conflicto con los intereses médicos establecidos, pues el materialismo filosófico conlleva el materialismo ético, y eso supone la destrucción del orden moral sobre el que está construida la sociedad: fue desacreditado hasta el punto de acabar su vida en un suburbio de Londres, solo, pobre y olvidado de todos.

Algo similar ocurrió con el autor y editor escocés Robert Chambers, de quien se hablará en otro epígrafe, cuya obra de 1844 no tiene parecido con el libro de Darwin, quizás por su falta de conocimientos y preparación científica. Sin embargo, este autor, que no sabía apenas nada de Biología ni de Historia Natural, aventuró en su libro *Vestigios de la Historia Natural de la Creación* (publicado anónimamente por miedo al escándalo social) la idea de que la Humanidad había surgido de animales inferiores. Pero no sólo nadie le hizo caso, sino que suscitó una reacción unánime de rechazo a su hipótesis porque iba contra la teoría «creacionista», lo que entonces significaba ir en contra de la Biblia y de la civilización cristiana inglesa basada en ella.

El ámbito de las creencias religiosas en Occidente

En el Occidente europeo y americano, así como en las colonias de población europea establecidas en Asia y África, la religión predominante era la cristiana. Como es sabido, el Cristianismo es una religión de salvación del género humano mediante la redención (la prisión, muerte y resurrección de Jesucristo), y se fundó hace veinte siglos sobre la tradición judía. En ésta se consideraba que la Revelación de Yahvé estaba contenida en la *Torá*, que es lo que los cristianos llamamos el Pentateuco (los «cinco libros»): *Génesis, Éxodo, Números, Levítico* y *Deuteronomio*. La Iglesia cristiana englobaría la *Torá*, junto con la Ley y los Profetas (mayores y menores) y los libros sapienciales en lo que se conoce como «Antiguo Testamento»; detrás de éstos incluyó el «Nuevo Testamento», compuesto por los cuatro *Evangelios*, los *Hechos de los Apóstoles*, las cartas o *epístolas* de éstos, y un libro profético denominado *Apocalipsis*. El conjunto de esos 73 escritos se denomina *Biblia* («los libros», en griego).

El Cristianismo se vertebró desde el principio en una única comunidad o Iglesia, que a menudo fue sacudida por herejías o desviaciones en el dogma teológico o en la disciplina canónica. La imbricación de la Iglesia con el Estado se produjo en el Imperio Romano desde el siglo IV; pero al dividir el español Teodosio (379-395) ese Imperio entre sus dos hijos, correspondió el Imperio Romano de Occidente —con sede en Roma— a Honorio, mientras que el Imperio Romano de Oriente —con sede en Constantinopla (luego Bizancio, hoy Estambul)— a Arcadio. Con el transcurso del tiempo, y al igual que sus recíprocos emperadores, los obispos de Roma y Constantinopla quisieron ser cabezas de sus respectivas Iglesias; y así, durante el patriarcado de Focio (820-891) en Constantinopla se produjo un conato de separación o segregación respecto a Roma, pero el definitivo *Cisma de Oriente* (separación de la Iglesia greco-bizantina) se realizó en el año 1054, durante el patriarcado de Miguel Cerulario (1000-1059). Como resultado, la Iglesia se dividió en *«ortodoxos»* («los que siguen la recta doctrina», como se denominaron los partidarios del Patriarca greco-bizantino) y *«católicos»* («universales», como se llamaron los seguidores del Papa romano).

Casi 500 años después, en la zona alemana del Sacro Imperio Romano Germánico, la rebelión de Lutero y sus 95 tesis fijadas en las puertas de la iglesia de la Universidad de Wittemberg iniciaron lo que se conoce como la Reforma, que en realidad vino a ser el *Cisma de Occidente*, aunque ya en el siglo XIV se había producido un hecho llamado también «el Cisma de Occidente» porque había dos Papas (en Roma y en Avignon), y luego tres (el tercero asentado durante algún tiempo en Bolonia). De este modo, en el siglo XIX se dividían los cristianos en tres grandes Iglesias o grupos de Iglesias: la católica, la ortodoxa y las protestantes (luterana, calvinista, anglicana, presbiteriana, episcopaliana, etc.). Pero, en aquel momento, todas creían en la Biblia como palabra de Dios o revelación divina, entendida tal como está escrita literalmente, al pie de la letra, y atribuyendo a los relatos un valor histórico.

Sin embargo, y al margen de Darwin, la lectura e interpretación literal de la Biblia empezó a sufrir embates serios, la mayoría de las veces procedentes del propio seno de las Iglesias. Ya en el siglo XVII, la teoría heliocéntrica que defendía Galileo (y que había sido enunciada en el siglo anterior por el eclesiástico y canónigo polaco Nicolás Copérnico) fue inicialmente rechazada por sabios e inquisidores, y en el juicio que se le hizo –más por intrigas universitarias que por cuestiones de fe— fue Galileo condenado a muerte, pena que se le conmutó con un benévolo destierro en su finca. Pero veinte años después todos admitían la teoría heliocéntrica, incluida la Iglesia y su Inquisición, hasta el punto de que a Su Majestad Cristianísima, Luis XIV de Francia, lo adulaban y halagaban sus cortesanos llamándolo «el Rey Sol» porque toda Europa giraba en torno a él. Al margen de que todo el mundo, incluso los eclesiásticos hubieran aceptado una teoría que antes consideraban un error herético, lo verdaderamente importante es que la teoría heliocéntrica había mostrado palmariamente un error de la Biblia, concretamente del libro de Josué 10, 12-13: en esos versículos se lee que Josué mandó al sol detenerse durante una batalla, para así dar tiempo a los israelitas a exterminar por completo a los habitantes cananeos de Palestina, los cuales luchaban en defensa de su tierra invadida por aquellos peligrosos extranjeros hebreos.

Lo que llama la atención es que ese error astronómico que tenía la Biblia no estimulase la investigación a fondo de los contenidos de las Sagradas Escrituras; pero dado que ya había un error, un antecedente, la teoría darwinista no debería haber producido en el siglo XIX tanta conmoción en los ámbitos religiosos. Pero la produjo. Con todo, no deja de ser curioso que desde que la documentación completa del juicio contra Galileo se publicara en 1870 (la época de esplendor de la Masonería, recuérdese), muchos historiadores han echado toda la responsabilidad de la condena a Galileo sobre la Iglesia católica de Roma y su Inquisición, encubriendo la responsabilidad de los profesores de filosofía que persuadieron a los teólogos de que los descubrimientos de Galileo eran heréticos. A pesar de ello, Juan Pablo II abrió en 1979 una investigación sobre la condena eclesiástica del astrónomo para su posible revisión y, en octubre de 1992, una comisión papal reconoció la parte de error que tuvo la Iglesia y pidió perdón por ella.

Durante el siglo XIX, el interés por la cultura y la Historia hizo que los Estados y los particulares financiasen excavaciones y estudios arqueológicos en distintas partes del mundo, especialmente en el Oriente Próximo (la antigua Mesopotamia, hoy Irak) y en Egipto. Eso llevó a un conocimiento profundo, serio y científico del mundo antiguo, lo que permitió constatar con certeza muchos errores históricos de la Biblia, y más concretamente, del Antiguo Testamento, y explicar el auténtico sentido de muchos pasajes bíblicos por comparación con otras literaturas de aquellas mismas regiones y de la misma época. Entonces, los investigadores protestantes Rudolf Bultmann, con su sistema de crítica textual y la «desmitologización» de la Biblia, y Karl Barth (1886-1968) aplicaron a la Biblia el método de la crítica textual, sistema cuyos inicios y antecedentes se remontaban a Poliziano y a Lorenzo Valla († 1457).

Pero a mediados del siglo XIX, todos los cristianos leían e interpretaban la Biblia literalmente: por eso Darwin, que había estudiado Teología en Cambridge para prepararse como pastor anglicano, tenía mucho miedo a que su teoría sobre la evolución de las especies por medio de la selección natural fuese interpretada simplemente como un ataque a las Sagradas Escrituras, a su Iglesia, a los dogmas y contenidos de la fe y a todo lo que esto suponía. Y, ciertamente, Darwin nunca haría eso: tenía un gran respeto personal hacia las creencias religiosas, probablemente influido por su mujer y por su padre.

Por otro lado, en aquellos años era el Papa Pío IX quien ocupaba la Santa Sede en la Iglesia católica. Pontífice romano de 1846 a 1878, había fomentado inicialmente el liberalismo, hasta el punto de que en el Imperio Austro-húngaro se le llamaba «el Papa rojo» porque le tenían como revolucionario; de hecho, fue el primer Papa que dio una Constitución a los Estados Pontificios, aunque pobre y totalmente ajena a los intereses de los nacionalistas italianos, que le tenían por enemigo de la unidad de Italia. Durante su largo pontificado se celebró el Concilio Vaticano I, se promulgaron varios dogmas importantes y se perdieron los Estados Pontificios. Tras la revolución de 1848, que también sacudió Italia, se hizo enemigo del liberalismo y del nacionalismo italiano, pues le habían expulsado de sus Estados Papales. Al margen de la política de la época, aquel Papa propugnaba el control de la Iglesia sobre la ciencia, la educación y la cultura en los Estados Pontificios; sus enemigos le acusaban de apoyar a los sectores más intransigentes, a los que denominaron «ultramontanos», y de aprovecharse de esa tendencia para en el Concilio de 1870 sacar adelante el dogma de fe que establece la infalibilidad del Papa cuando habla *ex cátedra* sobre cuestiones de fe y de Iglesia.

Respecto a la actitud de la Iglesia ante el mundo de la ciencia, en 1864 Pío IX proclamaría el *Syllabus*, un programa que condenaba 80 errores, entre ellos el liberalismo, el socialismo y el comunismo. Como es lógico, la Iglesia de aquellos años creía a pie juntillas en la Biblia como palabra de Dios revelada y, al igual que las Iglesias protestantes y ortodoxa, la entendía **literalmente**. En este sentido, y con respecto a las ideas de «adaptación», «mutación» o «evolución», también los católicos creían que Dios había creado el mundo, la Naturaleza, los animales y al hombre tal como narra el relato del *Génesis*, al que seguían al pie de la letra. Por tanto, las especies eran inmutables –debían hallarse entonces como habían sido creadas—, por lo que a esta postura de católicos, protestantes y ortodoxos se la conoce como «*creacionismo*».

A mediados del siglo XIX, el creacionismo era el pensamiento general de las gentes, pero también el de la mayoría de los científicos, como vimos en el epígrafe anterior. No obstante, entre los científicos y el público culto las variaciones de Buffon, las mutaciones de Lamarck o las transmutaciones de Eramus Darwin estaban anunciando ya un cambio profundo en el conocimiento de la transformación de la naturaleza. Atenta a estos cambios, tanto en la ciencia como en la conciencia y el conocimiento de las gentes, la Iglesia católica examinaba la veracidad objetiva de las teorías evolucionistas y, como se verá más adelante, una encíclica de 1943 acabaría admitiéndola, pero pidiendo un gran rigor científico y metodológico para aceptarla.

En aquellos mismos años, en torno a 1836 y 1839, Darwin estaba en medio de grandes dudas religiosas. Él, que había sido educado como creyente, que había estudiado Teología para ordenarse sacerdote de la Iglesia de Inglaterra, que durante su viaje en el *Beagle* había discutido con los oficiales sobre moral poniendo la autoridad de la Biblia por encima de cualquier otro criterio, empezaba a creer que los libros sagrados de los hindúes tenían el mismo valor que los libros sagrados de los judíos (el Antiguo Testamento). Por todo ello, en su autobiografía escribiría años más tarde:

Pero yo estaba muy poco inclinado a renunciar a mi creencia; estoy seguro de ello [...]. Pero cada vez me resultaba más difícil, dando rienda suelta a mi imaginación, inventar una prueba que bastase para convencerme. De esta forma el escepticismo me fue invadiendo poco a poco, hasta que me convertí en un incrédulo completo. El proceso fue tan lento que no sentí ningún dolor.

Sin embargo, simultáneamente a esta variación en sus posiciones religiosas, otros colegas y sabios, con la misma talla intelectual y científica que él, seguían siendo fieles a la fe cristiana de sus padres, que era la que había vertebrado la civilización occidental a la que él pertenecía. Desde 1870 hasta los inicios de la Primera Guerra Mundial, en 1914, en toda Europa se produjo una curiosa lucha entre «*ciencia*» y «*fe*», hasta que todo el mundo aceptó que no había incompatibilidad entre ambas, y se podía ser creyente y científico sin que fuera una incoherencia ni una contradicción. A pesar de todas sus catástrofes, el siglo XX dejó a la Humanidad un gran respeto por la conciencia individual.

I.   INFANCIA Y FORMACIÓN CIENTÍFICA DE CHARLES DARWIN

El abuelo Erasmus, un antecedente familiar

Erasmus Darwin (1731-1802), el abuelo paterno del naturalista, era médico de profesión y naturalista por afición; pero también era poeta, como demostró en su poema didáctico *The Botanic Garden*, de 1792. Nació en Elton y murió en Derby a los 71 años. Era conocido internacionalmente por sus bellas y poéticas descripciones del mundo natural, pero sobre todo por sus avanzadas especulaciones sobre la naturaleza y el origen de la vida. Aunque murió pocos años antes del nacimiento de su nieto Charles, éste debió conocer desde sus años de estudiante las ideas evolucionistas que su abuelo expresara en su obra *Zoonomía o las leyes de la vida orgánica*, que fue apareciendo entre 1794 y 1796.

Erasmus ganó cierta fama en Europa debido al éxito de una serie de poemas enciclopédicos que escribió sobre botánica, recogidos en el citado *The Botanic Garden*, de 1792. Fue tal su éxito que a continuación decidió escribir sobre el reino animal, pero esta vez lo hizo en prosa, y fue la *Zoonomía*. Precisamente en esta segunda obra fue cuando formuló una pregunta que era muy avanzada para la ciencia del momento y que era un anticipo de la teoría de su nieto:

Si, en primer lugar, aplicamos nuestras mentes a los grandes cambios que vemos producidos naturalmente en los animales después de su nacimiento, como la producción de la mariposa a través de la oruga reptante o de la rana a partir del renacuajo subacuático; si, en segundo lugar, pensamos en los grandes cambios introducidos en varios animales por el cultivo artificial, como los caballos o los perros [...]; si, en tercer lugar, pensamos en las grandes similitudes de estructura que se dan en todos los animales de sangre caliente así como en los cuadrúpedos, aves, animales anfibios y en la humanidad, ¿sería demasiado audaz imaginar que todos los animales de sangre caliente han surgido de un filamento viviente o arquetipo primitivo?

Es evidente que Erasmus enfocaba el problema del origen de animales y otros elementos naturales con arreglo a la teoría que afirmaba los cambios o modificaciones en el pasado para producir las realidades presentes; como ya se ha visto, esa teoría recibía entonces el nombre de «transformacionismo» o «transformismo» y no cabe duda que sus planteamientos eran acertados. El problema estriba en que convertir una pista en un descubrimiento científico correctamente formulado necesita no sólo cierta genialidad o talento, sino también mucho tiempo y esfuerzo, así como un clima propicio para recibir la nueva idea o teoría. Iba a ser su nieto, Charles Darwin, quien reflexionaría pormenorizadamente sobre el tema y conseguiría formular la teoría de la evolución.

Sobre las ideas evolucionistas hay que recordar que, a lo largo de la Historia, para la mayoría de las personas había sido siempre obvio que la diversidad de la vida, la increíble perfección con la que están dotados los organismos vivos para sobrevivir y multiplicarse, así como la enorme complejidad de las estructuras naturales sólo podían ser obra de una creación por Dios. A pesar de ese hecho, siempre existieron pensadores que creían que podía haber otra alternativa a la creación sobrenatural por Dios, y que todo ello no era sino el resultado de una serie de cambios producidos a lo largo del tiempo. Ya en la antigua Grecia existió la idea de que las especies se transformaban en otras especies, pero esta teoría quedó arrinconada hasta que en el siglo XVIII fue retomada por pensadores como Pierre de Maupertuis, Jean Baptiste de Lamarck y el propio Erasmus Darwin, quien había sido también otro pionero (incluso anterior a Lamarck) en la idea de la evolución biológica. Erasmus, como luego afirmaría también su nieto Charles, creía que los caracteres adquiridos podían heredarse. En este sentido, recuérdese que en tiempo de ambos Darwin no se conocían aún las leyes de la herencia de Mendel. Y, por si fuera poco, el término *genética* todavía ni siquiera existía.

Precisamente en la primera mitad del siglo XIX, cuando Charles Darwin nació y empezó a trabajar como naturalista, la idea de «cambio» o «evolución» (el *transformacionismo*) se fue haciendo habitual en los círculos intelectuales, en especial en los que se ocupaban de asuntos de Geología. Pero siempre se hablaba de ella de forma vaga e imprecisa, sin que existiera una visión clara del mecanismo que podía originar estas modificaciones. Hablando con propiedad, era más una hipótesis que una teoría hasta que —al comenzar la segunda mitad del siglo— Charles

Darwin y Afred Russell Wallace se encargarían de formularla con precisión y de darle la ilación lógica necesaria para convertirla en una teoría científica y explicar con ella las diversas formas o morfologías que el desarrollo de la vida ha ido adoptando en el transcurso del tiempo. Ambos naturalistas no pudieron demostrar su teoría, pero la validaron profusamente hasta el punto de hacerla pasar a la ciencia como «*la ley que rige el desarrollo de la naturaleza*», según la conocida frase de F. Engels.

El abuelo de Darwin, Erasmus, no sólo era entonces el respetado patriarca de una familia destacada y rica de la burguesía inglesa y vivía en un ambiente social refinado, sino un intelectual dedicado a la ciencia, a su estudio y a la difusión de los avances científicos y farmacéuticos relacionados con ella. Por eso fue uno de los miembros fundadores de la **Sociedad Lunar**, una asociación de científicos que había surgido en Birmingham en 1766, y que reunía a algunos de los mejores intelectuales de su época. Entre sus miembros se contaban James Watt, Joseph Priestley, Josiah Weddgwood y Benjamin Franklin, quien era paciente de William Withering, el cual, a su vez, ingresaría más tarde en dicha sociedad.

Personalmente, en sus planteamientos generales Erasmus fue un personaje que destacó ante todo por su vena radical y de librepensador. Célebre médico y poeta del siglo XVIII, vino a ser uno de los precursores de las teorías de Charles Darwin, pues trabajó en la idea de la evolución, aunque en sus escritos o intervenciones orales nunca llegó a ninguna conclusión significativa. Personaje respetado, tenía la peculiaridad de que escribía sus opiniones y tratados científicos en verso. Un ejemplo de estos tratados es *Zoonomía o Las leyes de la vida orgánica* (1794-96), donde exponía sus propias teorías sobre la evolución, muy parecidas a las formuladas en 1809 por el naturalista francés Jean Baptiste de Lamarck en su obra *Filosofía Zoológica*. En la *Zoonomía*, su creación más importante e influyente, Erasmus establecía que los seres vivos se habían transformado a impulso de tres factores: sexo, alimentación y seguridad.

Decía también que las especies de plantas y animales podían modificarse con el tiempo adaptándose intencionadamente a su medio ambiente; pero nunca pudo imaginar que siete años después de morir nacería un nieto suyo que en 1859 iba a revolucionar el mundo de los naturalistas con la publicación de una obra que, precisamente, se titularía *El origen de las especies*. Además, dentro de sus estudios cultivaba otras ramas afines a sus estudios naturalistas y a su profesión médica: ése fue el caso del *digital*, una planta herbácea que produce la «digitalina», la famosa medicina del corazón. Este caso, poco conocido por los historiadores de la ciencia, se refiere a las investigaciones del médico inglés William Withering († 1799).

El asunto es que tanto en Inglaterra como en el continente europeo *Digitalis* había sido usada por granjeros y amas de casa durante siglos; aquellas gentes carecían de conocimientos médicos, pero sabían cómo usar para tratar la hidropesía una cocción que incluyera, entre otras hierbas, la *Digitalis*. En varios condados de Inglaterra, los remedios caseros siempre contenían hojas de *Digitalis*, pero sólo Withering tuvo la intuición de seleccionar esta planta como la probable portadora del ingrediente activo y se dedicó al estudio sistemático de sus efectos. Después de años de estudios, publicó en 1775 un pequeño panfleto en el que informaba de sus descubrimientos sobre el modo en que la «dedalera» podría utilizarse en medicina, en especial en enfermos con hidropesía. Desde esa fecha Withering comenzó a experimentar con todas las partes de la planta, tratando gratuitamente con preparados de *Digitalis* a miles de enfermos cada año. De ese modo logró disminuir el edema en las piernas.

Ese mismo año, William Withering se trasladó con su familia a Birmingham, donde abrió un consultorio que le daba grandes beneficios y se asoció con el doctor y científico Erasmus Darwin. Éste le presentó en la *Sociedad Lunar*, un grupo selecto de caballeros que se reunían a discutir temas científicos. William Withering casi se había olvidado de sus experimentos con la planta digital que había administrado a sus pacientes de Stafford cuando un colega suyo, John Ash, lo convenció para que volviera a retomar sus trabajos.

Pero la difusión más amplia del uso de *Digitalis* se produjo desde que una paciente gravemente enferma fuera llevada al consultorio de Withering por su colega Erasmus Darwin: Withering le propuso usar *Digitalis*, y Erasmus Darwin accedió por cortesía. Utilizando una dosis baja, Withering logró que en las primeras 24 horas la paciente comenzara a eliminar agua y que estuviera libre de hidropesía en una semana. Ante aquel resultado, Erasmus Darwin editó en 1780 el primer informe sobre el uso de *Digitalis* en la práctica médica, sin citar siquiera a Withering; sin embargo, éste publicaría en 1785 una monografía titulada *An Account of the Foxglove, and Some of its Medical Uses, with Practical Remarks on Dropsy, and Other Diseases*. Para entonces, Withering ya estaba afectado por una enfermedad pulmonar que le costó la vida en 1799 a la edad de 58 años.

Pero, como suele ocurrir, aunque W. Withering había sido claro y preciso en sus descripciones, la profesión médica siguió indiferente a sus resultados. Sin embargo, y aunque no se tomó en consideración, la *digi-*

tal sobrevivió y con el tiempo consolidó su posición como una cura efectiva contra la hidropesía hasta 1870, en que el investigador francés C. A. Natvelle consiguió producir de las hojas de la dedalera una sustancia en forma de cristales blancos a la que llamó *digitalina*, nombre con el que ha sido conocida y utilizada hasta la década de los setenta del siglo xx como el preparado casi exclusivo para las enfermedades del corazón y la hidropesía.

Otro asunto en el que se demuestra la agudeza científica de Erasmus Darwin es el de la *ambliopía* o falta de agudeza visual. En los seres humanos hay un período, que es el postnatal, en el que la carencia de estímulos permite que la corteza visual siga siendo débil y produzca un ojo endeble. Ante esa circunstancia, Buffon y Erasmus recomendaron, en 1742 y 1801 respectivamente, la oclusión del ojo sano para mejorar la visión del ambliope. Los conocimientos sobre la fisiopatología de la ambliopía irían alcanzando un mayor nivel, enriquecidos por los formidables aportes de los trabajos de Bangerter Cuppers y, años más tarde, por la experimentación electrofisiológica de Hubel y Wiesel. Todo ello aportó un perfeccionamiento en los métodos diagnósticos y soluciones terapéuticas acordes con ellos, pero la oclusión del ojo sano sigue siendo en la actualidad el tratamiento más efectivo de la ambliopía.

Finalmente, el último tema relacionado con Erasmus Darwin es el de las enfermedades de la mente; entre éstas, hay que incluir la patología maníaco-depresiva, siendo la melancolía una manifestación del estado depresivo. Sobre ella, Heinroth valoraba como elementos de su curación y terapia el ejercicio y los viajes: *La inactividad, la soledad o un cuarto cerrado son venenos para el melancólico.* Pero este médico dejaba los casos más graves para «los antiguos remedios: evacuativos y baños» y la «máquina giratoria». Hablando de este siniestro dispositivo, Starobinsky escribía: *Erasmus Darwin, el abuelo del célebre naturalista, inventó una máquina rotatoria destinada al tratamiento de los enajenados.*

Este artilugio, a medio camino entre la terapéutica y la tortura, fue descrito por Mason Cox de este modo:

Se fija una viga perpendicular de suelo a techo, que, mediante una palanca horizontal más o menos elevada, se hace girar sobre sí misma. Átase al enfermo en una silla que viene sujeta a la viga, o se lo coloca en una cama que cuelga de la palanca horizontal. Luego, con la ayuda de un criado, se pone en movimiento la máquina más o menos rápidamente, con un simple empujón, bien mediante un sencillo mecanismo de ruedas, fácil de construir y que tiene la ventaja de imprimir al movimiento

29

de la máquina el grado de velocidad deseado. Este movimiento causa siempre a las personas que están sanas palidez, debilidad, vértigos, náuseas y a veces una abundante evacuación de orina. Ya se conocen los buenos efectos de los vomitivos sobre la mayoría de los dementes; pero no es fácil hacerlos tomar a los enfermos, ni determinar la dosis ni tampoco moderar el efecto. El movimiento rotatorio, por el contrario, reúne todas estas ventajas: se puede acelerar o moderar a voluntad, prolongarlo o interrumpirlo, de suerte que no provoque más que un mero vértigo, leves náuseas o un vértigo completo.

Ese «sillón rotatorio» hacía vomitar a los más recalcitrantes y sus efectos podían dosificarse científicamente; los médicos estaban convencidos de actuar así de manera precisa, matemática y controlada, puesto que con la máquina rotatoria se influía sobre el sistema nervioso que, a su vez, modificaba la circulación, la actividad cardíaca y la motilidad del estómago. En este sentido, señalaba Mason Cox:

Además actúa por igual sobre el alma y el cuerpo; inspira un miedo saludable y, por lo general, basta amenazar al enfermo con la máquina rotatoria, cuando ya ha probado dos o tres veces las penosas sensaciones que causa, para conseguir de él que tome o haga cuanto se quiera y si en algún caso se presume que la revolución ocasionada por un miedo muy grande puede contribuir a la curación el que inspira esta temible máquina pudiera aumentarse en extremo con la intervención de la oscuridad, los raros ruidos que se harían escuchar al enfermo durante las vueltas, los olores que se le darían a respirar o cualquier otro agente capaz de provocar al mismo tiempo una viva impresión sobre sus sentidos.

Esta máquina rotatoria triunfaría en todos los hospitales de Europa hasta que, a finales del siglo XIX y principios del XX, un sistema científico más refinado y menos instrumentalista fue acabando con toda aquella parafernalia terapéutica.

Acerca de la influencia de Erasmus sobre su nieto Charles, es preciso conocer que su nieto, nacido en 1809, iba a leer la *Zoonomía* de su abuelo en 1826, el mismo año en el que era iniciado en el estudio de la Zoología por el Dr. R. Grant, quien le expondría las ideas de Lamarck. Ese mismo año, T. R. Malthus publicaba la sexta y definitiva edición de su *Ensayo sobre el principio de la población*. Las avanzadas ideas de Erasmus Darwin sobre la evolución de los seres serían expuestas muchos

Charles Darwin, caricatura publicada en Vanity Fair, 1871.

años más tarde por su ya famoso nieto: en 1879, Charles Darwin publicó una biografía de su abuelo con el título *Vida de Erasmus Darwin*.

No debe cerrarse este epígrafe sin hacer referencia a un interesante y curioso análisis realizado por un profesor de S. Luis de Potosí, quien lo ha divulgado a través de Internet. Dice que Erasmus Darwin fue la primera persona que planteó la noción de «evolución» en Inglaterra. Bien conocido y considerado como médico, psicólogo y poeta, era una persona muy respetada: su biógrafo, Desmon King-Hele, dice de él que *«fue incluso el inglés más excelente del siglo XVIII»*, aunque —no obstante— tenía una vida privada algo disoluta, a causa de la que tuvo, por lo menos, dos hijos ilegítimos. La característica más importante de Erasmus Darwin fue que era uno de los pocos precursores en Inglaterra del «naturalismo», una tendencia de pensamiento que asumía que la esencia del universo estaba en la Naturaleza, en tanto que negaba un Creador metafísico, considerando como tal a la propia naturaleza: era una variante del pensamiento materialista que dominaba el siglo XIX.

Dice el autor boliviano que los estudios naturalistas de Erasmus prepararon el camino a su nieto Charles, pues le dejó su herencia ideológica: por un lado, en las investigaciones que realizó en sus casi dos acres (810 m²) de jardín botánico había desarrollado argumentos que basaron los elementos principales del «darwinismo» y que fueron reflejados en sus libros *El Templo de la Naturaleza* y *Zoonomía*; por otro lado, había establecido en 1784 una sociedad que señalaría el camino para esparcir estas ideas: la **Sociedad Filosófica**. No es de extrañar, pues, que años más tarde se convirtiera en una de las más grandes y fervientes sostenedoras de la teoría darwinista. De ahí pasa ese autor a afirmar que Erasmus fue, antes que cualquier otra persona, quien determinó la misión de Charles, afirmación que es más una lucubración o hipótesis que una conclusión razonable.

Además, señala que Erasmus tenía otro rasgo muy característico: era un miembro destacado de la **masonería**, que fue la principal fuerza creadora del «nuevo orden» secular —en oposición a la mentalidad religiosa medieval— que alcanzó su punto más elevado en el siglo XIX. El decano Erasmus Darwin fue uno de los maestros de la Logia *Canongate Kilwining* de Edimburgo (Escocia) y estaba conectado también con los masones jacobinos de Francia y con la sociedad *Illuminati*, la cual había hecho del trabajo antirreligioso su tarea principal. Según el autor boliviano, Erasmus había criado a su hijo Robert (el padre de Charles) en sus mismos pensamientos y lo había enrolado en las logias masónicas: por eso Charles Darwin recibió una herencia masónica tanto de su padre como de su abuelo, lo que añade cierto sentido a su actitud. Dice también que en aquel sistema secularizado sólo faltaba una explicación no religiosa para la existencia de todo lo viviente y que Erasmus había trabajado y avanzado mucho para producir dicha explicación, pero que ésta sería conseguida en 1859 por su nieto Charles con la publicación de *El origen de las especies*.

El autor de este libro no ha podido contrastar o comprobar esas afirmaciones que, por otra parte, no tienen nada de extraño, pues la segunda mitad del siglo XIX marcó el auge de la masonería y de las sociedades secretas en general. Pero ligar unas cosas con otras, poniendo a la masonería como causa y a la teoría darwinista como efecto, parece bastante exagerado desde un punto de vista coherente con la ciencia histórica. Es más fácil y lógico explicar el nacimiento, desarrollo y formulación de dicha teoría por medios normales de tipo social y científico, tal y como se ha hecho hasta ahora y hace el autor de este libro a lo largo de sus páginas.

La familia Darwin

Además del abuelo Erasmus, los padres de Darwin eran ricos y destacados miembros de la burguesía (o clase alta) inglesa y vivían en un ambiente cultural e intelectual que influía en todos sus miembros y que, evidentemente, modeló las aptitudes de Charles a lo largo de su vida. Señala Bowler que los Darwin pertenecían políticamente al ala más radical del los liberales (los *whigs*) y religiosamente eran anglicanos librepensadores, sin fanatismos ni simplismos, aunque las mujeres de la familia fuesen ciertamente más observantes y piadosas que los hombres, y leían y utilizaban la Biblia más a menudo para resolver cualquier conflicto o duda moral. Afirma ese autor que los Darwin habían ganado su fortuna con su propio esfuerzo, por lo que creían más en la libertad de empresa que en los privilegios aristocráticos; pero, una vez ganada su riqueza, esperaban consolidarla y desarrollarla aún más. Por eso, Charles pudo luego apoyarse en la fortuna familiar para no necesitar ganarse la vida ejerciendo de médico ni de clérigo, las dos titulaciones académicas que había conseguido en las universidades de Edimburgo y de Cambridge.

Charles Robert Darwin (1809-1882) nació el 12 de febrero de 1809 en Shrewsbury (Shropshire, Inglaterra). Esta ciudad inglesa, cercana a la frontera con Gales, es ahora una ciudad famosa por una serie de novelas

33

históricas ambientadas en la Edad Media que escribió una autora inglesa con el seudónimo Ellis Peters. Era hijo del doctor Robert Waring Darwin y de Susannah Wedgwood. El abuelo paterno, Erasmuns Darwin, había sido también médico y se había distinguido por ser el autor de una interesante obra en la que ya apuntaba o se insinuaba la tesis evolucionista; años después, su nieto Charles Robert realizaría un retrato biográfico de su abuelo Erasmus como prólogo al libro *Erasmus Darwin* de Ernst Krause. El abuelo materno era Josiah Wedgwood (1730-1795), ceramista inglés cuyas obras eran de las más refinadas de este arte y que había establecido su fábrica en Burslem: sus productos gustaron tanto a la reina Carlota que en 1762 lo nombró proveedor del servicio de mesa real.

Su padre era un hombre de marcado carácter: aunque no tenía pretensiones de científico, era un médico de éxito y estaba dotado de una gran capacidad de observación y conocimiento del hombre. Era una familia numerosa, rica y educada, compuesta por dos muchachos y cuatro niñas: de los chicos, Erasmus, el mayor, había nacido en 1804 y Charles lo siguió en 1809; las chicas, por este orden, eran Marianne, Caroline, Susan y Catherine. Charles fue el quinto hijo del matrimonio Darwin-Wedgwood. La madre, Susannah Wedgwood, moriría el 15 de julio de 1817, cuando Darwin era un niño de 8 años, mientras que el padre, el doctor Robert Waring Darwin, lo hizo el 13 de noviembre de 1848, cuando el naturalista estaba a punto de cumplir los 40 años.

La casa donde nació Darwin en Shrewsbury había sido construida por su padre alrededor del año 1800. Estaba emplazada en lo alto de una loma y era amplia, sencilla, cuadrada, de color rojo ladrillo. Tenía un invernadero que daba a la sala de estar y el jardín de la casa se encontraba plantado de árboles y arbustos decorativos. El insigne naturalista guardó durante su vida un grato recuerdo de su padre, al que describió diciendo que era «*el hombre más sabio que he conocido jamás*». Sentía una gran veneración por él, aunque afirmaba que su padre había sido un poco injusto con él cuando era joven, pero después llegó a ser su predilecto. De su madre apenas tenía casi recuerdos, ya que murió cuando él contaba 8 años, y lo único que le quedó en la retina fue el lecho de muerte, el vestido de terciopelo negro que llevaba y su mesa de costura.

Charles Darwin fue siempre un hombre intimista, dado al recuerdo y a la reflexión sobre sus vivencias, incluidas sus familiares, infantiles y juveniles. Sin embargo, fue sólo a instancias de un editor alemán cuando, desde mayo de 1876, empezó a escribir sus *Memorias del desarrollo de mi pensamiento y mi carácter*, dedicando una hora todas las tardes. Es su autobiografía personal y está construida sobre sus recuerdos o vivencias y sobre las cartas u otra correspondencia que recibió a lo largo de su vida; con ello consiguió Darwin una narración de carácter personal e entrañable, escrita para su esposa e hijos según contaba el propio Darwin en su primer párrafo.

Cuando a Darwin le llegó el momento de tomar estado, casó con su prima Emma Wedgwood, que se reveló a lo largo de los años de mutua convivencia como una compañera fiable, abnegada y extraordinaria de la que el naturalista inglés disfrutó a lo largo de su vida. Ella le dio sus hijos, lo más importante en la vida de un hombre, y lo acompañó al discreto retiro de Down House en Kent, a aquella casa que el doctor Darwin comprara para sus hijos, entonces jóvenes esposos, y que éstos tuvieron la desdicha de inaugurar con la mayor desgracia que pueda sufrir un ser humano, como es la muerte de una hija. Durante la estancia en Down, Emma sufrió los momentos de enfermedad de su marido, al que cuidaba con paciencia y esmero a pesar de que cada vez se hacían más frecuentes sus ataques. En alguno de estos accesos, temeroso Darwin de morir antes de haber concluido su obra, dejó a su esposa por escrito su voluntad de que ella se encargara en su nombre de publicar los escritos de su marido; esta muy minuciosa carta se encuentra en el apéndice final de este libro, y en ella podrá observar el lector tanto la previsión de Charles R. Darwin como su total confianza en su esposa.

Posteriormente, y repuesto de aquella depresión y temores subsiguientes, aunque recaía en sus jaquecas y patologías habituales, pudo formar a sus hijos con su propio ejemplo y con sus enseñanzas, lo que hizo que dos de ellos siguieran los pasos de su famoso padre. Hay que señalar que, también en esto, Darwin tuvo el acierto (y la suerte) de que hasta su familia se identificara con él y con sus objetivos. Y como fruto de esta actitud, su familia fue más una ayuda para conseguir sus propósitos que un estorbo, cooperando todos en el apoyo y la ayuda al naturalista británico.

Educación y formación del joven Darwin

En la primavera de 1817, cuando contaba 8 años recién cumplidos, asistió a la escuela diurna de la señora Case en su ciudad natal de Shrewsbury. En aquella escuelita desarrolló su afición por la Historial Natural y sobre todo por las plantas y la recolección o coleccionismo (huevos, minerales e insectos muertos). Una anécdota de esta época, que el propio naturalista relata en sus memorias, es que contó a otro chico que podía producir «primaveras» y «velloristas» de diferentes colores regándolas con ciertos líquidos coloreados. Este tipo de travesuras y fabulaciones, típicas de su etapa infantil, le servían a sus deseos de distinguirse y causar sensación.

A la vez, seguía siendo un niño ingenuo como todos. Recordaba Darwin que, en sus primeros años de escuela, un compañero lo llevó un día a un pastelería, y compró unos pasteles que no pagó, ya que el tendero le fiaba. Cuando salieron de la pastelería, Darwin le preguntó por qué no había pagado, y su amiguito le contestó explicando que su tío donaba una gran cantidad de dinero a la ciudad a cambio de que los comerciantes dieran gratis lo que quisiera quien llevara su viejo sombrero y lo moviera de una forma determinada. El chico le enseñó a mover el sombrero y lo invitó a ir a una pastelería y comprobarlo; Darwin aceptó y entró con el sombrero puesto en una pastelería, pidió algunos pasteles, movió el sombrero como le habían dicho, y se fue. Tras un momento de estupor, el tendero salió detrás de él chillando; asustado, Darwin tiró los pasteles y huyó corriendo. Cuando llegó al lado de su amigo se dio cuenta de que éste se estaba riendo de él a carcajadas; a uno le temblaba el cuerpo de risa, al otro de miedo. Esta feliz etapa infantil se vio repentinamente truncada al morir su madre, Susannah Wedgwood, en julio de aquel año.

Su segunda escuela, también en Shrewsbury, fue la del doctor Buttler a partir del verano de 1818; Darwin contaba ya 9 años. En ella permaneció siete años, hasta mediados del verano de 1825; habiendo muerto su madre, estaba en régimen de internado, pero como se hallaba a una milla de su casa, podía ir frecuentemente a ella. En palabras del propio Darwin, esta escuela era estrictamente clásica y en ella no se enseñaba nada, excepto Geografía e Historia antigua, además de mostrar especial atención a la composición poética (algo que Darwin nunca pudo hacer bien). En contraposición con aquellos estudios humanísticos, predominantes en la educación en aquel tiempo, sólo podía dedicar su tiempo libre a sus aficiones naturalistas. Por eso su padre le dijo una vez algo que lo mortificó durante mucho tiempo: *No te gusta más que la caza, los perros y capturar ratas, y vas a ser una desgracia para ti y para toda tu familia.*

Viendo que apenas adelantaban en conocimientos científicos, su padre decidió sacar a sus hijos Erasmus y Charles de aquel colegio y enviarlos en octubre de 1825 a la Universidad de Edimburgo, para estudiar Medicina. Darwin permaneció dos cursos en la universidad escocesa, mientras que su hermano estuvo sólo un curso para completar sus estudios. Con 16 años, Darwin se aburría tremendamente allí: su enseñanza se realizaba en forma de lecciones magistrales, que le resultaron demasiado pesadas; en contrapartida, consiguió hacer nuevos amigos. Uno de ellos fue el doctor Robert Grant, quien le marcaría para toda la vida, ya que fue quien le habló de Lamarck y las opiniones que éste tenía sobre la evolución. De hecho, su primer descubrimiento científico se produjo en Edimburgo, bajo la tutela de Grant, y estaba relacionado con la «danza» de fertilización de las algas y otros organismos simples.

Gracias a sus encuentros con los pescadores de Newhaven realizó un pequeño descubrimiento acerca de la zoología marina. Como fruto de ello, en 1826 pronunció una disertación, en la *Plinian Society* sobre los «ova de Flustra», que eran un tipo de larvas con capacidad de movimiento. Esa asociación científica había sido fundada en 1823 por el Dr. Jameson, profesor de la Universidad, y se reunían en un sótano de la misma para poder leer y discutir sobre ciencias de la Naturaleza; la sociedad se extinguiría en 1848. En aquellos años del XIX era costumbre que quienes se interesaban por los temas científicos se inscribían en asociaciones dedicadas a ese menester; además de asistir a algunas reuniones de la *Plinian Society* y de la *Wernerian Society* —ésta se dedicaba a los temas de Geología— y a otra de la *Royal Society* de Edimburgo, presidida entonces por Sir Warter Scott (renunció a dirigirla por no considerarse apto para ello), Darwin ingresó en la *Royal Medical Society*, de la que años después sería elegido Socio honorario. El respeto que Darwin sentía entonces por estas dos últimas instituciones hizo que, cuando años más tarde fue elegido Socio honorario de ambas, lo considerase el mayor honor que había recibido hasta entonces.

A pesar de que las clases de la Universidad le resultaban increíblemente pesadas y aburridas, como él mismo describe en su autobiografía, no abandonó sus estudios, ya que conoció a personas que le resultaron realmente interesante. Éste fue el caso del señor MacGillivray, conservador del Museo de Historia Natural de Edimburgo, con el que sostuvo interesantes charlas sobre historia natural. Al margen de eso, sacó bastante provecho de sus vacaciones de verano para estudiar la morfología de los paisajes cercanos y los animales y plantas que vivían en ellos. Así, en el verano de 1826 y junto con dos amigos, recorrió a pie el norte de Gales: llegaron a caminar hasta treinta millas (más de 48 km) al día. Los otoños los dedicaba a cazar en casa de su tío «Jos» (Josiah Wedgwood) en Maer, hijo del fundador de una prestigiosa factoría de cerámica artística, fábrica a la que llamó Etruria, cerca de Newcastle. Define a su tío Jos como un hombre silencioso y reservado, además de ser uno de los que le respetaban; era el prototipo de hombre recto e insobornable. En aquellas cacerías, Darwin siempre llevaba la cuenta de los pájaros que cazaba, porque atado a un ojal de su chaqueta tenía un trozo de cuerda al que hacía un nudo cada vez que abatía un pájaro.

Después de estar dos cursos en la Universidad de Edimburgo y tras conocer lo poco que le agradaba ser médico, su padre le propuso que se hiciera clérigo. Era muy típico de Darwin que no pronunciaba negativas de antemano, ya que lo que hacía era reflexionar antes de decidir o formular algo. En esta ocasión siguió el consejo de su padre y se dispuso a ingresar en una universidad inglesa que preparase para ello: eligió inscribirse en la Universidad de Cambridge. Pero vio que había olvidado todo lo aprendido en la escuela sobre humanidades, por lo que —en vez de empezar en octubre de 1827— tuvo un profesor particular que lo preparó adecuadamente. Después de las navidades de ese año, en enero de 1828 decidió que ya había recuperado el nivel escolar y empezó a acudir a la Universidad.

Años después, Darwin consideraba que había desperdiciado su tiempo durante los tres años que había estado en Cambridge. Así, por ejemplo, había desaprovechado los estudios de matemáticas, ya que no veía ninguna utilidad en el álgebra, lo que luego lamentaría con el paso de los años; él consideraba que quienes comprendían los principios fundamentales de las matemáticas poseían un sexto sentido. En su segundo año de estancia en la universidad pasó el primer examen —el llamado *Little-Go*— y en el último curso obtuvo también el título de *Bachelor of Arts* (Bachiller de Artes), título de grado medio en las facultades inglesas de Humanidades. Lo que destacaba Darwin del último curso académico fue que las lecturas de *Pruebas del Cristianismo*, *Filosofía moral* y *Teología natural* le sirvieron para la educación de su mente. Para él era muy importante comprender bien las cosas al estudiar sin saberlas sólo de memoria. Por otro lado, precisamente aquellas lecturas eran las que mejor y más adecuadamente le preparaban a su propósito (o, mejor dicho, al de su padre) de estudiar Teología para ordenarse como *pastor* o sacerdote de la Iglesia anglicana.

No por eso dejó de asistir a las conferencias de Adam Sedgwick sobre Geología ni a las del pastor John Stevens Henslow sobre Botánica, ni tampoco olvidó colectar escarabajos, actividad que realizaba con ilusión y verdadero placer: así consiguió una notable colección entomológica. Cuenta en su autobiografía que se encontró con dos raros escarabajos y tomó uno en cada mano; al mirar detenidamente al suelo, encontró un tercero de otra clase diferente. Tal era su pasión que optó por meterse en la boca uno de los que tenía en la mano; en ese momento el escarabajo soltó una especie de líquido ácido que le quemó la lengua, lo que le obligó a escupirlo y, por tanto, perder tanto ese escarabajo como el tercero que había visto. Durante su estancia en Cambridge, el joven Darwin fue protegido del Rvdo. John Henslow, profesor de botánica y pastor anglicano, quien hizo de mentor científico del futuro naturalista.

En Cambridge nació su fascinación por los escarabajos. Sin embargo, aseguraba que quien lo inició en la Entomología fue su primo segundo W. Darwin Fox, aunque la circunstancia que más influyó en su carrera fue su amistad y su trato con el profesor John Henslow, de quien su hermano Erasmus ya le había hablado antes de que Charles fuera a Cambridge. Este profesor organizaba en su casa reuniones científicas una vez a la semana; Darwin consiguió asistir y entablar una buena amistad con él, y lo describió como un hombre profundamente religioso y sin el menor asomo de vanidad, un hombre que pensaba poco en sí mismo y en sus intereses, siempre de buen humor y maneras corteses; aunque cualquier mala acción lo indignaba y le hacía actuar impetuosamente. Logró encontrar algunas especies muy raras, por lo que fue una gran satisfacción para su juvenil espíritu ver en el *Ilustrations of British Insects* de Stephen algunas de sus reproducciones con el pie «Capturado por C. Darwin».

En Cambridge era voluntaria la asistencia a las clases universitarias; el aburrimiento que le producían era paliado o compensado por excursiones en las que se disertaba sobre determinados temas (plantas, animales, etc.). A pesar de todo, Darwin era consciente de que había perdido mucho el tiempo en Cambridge: se había pasado los cursos rodeado de un grupo de amigos con los que se divertía, como joven que era; pero también se había relacionado con otro tipo de personas que consiguieron infundirle diversas aficiones: C. Whitley le descubrió el mundo de la pintura y su amigo John Maurice Herbert lo hizo con el de la música. Todo este cúmulo de influencias y aficiones se vio completado con importantes lecturas. Además de las propias de su educación como futuro clérigo, reseñadas antes, Darwin leyó en su último año en Cambridge el libro *Personal Narrative* de A. Von Humboldt y la *Introduction to the Study of Natural Philosophy* de J. Herschel: ambas suscitaron en el joven un ferviente deseo de algún día aportar una contribución personal a la ciencia de la Naturaleza.

Por fin, en 1831, y tras dos trimestres más de estancia en Cambridge para obtener el *Bachelor of Arts*, Charles Darwin abandonó aquella universidad y regresó al hogar familiar de Shrewsbury, en Shropshire. Siguiendo el consejo del reverendo Henslow, aquel tiempo extra lo había dedicado a estudiar Geología; eso le permitió acompañar al profesor Sedgwick en un trabajo geológico de campo que realizó por aquellos parajes. Aquella investigación lo marcó profundamente: en ella pudo observar cómo una mente inteligente puede pasar por alto cosas o detalles que son evidentes si está empeñada en otro objetivo o lastrada por anteriores prejuicios. Al acabar aquella expedición por el norte de Gales y volver a casa, el 29 de agosto encontró una carta de su mentor Henslow: en ella le ofrecía embarcarse como naturalista en un buque que iba a realizar una expedición científica.

Aficiones y rasgos personales

Recordaba Darwin que durante los años infantiles y adolescentes de su etapa escolar, además de mostrar mucho entusiasmo por todo aquello que le interesara, tenía diversas aficiones sólidamente establecidas y que conservaría durante el resto de su vida: en primer lugar, le gustaba la naturaleza y su estudio. Era un naturalista de vocación. Los nuevos libros sobre esa temática que devoraba le dejaron una profunda huella: así *Sellborne*, de White, le hizo observar las costumbres de los pájaros y tomar notas en sus cuadernos de campo. En segundo lugar, era lógico que la lectura fuese otra de sus grandes aficiones; en un tiempo en que no existían la televisión, la radio o los videojuegos, los muchachos jugaban en la calle con otros niños o se retiraban a sus habitaciones para leer cuentos o libros de toda índole. Al joven Charles le gustaban diversos tipos de libros y, según él mismo cuenta, se pasaba horas leyendo las obras históricas de Shakespeare, a las que añadía las poesías de Byron, Thomson y Scott. Además de eso, y desde 1822, durante un recorrido a caballo por la frontera de Gales, se despertó en él un vivo deleite estético por el paisaje. Pero no era su belleza lo que despertaba la atención del joven, sino sus formas y tipos, en los que trataba de ver su origen y descubrir por qué habían adquirido aquellas curiosas morfologías. Esa afición se tradujo por un profundo interés por los tratados de Geología, singularmente el de su compatriota Lyell. Una cuarta afición surgida durante su etapa escolar fue la caza, llegando a ser un experto tirador. En realidad, este aspecto estrictamente cinegético se fue luego completando con una rigurosa observación *in situ* de las costumbres de los animales, singularmente de los pájaros, cuyos datos anotaba luego. No olvidemos, sin embargo, una realidad social: el joven pertenecía a la clase o estamento de los caballeros de buena familia y exquisita educación, para quienes la caza era desde hacía siglos la distracción favorita y un medio de encuentro entre iguales. Si las jóvenes damitas debutaban en los «bailes de sociedad», en los que eran presentadas en público, los caballeritos debutaban en las cacerías y salones antes de labrarse su prestigio en el ejército o en los negocios.

Además, durante un tiempo se convirtió en ayudante en los experimentos de química de su hermano Erasmus, que había montado un laboratorio en la caseta donde guardaban las herramientas del jardín, y así aprendió la ciencia experimental. Aquello le incitó a aprender más, por lo que leía atentamente libros de química como el *Chemical Catechism* y se avezaba en la práctica y la ciencia experimental: todo ello le valió el mote de «Gas». Mas cuando se enteró el doctor Butler, director de la escuela, lo reprendió públicamente por perder el tiempo con materias inútiles. Pero no debe creerse que Darwin era sólo una mente ensimismada en su mundo y que no se preocupaba de las miserias del mundo real: aquel joven inglés «de buena familia» también se preocupaba de las dolencias o enfermedades de la gente y de los posibles remedios médicos para evitarlas. Así, durante el verano visitó con su padre a algunos pobres (mujeres y niños) en Shrewsbury, tomando notas de los casos y todos los síntomas que se presentaban; incluso llegó a preparar las medicinas que debía administrar.

Su padre tenía fe en él y le aconsejó que, para tener éxito, lo mejor era inspirar confianza: sólo así podría ser un gran médico; en realidad, quería decir que de esa forma podría conseguir tener más clientes y ganar más dinero. Pero el rechazo de Darwin hacia la profesión médica fue lo que llevó a su padre a aconsejarle otro camino profesional, sugiriéndole que se dedicase a la Iglesia anglicana. Para ello necesitaba cambiar de universidad, y así fue como Charles acabó ingresando en la Universidad de Cambridge para estudiar Humanidades y Teología, con el fin de ser ordenado sacerdote —pastor— de la Iglesia de Inglaterra. Llama la atención de los estudiosos la poco o escasa perspicacia del padre, que no vio lo que ya había observado el doctor Butler: la intensa afición del joven Darwin por las ciencias de la Naturaleza y los seres que la habitan. ¿O es que, quizás, su padre no deseaba para su hijo un futuro como científico, por considerarlo fútil, vacío y poco provechoso?

El caso es que el doctor Darwin orientó las inquietudes de su hijo Charles hacia el servicio de la Iglesia, y su hijo así lo hizo obedientemente. Y tanto que, al acabar la carrera en Cambridge y antes de ser ordenado como clérigo, se encontró con la ocasión de su vida: el posible viaje en el *Beagle*. A pesar de la inmensa ilusión que esa perspectiva le ofrecía, aquel joven obediente y respetuoso con su padre prefirió renunciar a ello con tal de no contrariar los deseos y esperanzas del padre. Sin embargo, tuvo la suerte de que su tío materno se cruzara en su camino en aquel decisivo momento y se ofreciera para conducirlo de nuevo a casa y a interceder por él ante su padre. Y aquello lo cambió todo: Darwin se

II. ESTUDIOS Y TRABAJOS. SU AVENTURA EN EL *BEAGLE*

La ocasión de su vida: un viaje en el *Beagle*

Mientras Darwin regresaba a casa tras su trabajo de campo con su profesor Sedgwick, en otro lugar de Inglaterra se preparaba una expedición científica oficial, que se haría en el bergantín *Beagle*, de la Armada Real (la *Royal Navy*), mandado por el capitán Robert Fitz-Roy. Al abrir Darwin aquel 29 de agosto de 1831 la carta de Henslow al poco tiempo de volver de la Universidad de Cambridge y cuando sólo contaba 22 años, se encontró con que su mentor le ofrecía embarcarse en un buque aparejado con el objeto de dar la vuelta al mundo en una expedición científica. En ella Henslow le explicaba que el capitán Robert Fitz-Roy estaba dispuesto a ceder parte de su camarote a un joven voluntario que quisiera ir con él como naturalista, sin recibir retribución alguna:

> *Le he señalado que eres la persona más indicada de cuantas pueden estar dispuestas a aceptar tal cosa. No se lo he dicho porque te considere un naturalista consumado, sino por el hecho de que estás perfectamente capacitado para recoger, observar y anotar todo lo que merezca la pena en el campo de la Historia Natural. No tengas dudas ni temores sobre tu capacidad, pues te aseguro que, en mi opinión, eres la persona que están buscando.*

El joven Charles se dio cuenta inmediatamente de lo que aquello suponía, y solicitó permiso a su padre; pero éste puso muchas y graves objeciones, aunque añadió: *Si puedes encontrar una persona con sentido común que te aconseje ir, te daré mi consentimiento.* Ese mismo día Charles escribió a Henslow rechazando la oferta y a la mañana siguiente marchó a casa de su tío Jos, en Maer, para iniciar su temporada de caza. Pero su tío consideró que era más sensato aceptar

43

la oferta de Henslow, y se ofreció a su sobrino a llevarlo personalmente en coche las treinta millas (algo más de 48 km) que había hasta Shresbury y convencer a su padre. Aconsejado por un cuñado a quien tenía un gran respeto y estima, el doctor Darwin —fiel a su palabra— le dio su consentimiento.

Inmediatamente salió para Cambridge, con el objeto de comunicar a Henslow su total disposición y su agradecimiento; y de allí marchó a Londres para entrevistarse con el capitán Robert Fitz-Roy: tras salvar un prejuicio antropométrico sobre Darwin, lo aceptó. Todo se arregló satisfactoriamente entre ellos. Si bien aquel viaje parecía —al menos, a los ojos de su padre— inicialmente una aventura, era una magnífica ocasión para un estudio de campo de índole naturalista. Por eso el propio Darwin fue consciente de la importancia decisiva que para su vida futura tenía el embarque en el *Beagle*, y en su autobiografía comentaba: *El viaje en el «Beagle» ha sido con mucho el acontecimiento más importante de mi vida, y ha determinado toda mi carrera.* El capitán Fitz-Roy era un hombre severo y de mal genio, cuya vista de lince detectaba cualquier cosa a bordo que no le gustara, y condenaba las faltas sin piedad. Sin embargo, era muy amable y educado con el joven naturalista, quien decía del marino que tenía un carácter de los más nobles que había conocido.

El buque se aprestaba a realizar su segundo viaje. Su primer viaje había estado dirigido por el capitán Pringle Stokes, realizándose desde 1826 hasta 1830; su misión había sido reconocer y cartografiar las costas sudamericanas, desde el estuario argentino del Río de la Plata hasta más al norte de la isla de Chiloé, después de bordear el cabo de Hornos. Tras aquel accidentado viaje, Fitz-Roy debía completar ese estudio antes de proceder a hacer lo mismo con las costas sudamericanas del Pacífico. Toda aquella labor no era meramente científica, sino que respondía a una estrategia (mitad política, mitad comercial) por el control de las rutas comerciales.

En aquellos años y en esas latitudes, Inglaterra se veía obligada a competir por el control de esas rutas con otras potencias europeas, con los EE.UU. y con la jóvenes repúblicas de América del Sur, a cuya separación e independencia de España tanto habían contribuido los ingleses para defender no la causa de la libertad, sino el comercio generado por los inicios de su revolución industrial. No las ayudaron a independizarse de España para alcanzar su libertad: doscientos años después, todavía ignoran muchos sudamericanos (y muchos europeos también) que España —al revés que Inglaterra— jamás tuvo colonias en América, pues desde las primeras Leyes de Indias dadas por Isabel la Católica en su *Codicilo* de 1504, todos los habitantes de la América hispana eran tan españoles como los de Palencia, Zaragoza o Sevilla, y eran gobernados por Virreyes exactamente igual que los mismos españoles en la Península Ibérica.

Comparativamente, Inglaterra, Francia y Holanda navegaron y se establecieron en el Nuevo Mundo cuando España no podía ya defender la ruta del oeste, pues su poderosísima flota había quedado destruida con el desastre de la «Armada Invencible» en 1588. Estos europeos fundaron allí *colonias de poblamiento*, habitadas sólo por ellos, pues ninguna de estas naciones se mezcló con los pueblos indígenas, a los que consideraban enemigos o despreciables salvajes y a los que explotaban o exterminaban. Por lo mismo, ninguno de sus reyes concedió a aquellos indígenas la nacionalidad de la metrópoli en pie de igualdad con sus súbditos del Viejo Continente, entre otras cosas porque los exterminaron: es muy fácil comparar el número de «pieles rojas» existente hoy en EE.UU., o el de sus escasos mestizos con los anglosajones, y el número de indios de todo tipo que hay en la América hispana, así como el de sus numerosos grupos de mestizos. Pero la «leyenda negra» inglesa y holandesa antiespañola, atizada por los judíos expulsados en 1492, acusa de «genocidio»... ¡precisamente a los españoles! Lo curioso es que los sudamericanos lo creen todavía hoy sin pararse a ver la realidad evidente.

Era para ese provechoso comercio y para su estrategia en aquella área por lo que un minucioso estudio y cartografiado de la zona resultaba imprescindible a Inglaterra. Y esto mismo hacían los ingleses en otras regiones del globo: así, por ejemplo, pocos años después de zarpar el segundo viaje del *Beagle* se produciría la primera «guerra del opio» entre Inglaterra y China, algo más tarde los problemas en la India y, posteriormente, su intervención en el Méjico de Juárez conjuntamente con España y Francia.

De ese modo, y tras los lógicos preparativos, el 27 de diciembre de 1831 el *HMS Beagle* iniciaba una expedición que iba a durar casi cinco años. Darwin empezó aquel viaje como un joven ex alumno universitario de 22 años, recién titulado en Teología para ser clérigo anglicano, y lo acabó como un avezado y experto naturalista de 27 años. Efectivamente, y como él mismo recordaría años después, aquel viaje cambió su vida. Y también la ciencia de la Biología.

El *Beagle* y sus viajes

En Inglaterra preparaba el Almirantazgo una expedición científica oficial, como las realizadas desde el siglo XVI por las Coronas de España, Francia e Inglaterra principalmente. La expedición se haría en el bergantín *Beagle*, de la Armada Real (la *Royal Navy*), mandado por el capitán Robert Fitz-Roy, y tenía como objetivo cartografiar América del Sur y las islas de los mares del sur, en el Pacífico. En los viajes navales de exploración la costumbre era que el médico del barco estudiara la Historia Natural de las regiones visitadas, pero Fitz-Roy deseaba que con él fuera alguien que estuviese libre de la estricta disciplina que iba a presidir sus relaciones con el resto de la tripulación. El *Beagle* era un bergantín (o *brick*) de 242 toneladas, con 2 palos y velas cuadradas («cangrejas»), armado con 10 cañones y adaptado con almacenes adicionales para largas travesías; contaba, además, con una tripulación reforzada al efecto.

Durante el **primer viaje** del buque, el *Beagle* había sido mandado por el capitán Pringle Stokes, cuyas órdenes eran reconocer y cartografiar las costas sudamericanas, desde el estuario argentino del Río de la Plata hasta más al norte de la isla de Chiloé. Aquel primer viaje no lo había hecho únicamente el *Beagle*, sino en compañía del *Adventure*; éste era mandado por el capitán King, el comandante de la flotilla, y el otro por el capitán Pringel Stokes, pero subordinado a King. La travesía duró desde 1826 a 1830 y había tenido como misión reconocer las costas sudamericanas, bordeando el cabo de Hornos.

La singladura resultó accidentada debido a la desaparición del capitán Stokes; en aquel viaje primero, Robert Fitz-Roy había sido primer teniente del *Beagle* y había conseguido retornarlo a puerto inglés después de que el capitán del buque, Pringle Stokes, se suicidara en 1828 en un momento de trastorno mental, cerca de Puerto Hambre —en el estrecho de Magallanes—, un trastorno causado probablemente por no superar la soledad del comandante en un buque de esas características. Durante aquel viaje, Fitz-Roy había embarcado en el buque a unos indígenas fueguinos para que viesen y asimilasen los progresos de la civilización y, a su vuelta, pudieran comunicar sus experiencias a sus salvajes congéneres y guiarlos por el camino de la civilización. Y en efecto, aquellos cuatro individuos (tres hombres y una mujer) aprendieron la lengua inglesa y quedaron maravillados de los progresos de la Inglaterra victoriana.

Como quiera que en el primer viaje del *Beagle* no se habían cumplido los objetivos propuestos, se pensaba que podría enviarse una segunda expedición, aunque de un solo buque esta vez. Fue necesaria la intervención del tío de Fitz-Roy, el duque de Grafton, en el Almirantazgo británico para obtener la financiación suficiente para un segundo viaje del buque, que ahora sería mandado por su sobrino recién ascendido a capitán de su antiguo buque. Por lo tanto, Fitz-Roy debía completar aquel estudio antes de proceder a hacer lo mismo con las costas sudamericanas del Pacífico, al otro lado del continente.

Para el **segundo viaje** del *Beagle*, y probablemente por el eco de los viajes de Humboldt y sus repercusiones de todo tipo, se pensó que había que incorporar a la expedición un naturalista que estudiase también la morfología y los recursos de la zona a cartografiar. De ese modo, el hidrógrafo del Almirantazgo, Francis Beaufort, consultó a su amigo George Peacock —conocido profesor de matemáticas y compañero suyo en el *Trinity College* de Cambridge— quien, inicialmente, pasó el ofrecimiento a Leonard Jenyns, naturalista y párroco rural; pero éste no podía abandonar su parroquia durante largo tiempo. Peacock preguntó entonces al profesor John S. Henslow, quien habría marchado encantado de no ser porque su esposa acababa de dar a luz; pero éste pensó en el ya graduado Charles Darwin, que estaba deseoso de ir a Tenerife tras haber leído los volúmenes del *Viaje a las regiones equinocciales del Nuevo Continente*, de Alexander von Humboldt, cuyos 34 volúmenes originales de 1807 habían sido editados en 7 tomos en Londres, desde 1814 a 1829.

En medio de todos estos sucesos y preparativos, el joven licenciado **Charles Darwin** se preparaba para un trabajo de campo que él sabía que era la ocasión de su vida, y era consciente de que en aquel viaje se jugaba su futuro. Hasta entonces había sido sólo un estudiante, un naturalista aficionado; ahora iba a practicar sus conocimientos y llevar a la realidad de la ciencia lo que había aprendido como teoría en la Universidad. Su mentor Henslow no solamente le había ayudado a ganar más confianza en sí mismo, sino que también le había enseñado a ser un observador meticuloso y cuidadoso de los fenómenos naturales y a ser un coleccionista de especímenes. Aquel largo viaje de casi cinco años iba a permitirle desarrollar las tareas de naturalista a bordo con las que siempre había soñado en sus años de universitario: observar y recoger por escrito las diversas formaciones geológicas en los diferentes continentes e islas a lo largo de la singladura, así como colectar una amplia variedad de fósiles y organismos vivos. Su primer guía fue el dibujante del *Beagle*, Augustus Earle.

En el ámbito de la Geología, Darwin iba a quedar impresionado con el efecto que las fuerzas naturales habían producido en la forma de la superficie de la tierra. El joven naturalista se había embarcado llevando consigo el primer volumen de los *Principios de Geología* de Lyell. Como ya se dijo antes, en un tiempo en que la mayoría de los geólogos eran «*catastrofistas*», Lyell sostenía que la superficie de la tierra está sufriendo un cambio o evolución constante a causa de las fuerzas naturales que operan sobre ella en el transcurso del tiempo. A bordo del *Beagle*, Darwin observó que muchas de los reconocimientos geológicos que realizaba en el viaje encajaban bien en la teoría «*uniformista*» de Lyell.

Lo mismo le ocurriría en el área de la Biología, pues sus trabajos de campo sobre fósiles, plantas y animales reforzaban la teoría de Lyell de que las especies fueron creadas adecuadamente. Así notó que algunos fósiles de especies supuestamente extintas recordaban estrechamente especies vivientes en la misma área geológica. Por ejemplo, en las islas Galápagos, frente a la costa de Ecuador, también observó que cada isla mantenía su propia forma de tortuga de tierra, *sinsonte* y *Pinzón*, y que las diversas formas estaban relacionadas estrechamente en las formas y características, aunque diferían de isla a isla en la estructura y hábitos de comer. Darwin concluyó que estas especies no habían aparecido en ese lugar, sino que habían migrado a las Galápagos procedentes del continente; sin embargo, no se dio cuenta en ese momento de que los pinzones de las diferentes islas del archipiélago pertenecían a especies distintas. Ambas observaciones originaron en Darwin la hipótesis de posibles enlaces entre especies distintas, aunque similares.

La misión principal en ambas expediciones del Beagle había sido **cartografiar** la costa. En aquel tiempo en que no existía la fotografía aérea, ni los aviones espías, ni las fotografías digitalizadas por satélite, la cartografía de la costa se hacía mediante sistemas de triangulación geodésica. Ya en el siglo XVII se hacía con cierta precisión; por eso, cuando los Cassini franceses presentaron a Luis XIV un nuevo mapa de Francia, su dibujo más preciso hizo que Francia apareciera más pequeña de como había sido representada hasta entonces, por lo que el «Rey Sol» comentó: *Mis geógrafos me hacen perder más tierras que las que conquistan mis generales.* Y en el siglo XVIII los españoles midieron minuciosamente las costas americanas... hasta el punto de que Lafuente y Mazuecos los llaman «los caballeros del punto fijo» en su conocido libro sobre este mismo tema.

En aquellos años del segundo tercio del siglo XIX todos los Estados europeos se aprestaban a confeccionar con precisión total sus respectivos mapas geográficos y geológicos. Así, por ejemplo, en España, el ministro Juan Bravo Murillo creaba en 1849 una *Comisión de la Carta geológica de Madrid y general del Reino*, llamando para tal tarea a los franceses P. de Verneuil (1805-1873) y E. Lartet (1801-1871), quienes dimitieron y se retiraron al cerciorarse de que España tenía un geólogo y geodésico de su misma categoría en la persona de Casiano del Prado y Valle (1797-1866).

En su obra conjunta con Collomb, *Coup d´oeil sur la constitution géologique de plusieurs provinces de l´Espagne*, escribía Verneuil:

Algunas personas, poco familiarizadas con el progreso de las ciencias, creen que España continúa al margen del movimiento científico y que la Geología, en especial, está descuidada. A sus ojos es un campo sin cultivar, una tierra nueva, terra incógnita, en la cual todo está aún por descubrir. Y nada hay más contrario a la verdad.

El principal impulsor de la triangulación geodésica de España fue Carlos Ibáñez de Ibero e Ibáñez de Ibero (1825-1890), quien inventó un aparato para medir bases muy superior al de los hermanos Brunner, hasta entonces el más preciso. El instrumento mereció el premio de la Academia de Ciencias de París y la petición del gobierno suizo para medir la región de Aarberg.

Todo lo aquí expuesto sirve para explicar la importancia de la cartografía de las costas sudamericanas, a la vez que el interés de Gran Bretaña en las dos expediciones del *Beagle:* no era simplemente un objetivo naturalista, un viaje de estudio, sino una recogida de datos precisos sobre radas, golfos, puertos, ríos, recursos y habitantes de aquellas zonas para favorecer el comercio inglés y la estrategia británica en aquellas latitudes. Este interés de Inglaterra por aquellas áreas se evidencia y demuestra en que, después de haber sido expulsados de ellas el siglo anterior por España, Palmerston ocupó por la fuerza las **Islas Malvinas** en 1833, ¡precisamente durante el viaje y estancia del *Beagle* en la zona!

Para hacer una perfecta, exacta y precisa cartografía se utilizaba la triangulación geodésica. El sistema de *triangulación geodésica* se basa en la medida de los accidentes geográficos desde un punto fijo, perfectamente conocido, y cuya distancia a otro punto adecuado para ello puede ser medida con precisión y exactitud. Así, la altura de una montaña se fija con un *teodolito*, instrumento de precisión que se utiliza para medir ángulos y es el clásico instrumento topográfico. El topógrafo elige en la base de la montaña dos puntos —a un lado de la base de la montaña y al opuesto— que tengan la misma altitud sobre el nivel del mar. Se sitúa en uno de ellos (B-1) y con el teodolito apunta al otro (B-2) y a la cumbre (C) de la montaña: así obtiene el valor de ese ángulo (B-2_C), el primero de la base; repite la operación desde el otro punto (B-2), con lo que obtiene el valor del ángulo opuesto (B-1_C), el segundo de la base. A partir de ahí, mediante operaciones geométricas se busca un punto que convierta el plano B-1_B-2_C en dos ángulos rectos, sobre los que se aplica el sistema de Euclides y se obtiene la altura de la montaña. Por otro lado, la proyección que se aplica verticalmente a la altura se puede aplicar también horizontalmente a puntos de la costa, y mediante un sistema de triangulaciones se puede levantar un plano o mapa casi exacto. De este modo, en 1852 se mediría el Everest: arrojó un resultado de 8.848 m de altura.

Con la medida exacta de una montaña, o un acantilado, y con la ayuda de una brújula y un teodolito se pueden hacer otras mediciones que impliquen una cartografía con gran precisión. Sólo se requiere tiempo; mientras los oficiales de marina británicos hacían eso, Darwin estudiaría el territorio y sus recursos, sus habitantes y sus características. Por otro lado, y respecto al *teodolito*, recuérdese que no sólo no era desconocido en América, sino conocido, usado y habitual. Durante el siglo XVIII, en que (con la excepción del Brasil portugués) casi toda Sudamérica era tierra española, el cálculo matemático se aplicaba ya a la geografía y la geodesia. En este aspecto es preciso recordar a Joaquín Velázquez y Cárdenas de León (1732-1786), quien, tras fijar la situación geográfica de muchas ciudades mejicanas y levantar sus mapas, trazó la triangulación geodésica del valle de Méjico y contribuyó a crear la Escuela de Minas, de la que fue su primer Director; además, el español-mejicano José M.ª de Bustamante (1786-1829) fabricó también un modelo de teodolito.

En el número de enero-febrero de 1994 de la **Revista de Marina**, de la Armada de Chile, el capitán de navío Hugo Gorziglia Antolini recordaba los viajes del *Beagle*, así como los provechosos estudios —tanto geodésicos y cartográficos como naturalistas— de Fitz-Roy y Darwin allí realizados. Este marino chileno describía minuciosamente en su artículo el viaje primero que el *Beagle* había realizado por aquellas latitutes, y que fue el antecedente inmediato de lo que habría de ser el segundo, la expedición en la que se embarcó Darwin. Recordaba este autor que entre los años 1826 y 1836 las expediciones realizadas a las costas australes, tanto la oriental como luego la occidental, de Sudamérica por los marinos británicos de las fragatas *Adventure* y *Beagle* habían renovado casi por completo el conocimiento geográfico que se tenía de ellas por las exploraciones efectuadas en siglos anteriores por navegantes españoles, portugueses, franceses, holandeses e ingleses. Más concretamente, y en lo relativo a la chilena Isla Grande de Tierra del Fuego, comprendida entre el estrecho de Magallanes, por el norte, y el cabo de Hornos, por el sur, las dos expediciones del *Beagle*, al mando del Capitán Robert Fizt-Roy, aportaron una verdadera creación de la geografía náutica de esta zona. Si bien es cierto que ambas expediciones incluyeron reconocimientos, estudios y descripciones, es indudable que la segunda, con el aporte del naturalista Charles Darwin, fue aún más fructífera que la anterior y con mayor trascendencia científica.

Siguiendo el minucioso relato del capitán chileno, la **primera expedición** del *Beagle* había tenido lugar entre 1826 y 1830. A finales de 1825, el Almirantazgo británico dispuso que dos naves fueran preparadas para un viaje de expedición a las costas de Sudamérica, con la misión de reconocerlas y efectuar levantamientos desde Montevideo a Chiloé. Es así como el 22 de mayo de 1826 zarpan de Plymouth el *Adventure*, de 330 toneladas, y el *Beagle*, de 242 toneladas, bajo el mando de los capitanes de la *Royal Navy* (la Armada Real) Philips Parker King (que era a la vez jefe de la expedición) y Pringles Stokes, respectivamente. Este último falleció en junio de 1828, por lo que debió asumir el mando del buque su segundo comandante, el teniente Skyring. No obstante, tres meses después de la recalada del *Beagle* en Rio de Janeiro, el Almirantazgo designa como comandante al capitán Robert Fizt-Roy.

Para el cumplimiento de la misión, el capitán Parker King asignó al Capitán Fizt-Roy la exploración de la costa oceánica de la Tierra del Fuego, desde el cabo Pilar (en el Pacífico) hasta el estrecho Le Maire, ya en el Atlántico, situado en el extremo suroeste de la Isla Grande de Tierra del Fuego. En 1829, ambos buques se encontraban en Montevideo (Uruguay, en la costa oriental) y por orden de Parker King, Fizt-Roy se dirigió a Valparaíso (Chile, en la costa occidental), arribando a este puerto el 22 de junio. En esa oportunidad visitó en Santiago al entonces

Presidente interino de Chile, don Francisco Antonio Pinto, y le comunicó el propósito de su viaje a la zona austral.

Desde Valparaíso bajó el *Beagle* a San Carlos de Ancud (norte de la isla de Chiloé) y desde este puerto a los mares del sur del estrecho de Magallanes. A principios de 1830 el *Beagle* se encontraba en las proximidades del seno Christmas, cerca del cabo York Minster, de la isla Waterman: es ésta una pequeña isla debajo del Parque Nacional Alberto de Agostini y al sudeste de la isla de Londonderry, y se halla aproximadamente a 55º 27´ de latitud sur. Desde este lugar, Fizt-Roy envió una partida al mando de uno de sus oficiales, Master Murria, para que explorase las costas de bahía Cook, descubriendo en este viaje un amplio canal, el cual hoy conocemos como el brazo sudoeste del *Canal del Beagle*.

Después de explorar y reconocer las costas del seno Christmas, el *Beagle* se dirigió a bahía Orange, que se encuentra dentro de la más amplia bahía Nassau. Desde allí, en el mes de abril de 1830, Fizt-Roy despachó dos partidas de exploración, en sus respectivas embarcaciones menores. La primera, a cargo del guardiamarina John Stokes, llevaba la misión de buscar un paso entre bahía Nassau y el seno Año Nuevo; al no encontrarlo, Stokes volvió al punto de partida en bahía Orange. La segunda, a cargo de Master Murria, se dirigió al norte y atravesó el seno Ponsonby; descubrió un estrecho paso al que Fizt-Roy denominó Murria, y encontró al término de éste un ancho canal que corría de este a oeste. Al regreso de las partidas, Fizt-Roy zarpó con el *Beagle*, dando inicio a un viaje de exploración hacia el sur, el cual lo lleva hasta las islas Diego Ramírez (aproximadamente, a 56º 30´, bastante debajo de las islas de Tierra del Fuego), para retornar nuevamente rumbo al N, en busca de un lugar que le ofreciera seguridad a su nave, fondea en caleta Lennox, cerca de la isla de Ambarino.

Desde allí, nuevamente, despachó dos grupos de reconocimiento: envió a Murray hacia el este y al guardiamarina Stokes al norte. Con todo, deseaba Fitz-Roy comprobar personalmente los descubrimientos efectuados con anterioridad; dejando el buque a cargo de uno de sus oficiales, se dirigió a bahía Nassau, al seno Ponsonby y a la angostura Murray, entrando al canal largo, que posteriormente denominó *Beagle* en recuerdo de su buque. Enseguida continuó hacia el oeste y a poco de navegar descubrió la característica punta Divide, dándose cuenta exacta de que el brazo sudoeste del ancho canal por él denominado Beagle, era el mismo que había visto Murria en la primera exploración desde la bahía Cook. También navegó parte del brazo noroeste del canal Beagle, iniciando luego el retorno en demanda de caleta Lennox.

Aquí se produjo ese curioso hecho que ha sido recogido en los párrafos iniciales de este epígrafe: al pasar por el seno Ponsonby, en caleta Wulaia, Fizt-Roy, que era un hombre de espíritu apasionado y obsesivo, embarcó a tres hombres y una mujer indígenas para llevarlos a Inglaterra —con el fin de iniciarlos en los beneficios de la civilización— y restituirlos más tarde a su tierra de origen, a fin de que sirvieran como instrumentos de penetración de la cultura europea entre sus semejantes. Esta generosa idea de «redimirlos de la barbarie» fue concebida por él al observar las precarias condiciones de vida que sobrellevaban en tan inhóspitos parajes; de ello hablaría Darwin durante su futuro periplo en el *Beagle*, y lo recogería en su libro sobre el viaje.

En mayo de 1830 los expedicionarios estaban de vuelta en caleta Lennox. Mientras tanto, Murray se había dirigido al extremo oriental de Tierra del Fuego, explorando el estrecho de Le Maire; por su lado, Stokes había tomado rumbo al norte y con seguridad había recorrido el canal ancho hasta la isla Gable, pero sus sus descripciones fueron lamentablemente incompletas y de ellas Fizt-Roy no pudo obtener los datos que necesitaba para sus informes. Pocos días después del regreso de Murray y Stokes, el *Beagle* daba por terminada la exploración de la costa austral de Chile, desde el cabo Pilar hasta el estrecho Le Maire, y abandonaron la región para dirigirse a Rio de Janeiro. La capital brasileña era puerto de encuentro y reunión con el *Adventure*; tras pasar unos días de descanso, cruzaron el Atlántico en dirección a Inglaterra. En octubre de 1830, cuatro años después de su salida, ambas naves arribaban a Plymouth.

Para el chileno capitán Gorziglia Antolini era importante destacar que, como producto de esta expedición, seis meses más tarde fue expuesto el primer mapa en el que aparece el *Canal del Beagle* en una conferencia ante la *Real Sociedad Geográfica*, lo que convertía aquel mapa en una carta de gran valor histórico y sentimental para Chile.

Mas como aquella expedición no había cumplido todos los objetivos o expectativas que se esperaban de ella, parecía necesario preparar una segunda expedición o viaje a aquellas latitudes. Por ello, el Almirantazgo dispuso en 1831 el alistamiento de tripulantes para una nueva expedición, de características tanto o más ambiciosas que la primera. En ella se incluía la participación de un científico, que resultaría de excepción y que sería Charles Darwin. Uno de los rasgos más fascinantes del naturalista inglés era que parecía ser uno de esos hombres cuyo porvenir se decide de forma bastante inesperada y fortuita, por un simple golpe de suerte de los que depara el destino.

Darwin había sido citado en Londres para el 5 de septiembre de 1831 con el fin de conocer a Robert Fizt-Roy, capitán del *Beagle*, nave que el Almirantazgo había destinado para un largo viaje alrededor del mundo. La idea que le habían propuesto es que él iba a ocupar el puesto de naturalista en el viaje; por entonces, el joven Darwin no tenía más que 22 años, nunca había visto al capitán Fizt-Roy y hasta ese momento tampoco conocía la vida a bordo de un buque, y mucho menos la de un buque de la Armada Real. Sabía que el *Beagle* era una nave de poco tonelaje, pero sí de buenas condiciones marineras, en la que Fizt-Roy ya había ejercido su mando en la exploración anterior a Sudamérica, y que en aquellos momentos estaba siendo reparada y alistada para un nuevo viaje. Su dotación, compuesta de voluntarios, había sido cuidadosamente seleccionada entre lo más granado de la Real Armada. A pesar de algunas reticencias de Fitz-Roy, la entrevista resultó correcta y casi cordial, y ambos se pusieron de acuerdo. Allí se decidió la suerte y el futuro de Darwin, que estaba llamado a revolucionar la Historia Natural y la Biología.

Por su parte, el 15 de noviembre de 1831 el capitán Fizt-Roy recibía de manos de los Lores comisionados del Almirantazgo las *instrucciones* para este nuevo viaje, en las que textualmente se le decía:

> *Por la presente a Ud. se le solicita y dispone que se haga a la mar en la nave que comanda, tan pronto como ésta esté preparada en todos sus aspectos, procediendo con la expedición a Madeira o Tenerife, las islas de Cabo Verde, Fernando Noroña y la estación de Sudamérica, para realizar las operaciones y ejecutar los levantamientos detallados en el adjunto memorando, el que ha sido elaborado por el hidrógrafo de esta oficina bajo nuestra dirección, observando y siguiendo en la prosecución de estos levantamientos y en toda otra operación, las direcciones y recomendaciones contenidas en el ya dicho memorándum.*
>
> *Ud. debe considerarse bajo el mando del Contralmirante Sir Thomas Baker, Comandante en Jefe de las naves de su Majestad en la estación de Sudamérica, mientras se encuentre dentro de los límites de la estación, en la ejecución de las tareas ya encomendadas, y complementando las directrices detalladas en el memorándum, y en materia del aprovi-*

sionamiento de sus necesidades. Hemos hecho notar al Contralmirante nuestro deseo de que, siempre que la ocasión lo permita, Ud. reciba de él y oficiales de su escuadrón, toda asistencia en elementos y provisiones que Ud. pudiera necesitar.

Durante todo el período que se encuentre desarrollando sus actividades, Ud. debe enviar informes, en cada oportunidad que sea posible, a nuestro secretario sobre los resultados obtenidos y el progreso alcanzado. Habiendo completado los levantamientos que se le ha dispuesto ejecute en la estación de Sudamérica, Ud. debe proceder a ejecutar las otras tantas operaciones indicadas en el memorándum del hidrógrafo, en la forma ahí establecida, y habiéndolo realizado, Ud. debe regresar en la nave que comanda a Spithead y comunicar su arribo a nuestro secretario para nuestra información y siguientes instrucciones.

En el caso de que a Ud. le ocurra un desafortunado accidente, el oficial a quien le corresponda asumir el mando de la «Beagle» deberá dirigir hasta completar, tanto como sea posible, la parte del levantamiento que la nave se encuentre desarrollando, pero no deberá iniciar nuevas actividades; por ejemplo, si en ese momento está desarrollando levantamientos en la costa oeste de Sudamérica, no deberá cruzar el Pacífico, debiendo regresar a Inglaterra por Rio de Janeiro y el Atlántico.

Firmado: T. M. Ardí y G. Barrington

Para que esta comisión dada al capitán Fizt-Roy no tuviera interferencias, en este *memorándum* se establecía, además, que ningún oficial superior podría distraerle de la actividad encomendada, afectar su desarrollo o tomar para otro objetivo los instrumentos y cronómetros puestos a su disposición: tal era la importancia dada por sus superiores a la misión a él encomendada. Para mejor entender el contenido de este *memorándum* en el que se le impartían las instrucciones de detalle, véase la precisión que se manifiesta en un pasaje del mismo:

Una considerable diferencia aún persiste en la longitud de Rio de Janeiro, que ha sido determinada por los capitanes King, Beechey y Foster, por una parte, y por el Capitán Owen, Baron Roussin y los astrónomos portugueses, por otra parte, y considerando que todas nuestras mediciones meridionales en América del Sur están medidas desde ahí, constituye una tarea trascendente el decidir entre estas autoridades en conflicto. Pocas han sido las naves que han zarpado de este país con tan buenos cronómetros, públicos y privados, como el «Beagle».

De todo ello puede deducirse que la segunda expedición del *Beagle* tenía dos misiones: la primera, continuar los trabajos hidrográficos y cartográficos de la costa sudamericana; la segunda, conseguir una determinación más precisa de la longitud de Rio de Janeiro, mediante una serie de cálculos cronométricos.

A renglón seguido, el *memorándum* daba las instrucciones de qué es lo que había que hacer en los levantamientos de cartas geográficas y geológicas; por ello entregaba a Fizt-Roy unas advertencias precisas respecto a cómo definir y denominar los accidentes geográficos que debían recoger los mapas o planos, así como señalaba la forma en que debían ser destacados los diferentes elementos que contuvieran. Resaltaba también la necesidad de detallar todo en el momento, sin dejar para más adelante su descripción o representación, teniendo en cuenta la fragilidad de la memoria humana. Este documento, proveniente de la Oficina Hidrográfica, tiene la firma de Beaufort e incluye una tabla para calificar la fuerza del viento, la cual hasta nuestros días es conocida como la *«Escala de Beaufort»*.

Finalmente, tras todas las reparaciones, acopio y debidos preparativos, el *Beagle* se hizo a la mar a finales de diciembre de 1831. Con todos estos antecedentes, aquel gélido día comenzaba así la **segunda expedición** (1831-1836) del *HMS Beagle* (el buque de Su Majestad «Beagle»), perteneciente a la *Royal Navy* británica. A bordo iba un joven destinado a revolucionar el mundo de la ciencia con las observaciones que realizaría durante este viaje.

Navegación y descubrimientos

El 27 de diciembre de 1831, y desde el puerto de Devonport, el *HSM Beagle* se hacía a la mar para realizar una larga singladura de cinco años: no volvería a tocar las costas de Inglaterra hasta el 2 de octubre de 1836. Sobre aquella expedición escribió Darwin un libro que tituló *El viaje del Beagle*; en él decía que *el objeto de la expedición era completar el estu-*

56

dio de las costas de la Patagonia y la Tierra del Fuego..., levantar los planos de las costas de Chile, del Perú y de algunas islas del Pacífico, y –por último– hacer una serie de observaciones cronométricas alrededor del mundo.

• En la primera etapa del viaje (diciembre 1831-julio 1832), llegaron el 6 de enero a Tenerife y diez días después fondeaban en Cabo Verde, donde pudo observar por primera vez la carencia de vegetación por efecto volcánico y un extraño polvo en el aire, procedente de África y que se posaba en el barco (incluso a 300 millas —casi 483 km— de la costa), y estaba repleto de infusorios. También observó el comportamiento de algunos animales y sus sistemas de camuflaje o mimetización; muchos años después, Ernst Haeckel (1934-1919) iniciaría alrededor de 1864 una ciencia que estudia la conducta de los animales, que al principio recibió el nombre de *Ecología* y que más tarde pasó a denominarse *Etología*. En España, el doctor Rodríguez de la Fuente popularizó la Etología de los animales de la Península Ibérica y de algunas otras regiones de la Tierra, especialmente la Amazonia y regiones limítrofes. Sin embargo, la investigación y trabajos de Darwin en Santiago, Cabo Verde, fue determinante en su actividad durante el viaje y en su posterior vida científica: aquel estudio le demostró la superioridad del método que Lyell aplicaba a la Geología en comparación con los de los demás autores que había estudiado en la Universidad.

A mediados de febrero habían ya cruzado el Atlántico y arribaban a las primeras islas de Sudamérica: las Rocas de San Pablo y la Isla de Fernando de Noroña. En aquellas costas comprobaron que algunas rocas y arrecifes costeros que a lo lejos parecen blancas no lo son por la composición de la tierra, sino por el guano, el excremento de las aves marinas que forma grandes montones por acumulación; durante muchos años se trajo a Europa para abonar las tierras de cultivo y la llegada de los barcos que lo transportaban se notaba en la costa a varias millas de distancia: se decía que aquellos buques eran olidos antes de ser vistos. El 29 de febrero fondeaban en Bahía (o Salvador), Brasil, donde Darwin quedó subyugado por el bosque brasileño y la riqueza de sus variedades, que atribuyó a sus torrenciales lluvias tropicales. En sus observaciones constató y estudió algo que llamaba la atención a marinos y viajeros: la coloración de las aguas en ciertas zonas del mar y de los ríos, y las características de los elementos que producían esa coloración.

De abril a julio de 1832 permanecieron en Rio de Janeiro, desde donde Darwin pudo adentrarse en el interior. Aquí vivió una extraña experiencia que muestra la grandeza de su alma al rechazar la esclavitud y su objetividad de científico: habiendo llegado a una colina de granito habitada por una colonia de negros cimarrones —esclavos huidos—, una escuadra de soldados brasileños se encargó de reducirlos y encadenarlos para devolverlos a sus antiguos dueños... menos a una vieja negra, que prefirió arrojarse al vacío y destrozarse antes que volver a la esclavitud; decía Darwin que este hecho había sido ensalzado en la Historia y la Literatura cuando lo realizó una matrona ilustre en el Imperio Romano, pero cuando lo hacía una vieja negra se atribuía a la terquedad brutal de su raza.

Pero, a la vez, destacaba el mal servicio de las ventas y fondas, señalando que —a veces— tenían que matar a pedradas las gallinas que les iban a servir de cena. Insistía en la gran feracidad de aquellas tierras: en una hacienda se producía el 80 por 1 en frijoles y el 320 por 1 en arroz; y sus extraordinarios pastizales permitían la existencia de hermosos y cebados rebaños. Durante aquellos meses siguió observando con asombro los animales, desde los vampiros que chupaban la sangre a los caballos en su lomo o cruz, hasta los escarabajos, comparando siempre sus hallazgos con lo antes comunicado por otros naturalistas, especialmente con los realizados por Alcide D´Orbigny, quien precisamente en aquellos años estaba empezando a publicar los resultados de sus estudios o trabajos de campo en Sudamérica —desde 1825 a 1833— que le hacían ser similar a Humboldt. Singularmente llamó la atención de Darwin el ruido que producía una mariposa, la *Papilio feronia*, audible a 20 metros; años después, en marzo de 1845, Mr. Doubleday explicaría en la *Entomological Society* ese ruido en función de las nervaduras de sus alas y de su diafragma.

• Empezó la segunda etapa del viaje (julio 1832-julio 1833) navegando hacia el estuario del Río de la Plata. Durante el viaje observó los juegos de las marsopas, cruzándose delante de la proa del *brick*, hasta el fuego de San Telmo que adornó una noche los mástiles y vergas del *Beagle*. Tras anclar en Montevideo, y durante las diez semanas que allí permanecieron, pudo Darwin recolectar una colección casi completa de las aves, mamíferos y reptiles de la comarca, así como visitar varias «estancias» o haciendas, y describir la vida de los gauchos y su habilidad con el lazo y las «bolas»: el joven naturalista británico probó con escasa fortuna la tirada de éstas en medio de las risas de los gauchos, quienes decían no haber visto nunca a un hombre embolarse a sí mismo.

En aquellas visitas a las fincas o estancias de los caballeros y hacendados hubo varias cosas que llamaron su atención. En primer lugar, los gauchos a los que describe con cierta minuciosidad. De igual modo le asombraron los avestruces, más veloces que un caballo en su huida. Pero lo que más le impresionó fue la hospitalidad de los españoles de la zona, allí residentes para cuidar sus propiedades... a pesar de que Argentina se había separado de España más de dos décadas antes; destacaba su hospitalidad y el ritual o etiqueta de presentación.

Mientras los oficiales del *Beagle* navegaban por la zona cartografiando aquellas costas y haciendo distintas mediciones, en su relato del viaje y al llegar al capítulo 10, curiosamente Darwin vuelve hacia atrás en el tiempo y narra el viaje que realizó el buque a la Tierra del Fuego: dice que el 17 de diciembre de 1832, tras doblar el cabo de San Diego, penetró en el estrecho de Le Maire y echó el ancla en la bahía del Éxito. El salvaje comportamiento público de los indios fueguinos hizo que Darwin escribiera: *No me figuraba cuán enorme es la diferencia que separa al hombre salvaje del civilizado.*

Prosiguieron luego la navegación por el canal del Beagle, al que Fitz-Roy había bautizado así durante el viaje anterior; en las aguas cercanas pudieron divisar varias ballenas y los juegos de los cachalotes saltando fuera del agua. En aquellas latitudes, con frecuencia se desprendían grandes masas de hielo de los ventisqueros que, al caer al agua, levantaban olas inmensas. Tras un breve viaje en marzo de 1833 a las Malvinas, que Darwin siempre llamaba Falkland defendiendo los derechos de Inglaterra sobre ellas, marcharon nuevamente hacia las costas argentinas.

• La tercera etapa del viaje (julio-diciembre 1833) se inició con la llegada al estuario del río Negro: en el lado sur de su desembocadura, el río geológicamente corta su lecho creando acantilados y capas de arenisca, alguna de las cuales es de piedra pómez, probablemente proveniente de los Andes que están a 640 km. Es una región que consideró inhóspita; a pesar de eso, 50 años antes (hacia 1780) el Virrey español del Río de la Plata había establecido allí una pequeña colonia de españoles: todavía en 1833 era el punto más al sur habitado por hombres civilizados en las costa oriental de Sudamérica. Mientras los oficiales del Beagle hacían sus trabajos cartográficos, Darwin bajaba a tierra para estudiar el terreno; cerca de El Carmen (o Patagones, como se la denomina indistintamente) entró en contacto con los indios patagones, a los que describe. Estos indios tenían por costumbre seguir atacando las «estancias» o haciendas de los españoles o cualesquiera otros blancos establecidos allí, por lo que el gobierno argentino había organizado un ejército —al mando del general Juan Manuel de Rosas— para exterminarlos.

Rosas era un terrateniente y ganadero con inmensas posesiones y rebaños, pero también muy popular por su habilidad para montar a caballo y por adaptarse al terreno, tanto que imitó a los gauchos hasta en la vestimenta. Y no sólo Rosas: el propio Darwin estaba entusiasmado con el modo de vida de los gauchos. Así, en una carta a su hermana Carolina, fechada el 20 de septiembre de 1833, le decía: *Me he convertido casi en un gaucho, bebo mi mate y fumo mi cigarro y después me acuesto y duermo tan confortablemente, con los cielos por dosel como en un lecho de plumas. Es ésta una buena vida saludable, todo el día a caballo, comiendo sólo carne y durmiendo en un aire tonificante: uno despierta más contento que una alondra.*

En aquel momento, las tropas de Rosas se encontraban acantonadas cerca del río Colorado —un río con más de 100 m de anchura—, que está al norte del río Negro; Darwin y sus gauchos tardaron tres días a caballo en recorrer los 130 km que los separaban de las tropas, en un paisaje desértico en el que sólo había dos pozos con escasa agua dulce, algún guanaco o llama salvaje y muchos agutíes, una especie de liebre. Mientras, el buque marchó a fondear en Bahía Blanca, donde se habían establecido recientemente (1828) tropas y colonos argentinos preparados para luchar contra los indios. El joven naturalista inglés prosiguió su cabalgada hasta allí en medio del peligro que suponían los indios; en su camino se toparon con un zorrillo (similar a la mofeta), encuentro que describió recordando lo que ya en el siglo anterior había descrito el español Félix de Azara (1746-1821) acerca de que su olor podía percibirse a una legua de distancia, y él señalaba que en el puerto de Montevideo lo sentían a bordo del *Beagle* cuando soplaba viento de tierra.

A finales de agosto el *Beagle* fondeaba en Bahía Blanca, y desde allí volvió a subir al norte, marchando a la desembocadura del Plata. Fitz-Roy dio permiso a Darwin para hacer por tierra el viaje hacia Buenos Aires. En su camino de 640 km que separan Bahía Blanca de Buenos Aires, y en la cercana zona de Punta Alta, vio una llanura con numerosos restos de lo que él llamó «animales terrestres gigantescos», y que nosotros conocemos como dinosaurios: allí encontró tres cabezas enormes de *Megatherium*, así como restos del *Megalonyx*, relacionado con el anterior, un esqueleto casi entero del *Scelidotherium*, restos de *Mylodon* y de otro gran animal con caparazón óseo similar al de los armadillos, y los de un *Toxodon*, similar al mamut o elefante primitivo. Al estudiarlos recordaba lo que decía Lyell: *La longevidad de las especies de mamíferos es, en conjunto, menor que la de las especies de moluscos.* Aquello le indujo a una serie de reflexiones o lucubraciones

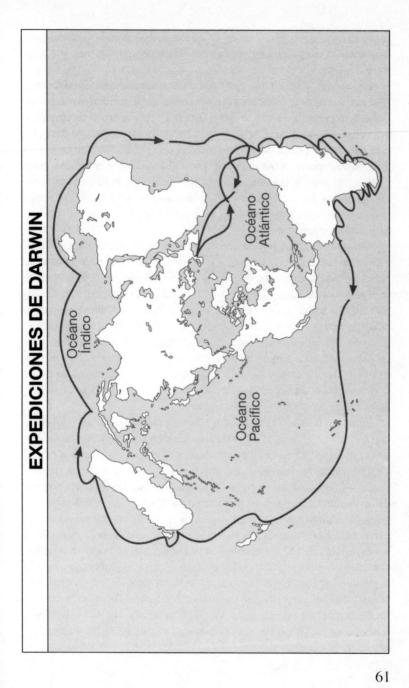

EXPEDICIONES DE DARWIN

Océano Índico

Océano Atlántico

Océano Pacífico

sobre el tipo de vegetación en el que aquellos grandes animales se movieron, distinguiendo entre la «cantidad» de vegetación y sus diferentes «clases».

También escribió en esta parte sobre los avestruces, sus dimensiones, sistema de puesta e incubación, y sobre su habilidad para nadar. Descubrió el raro *Avestruz Petiso* (pequeño), y reconstruyó un ejemplar, que luego quedaría en el Museo de la Sociedad Geológica; al describir este ñandú o avestruz, Mr. John Gould pondría el nombre de Darwin a esta nueva especie: *Rhea darwinii*. Estudió luego Darwin las diferentes especies de aves de la zona, así como los batracios, y el letargo que parecía afectarlos a casi todos: *Sabido es que, entre los trópicos, la somnolencia de verano de los animales está determinada no por la temperatura, sino por los momentos de sequía.*

Allí pudo también vivir un clásico episodio «fronterizo»: un destacamento de las tropas de Rosas, que custodiaba una posta (o puesto de correos donde se cambiaba de caballos y, probablemente, de jinete), había sido pasado a cuchillo por los indios. Los indios habían tomado los caballos que allí había, lo que permitía seguir su rastro, y habían galopado a refugiarse en las Pampas; 300 soldados salieron a perseguirlos, siguiendo su rastro. Los indios eran feroces, pero los blancos no lo eran menos, pues no daban cuartel a ningún hombre y los degollaban a todos; por eso los indios se acostumbraron a huir individualmente, abandonando a sus mujeres e hijos si era preciso. En este caso no era así, y todos los individuos de aquel clan huían juntos.

En su trayecto hacia Buenos Aires seguía Darwin el camino oficial de las postas, pues le daba la seguridad de que los soldados de Rosas podrían acudir más fácilmente en su ayuda. Acompañado por un gaucho, atravesó y estudió aquellos parajes y su composición, junto con los seres que allí vivían. Alguna vez quiso pagar la hospitalidad de un teniente, comandante de alguna posta, pero rechazaron su dinero: *En nuestro país* —le dijeron— *damos carne a nuestros perros, de modo que no vamos a vendérsela a los cristianos.* Observó en su viaje que, desde la llegada allí de los españoles en 1535, sus caballos se habían multiplicado en aquellas planicies y habían modificado la vegetación, así como habían desplazado al guanaco, al ciervo y al avestruz; D´Orbigny también había observado el extraordinario crecimiento del número de buitres debido a la proliferación de animales domésticos. Ya en tierra segura, Darwin subió hasta Santa Fe, admiró el río Paraná y bajó hasta Rosario. La región estaba muy castigada: el «gran seco» (una dura sequía desde 1827 a 1832) hizo morir a gran cantidad de aves y ganado —vacuno y caballar— y arruinó a las gentes.

En octubre bajó a Buenos Aires en un balandro, mas como su patrón era muy pusilánime, el británico prefirió desembarcar y dirigirse a caballo a Buenos Aires. Pero entonces lo sorprendió una revolución; cuando ya se veía imposibilitado para proseguir viaje, una conversación con los militares rebeldes refiriendo su amistad con el general Rosas lo cambió todo, y hasta un oficial lo acompañó en su camino hasta la capital. Al cabo de dos semanas, tomó un barco que se dirigía a Montevideo, la capital de Uruguay, donde pudo estudiar el Plata y sus fangosas aguas. Esperando la llegada del *Beagle*, quiso conocer esa parte de la Banda Oriental. Volvió hacia Buenos Aires, llegando a la Colonia de Sacramento; de allí marchó a Mercedes, a orilla de otro río que también se llama Negro. Refiere que los hospedaron en una estancia donde los anfitriones —de clase social elevada— se asombraban de que la tierra fuese redonda, pero habían oído hablar de un país donde las noches y los días duraban seis meses y sus habitantes eran altos y flacos. Volvió luego a Montevideo y se embarcó en el *Beagle*.

• La cuarta etapa del viaje (diciembre 1833-mayo 1834) se inició cuando el 6 de diciembre el *Beagle* abandonó Montevideo rumbo al sur, hacia Puerto Deseado, en las costas de Patagonia. Estando incluso a 10 millas de distancia (16 km) de la costa, se vieron varias veces rodeados por una nube de mariposas: *Nievan mariposas*, decían los marineros; otras veces echó una red al mar para arrastrar peces, y al sacarla encontró en plena mar un número considerable de escarabajos: de todo ello dedujo que el viento y los torrentes habían arrastrado aquellos insectos mar adentro. También observó la fosforescencia del mar, que disminuía a medida que se avanzaba hacia el sur, y que había sido descrita ya por el profesor Ehremberg: pero, mientras que éste lo achacaba a las partículas del agua, Darwin lo atribuyó a diminutos crustáceos fosforescentes.

El 23 de diciembre fondeaban el Puerto Deseado, a 47° de latitud S. Darwin desembarcó y se puso a estudiar la región. Observó antiguos restos españoles y se admiró del tesón de España en poblar y colonizar las tierras al sur del paralelo 41°, unas tierras inhóspitas y casi improductivas, y que sufrían los feroces ataques de los indios. La flora y la fauna de aquel lugar era escasa, con la excepción de los guanacos. Bajando más al sur, llegaron a Puerto San Julián, en cuya hermosa bahía ancló el *Beagle* el 9 de enero de 1834. Pero la región se les presentó aún más estéril que Puerto Deseado, sin apenas agua dulce y con grandes superficies de sal cristalizada. Destacó allí que la geología de la Patagonia era extremadamente interesante, y que su costa de cientos de kilómetros es toda ella un único depósito de gran número de conchas de especies extinguidas pertenecientes al período terciario.

Allí encontró medio esqueleto del *Macrauchenia Patachonica*, un paquidermo fósil tan grande como un camello y muy parecido al guanaco o la llama. Y recordando Darwin la colección de fósiles que desde las cavernas de Brasil habían traído Lund y Clausen a Europa, afirmaba el parentesco existente entre aquellas especies y las actuales, al igual que la existente entre los marsupiales fósiles y vivientes en Australia; y concluía: *Imposible es reflexionar sobre los cambios que se han verificado en el continente americano sin sentir la más profunda admiración.* Aquí ya se dejaba entrever que la idea de la evolución estaba en su mente, aunque estos historiadores se preguntan si esa idea la adquirió por influjo de los escritos de su abuelo Erasmus o por reflexión sobre lo observado durante su viaje en el *Beagle*.

Tras anclar nuevamente unos días de marzo de 1834 en las Malvinas, el *Beagle* echaba anclas en abril en la desembocadura del río Santa Cruz, más al sur de Puerto San Julián. En el primer viaje del barco, entonces dirigido aún por el difunto capitán Pringel Stokes, habían remontado el río cerca de 50 km, pero la falta de víveres los había obligado a retroceder; otra vez se volvía a intentar, pero ahora en tres balleneras y llevando provisiones para tres semanas. Además, los 25 hombres de la expedición la aseguraban contra los indios. A pesar de todo, ni a vela ni a remos podían avanzar mucho contra una corriente tan rápida como era la del río, por lo que casi todos los hombres tuvieron que desembarcar para sirgar (hacer avanzar las barcazas tirando de una cuerda). Exploraron la tierra y Charles estudió su naturaleza, especialmente las zonas basálticas (lava solidificada) y el cóndor: él mismo cazó uno con 2,60 m de envergadura en las alas y 1,20 de pico a cola.

• La quinta etapa del viaje (mayo 1834-agosto 1835) se desarrollaría en la banda occidental de Sudamérica, y se inició navegando hacia el estrecho de Magallanes, en cuya travesía pudieron el 9 de junio contemplar sin nubes el monte Sarmiento (2.070 m), cubierto de nieve; al día siguiente surcaban ya las aguas del océano Pacífico. Decía Darwin que la costa occidental de la Tierra del Fuego estaba constituida, sobre todo, por colinas de roca verde eruptiva y de granito; hacia el norte el clima sigue siendo húmedo y ventoso, pero progresivamente el calor va aumentando. Señala que en Sudamérica el ventisquero más distante del Polo Sur se encontraba [entonces] en el chileno golfo de Penas, a 46° 50' de latitud; sin embargo, en Europa el más alejado del Polo Norte estaba en Noruega a 67° de latitud, y ya dentro del Círculo Polar Ártico: de ello se deduciría que —en general— el clima del sur de Sudamérica sería más frío que el norte de Europa. La misma comparación la hacía con el musgo, los líquenes y la vegetación.

El 23 de julio anclaba el *Beagle* en la bahía de Valparaíso, el principal puerto entonces de Chile. Destacaba el británico el clima delicioso, la atmósfera transparente, el sol brillante, el cielo azul y el impresionante y magnífico volcán Aconcagua, al que los oficiales del barco calcularon 6.900 m de altura; exactamente tiene 6.959 m. No sólo destacaba la feracidad de aquellas tierras, su elevada productividad en trigo y maíz, la abundancia de higos, uvas y melocotones, sino también sus habitantes, destacando que los huasos de Chile son similares a los gauchos de Argentina, pero hay muchas diferencias, pues Chile estaba más civilizado y tenían más gradaciones de rango social: el gaucho es un caballero, mientras que el huaso es un hombre vulgar. En su exploración terrestre por Quillota, San Felipe, San Fernando y Santiago, dedica gran atención a las minas de cobre.

En noviembre zarpaba el *Beagle* desde Valparaíso con rumbo al sur, hacia la isla de Chiloé, de 148 km de longitud por 48 de anchura; mientras, en el continente, el volcán Osorno estaba vomitando torrentes de humo. Tras estudiar la flora y fauna de la isla y de la zona continental cercana a ella, retornaron a la isla; en la noche de 19 de enero de 1835 vieron una violenta erupción del Osorno, y los diversos volcanes de aquella zona de la sierra vomitaron lava en gran cantidad, con grandes llamas rojas que iluminaban el cielo y el mar en la noche. Simultáneamente, decía Darwin, el Aconcagua (a 772 km al norte) entraba también en erupción esa misma noche; pero el inglés fue mal informado, porque el Aconcagua no es un volcán. Hizo varias excursiones por la zona, y pudo observar que las autoridades de Chiloé trataban a los indios como a esclavos, por lo que les oyó decir: *Nos tratan así porque somos unos pobres indios ignorantes; no sucedía esto cuando teníamos rey*, aludiendo a la etapa española.

Partieron de la isla el 4 de febrero y el 8 llegaban a Valdivia, en la Región de los Lagos. Entre los indios del interior observó la existencia de poligamia, lo que disgustaba a los misioneros de la zona. El 20 de febrero asistió Darwin al más violento terremoto que allí se recordaba; con las gentes gritando por las calles y reflejando el terror en sus rostros, pudo constatar cómo el viento agitaba los árboles del bosque, y el mar —sin formar grandes olas— invadió por unos minutos la costa para volver luego a su estado original de bajamar. Siguieron navegando más al norte, hacia Concepción, y el 4 de marzo llegaron al puerto de Talcahuano; él marchó a visitar la isla de Quiriquina: estaba destrozada por el terremoto del 20 de febrero anterior. Allí se había formado una ola tan gigantesca como para arrastrar 200 m una goleta (buque medio de 2 palos) y estrellarla en la costa, o como para arrasar todas las casas de la costa y desplazarlo todo: así, un antiguo cañón español, que con su cureña de madera pesaba 4 toneladas, fue arrastrado casi cinco metros por aquella ola gigantesca. Y a 580 km hacia el noroeste, en la isla de Juan Fernández, el terremoto hizo chocar a los árboles entre sí y entró en erupción un volcán situado bajo el mar y próximo a la costa.

A principios de marzo soltaron amarras y marcharon hacia el norte a Valparaíso, donde Darwin se propuso pasar la cordillera de los Andes por el paso de Portillo. Desde Santiago y siguiendo el río Maipó, fueron ascendiendo la cordillera y subiendo por las cadenas de Portillo y Piuquenes; allí notaron la «puna» o ansiedad que produce el enrarecimiento del aire y la consiguiente dificultad de respiración. Al traspasarla, se encontraron en la provincia argentina de Mendoza, a casi 3.300 m de altura sobre el nivel del mar; a finales de marzo entraban en la ciudad argentina y, tras descansar un día, se pusieron de camino para regresar a Chile, a Valparaíso, por el valle del Aconcagua. Desde allí, a finales de abril volvió a salir el naturalista hacia el norte, a Coquimbo (distante 675 km) para ir luego a Copiapó, en la región de Atacama, fronteriza con Perú: Fitz-Roy se ofreció a recogerlo allí con el *Beagle*.

Conoció así las minas de cobre y plata, a sus dueños ingleses y a los mineros chilenos. A principios de julio llegó a Ballenar [actualmente, Vallenar], llamado así por la villa de Ballenagh, de Irlanda, patria de la familia O´Higgins, que bajo el dominio español dio presidentes y generales a Chile. Le extrañó que la belleza del paisaje y su sol se correspondiera con un país estéril, tanto que mientras que ellos paraban para comer, sus caballos roían los postes donde eran atados por no tener hierba que comer. También llamaron su atención las ruinas de antiguos asentamientos indios incaicos en el norte de Chile, y sufrió el cierzo y el inmenso frío de la cordillera.

A su vuelta, a finales de junio se embarcó en el *Beagle*, y el 12 de julio anclaba en Iquique, entonces perteneciente a Perú; durante la segunda guerra del Pacífico (1879-1883) entre Chile y Perú con Bolivia, los chilenos conquistaron esta ciudad en 1879 y pasó a soberanía de Chile con el Tratado de Paz de 1883. Allí pudo Darwin visitar las minas de salitre, que —junto con el guano— fueron las dos riquezas exportables que causaron aquella guerra; también anotó el paludismo como una enfermedad endémica de la zona. Una semana después el buque británico arribaba al puerto de El Callao, de cuyos habitantes decía que presentaban *todos los tintes intermedios entre el europeo, el negro y el indio*. Y añadía: *Me pareció un pueblo depravado y borracho.*

• La sexta etapa (septiembre 1835-marzo 1836) abarca el viaje por el Pacífico y los mares del sur. Viajando con rumbo noroeste, en septiembre fondearon en las islas Galápagos, tan decisivas en la construcción de su teoría de la evolución, que se encuentran casi a la altura del Ecuador terrestre y a 1.050 km al oeste de las ecuatorianas costas de Guayaquil. Estas islas son casi un paraíso natural por su extraordinaria y variada fauna, y desde la publicación de su obra clave *El origen de las especies*, ha recibido una gran atención de científicos e investigadores: seis especies de tortugas gigantes —*galápagos*— existen únicamente en ese archipiélago, y entre los reptiles de las islas hay dos especies de lagartos de la familia de las iguanas. Por si fuera poco, las islas albergan unas 85 especies de aves, incluidos flamencos, cormoranes no voladores, pingüinos y pinzones de las Galápagos (*pinzones de Darwin*); también son numerosos los leones marinos, así como las diferentes clases de peces. Las islas están llenas de manglares, y la vegetación está formada principalmente por espinos y cactus, salvo en las tierras altas, donde las espesas brumas permiten una flora más exótica y abundante. El clima y la temperatura de las aguas que rodean las islas son influidos por la fría *Corriente de Humboldt*, procedente del océano Glacial Antártico.

A finales de octubre pusieron rumbo al oeste y tras navegar cerca de 5.150 km desviando su derrota ligeramente hacia abajo llegaron en noviembre a Tahití, en la Polinesia (una de las tres zonas de islas, junto con Melanesia y Micronesia en que se divide Oceanía), que ya entonces estaba bajo soberanía francesa. Reconociendo haber ganado un día del calendario al pasar el correspondiente huso horario, Tahití tenía una espléndida vegetación, en la que sobresalían los «árboles del pan». Destacaba la labor de los misioneros, que casi habían erradicado de allí la embriaguez; pero, a la vez, decía que, en cuanto a la moral, *se ha dicho muchas veces que la virtud de las mujeres sufre muchas excepciones, pero antes de culparlas con demasiada severidad, conviene recordar las escenas descritas por el capitán Cook...*

Al margen de eso, el capitán Fitz-Roy invitó a la reina Pomaré a visitar el *Beagle*: *La reina* —escribió— *es una mujer grande y lerda que no tiene gracia, ni belleza ni dignidad. Sólo posee una cualidad real: una perfecta indiferencia para todo cuanto la rodea.* En noviembre levaron anclas rumbo a Nueva Zelanda, adonde llegaron el 19 de diciembre. Llena de pinos *kauris*, la producción más preciosa de la isla, sus habitantes también practicaban el tatuaje como en Tahití. Junto con los misioneros, los hacendados ingleses y los nativos cristianos, celebraron la Navidad. El 30 de diciembre levaron anclas rumbo a Australia, y llegaron a Sydney el 12 de enero de 1836 y el 30 a la isla de Tasmania (antes llamada Tierra de Van Diemen).

Al estudiar aquella colonia inglesa, escribió: *Cuando se viene de las colonias españolas, cuyas fortificaciones suelen ser tan magníficas, no puede menos de chocar la insuficiencia de medios de defensa de nuestras colonias.* Darwin se equivocaba al aplicar la mentalidad inglesa y su concepto de «colonia» a las tierras españolas de América del Sur, que nunca fueron colonias, sino trozos de España en América, habitadas por españoles, por lo que sus defensas eran fuertes porque servían para proteger a nativos españoles, no a nativos sometidos. Por el contrario, Inglaterra tenía colonias, que eran zonas controladas o conquistadas, pero no trozos de Inglaterra; esas colonias eran avanzadillas de su imperialismo político o comercial, por lo que sus defensas eran exiguas porque no protegían a ingleses, sino a nativos sometidos a los que —¡hasta el mismo Darwin!— consideraban «razas inferiores» o «razas degradadas».

• La séptima y última etapa (marzo-octubre 1836) abarca el regreso a Inglaterra que se hace navegando hacia el oeste, doblando El Cabo vía Brasil, para atravesar de nuevo el Atlántico y dirigirse a Gran Bretaña. Por el mal tiempo, hasta el 14 de marzo no pudieron abandonar el australiano estrecho del Rey Jorge, encaminándose a las islas de Keeling o *Isla* [de los] *Cocos*: archipiélago británico (hoy australiano) a casi 965 km de Sumatra (Indonesia), rodeada por un anillo de coral y poblada por antiguos esclavos malayos: describe sus cocoteros (el producto nacional sigue siendo la copra), pero dice que habían importado especies alógenas, como la caña de azúcar, la banana y varias legumbres y frutales. De allí marcharon a la francesa Isla Mauricio, junto a Madagascar, donde llegaron el 12 de abril: Darwin se refirió a sus arrecifes de coral como «maravillas del mundo».

El 9 de mayo zarparon de Port-Louis, Mauricio, en dirección a El Cabo de Buena Esperanza; tras una breve escala, el 8 de julio llegaron a la isla de Santa Elena, famosa por haber sido la cárcel de Napoleón Bonaparte desde su derrota y captura en 1815 hasta su muerte en 1821, al parecer por un paulatino envenenamiento con arsénico que le hicieron los ingleses. Alojado a corta distancia de la tumba del Emperador de Francia, estudió la geología de la isla en los cuatro días que permaneció en ella. El día 14 se hicieron de nuevo a la mar, con rumbo noroeste, llegando el 19 a la isla Ascensión, jurisdicción diferente, pero perteneciente a Santa Elena. Descubierta por los portugueses en 1501, Ascensión permaneció deshabitada hasta que los británicos establecieron en la isla un fuerte para vigilar una posible huida de Napoleón, exiliado a Santa Elena; pero a Darwin sólo le interesaron las «bombas volcánicas» de la zona, muy abundantes.

Poco después se hacían de nuevo a la vela y, cruzando otra vez el Atlántico (Darwin no señala por qué en su libro), el 1 de agosto llegaban a Bahía, en Brasil, también llamada Salvador por el nombre que le dieron los portugueses al fundarla en 1549 como *São Salvador da Bahia de Todos os Santos*, sirviendo de capital y sede del Gobernador general de las tierras portuguesas en Brasil hasta 1763. El día 6 se lanzaron a la mar hacia las islas africanas de Cabo Verde, pero vientos contrarios lo impidieron y los condujeron nuevamente a las costas del brasileño Pernambuco, anterior nombre de la actual Recife. Visitando la vecina ciudad de Olinda, gentes no amables ni corteses le negaron el permiso para atravesar unas huertas en su camino de exploración, lo que le hizo escribir airadamente: *Me alegro de que me haya sucedido esto en Brasil, porque me gusta poco este país donde reina todavía la esclavitud. A un español le hubiera dado vergüenza negar una petición como la mía y comportarse tan descortésmente con un extranjero.*

Finalmente pudieron hacerse a la mar, y el 31 de agosto echaban el ancla y en Porto Praia, en las islas portuguesas de Cabo Verde, frente a las costas africanas del Senegal. De ahí subieron a las Azores, y tras descansar durante una semana, largaron velas a todo trapo hacia Inglaterra: el 2 de octubre de 1836 llegaron a su costas. Darwin acaba su «diario a bordo» escribiendo: *En Falmouth dejé el «Beagle» después de haber pasado cerca de cinco años a bordo de este buen barquito.* Inmediatamente se puso en marcha, viajando día y noche, para llegar a la casa familiar: pudo abrazar a su padre y a sus hermanos poco antes del desayuno del día 5 de octubre.

Como él mismo diría años después, este viaje había sido el acontecimiento más importante de su vida. A bordo del *Beagle*, estudió la geología de las tierras visitadas, sus rocas, la estratificación y su naturaleza; también recolectó todo tipo de animales e hizo una breve descripción de ellos, pero como no sabía dibujarlos ni poseía suficientes conocimientos anatómicos, muchas de las páginas escritas durante el viaje resultaron prácticamente inservibles, como él mismo señalaría en su *Autobiografía*. Hubo una excepción: fue muy provechoso todo el tiempo y las páginas dedicadas a los crustáceos, pues esos datos le serían de gran utilidad cuando años más tarde escribiera sus dos volúmenes sobre los cirrípedos (percebes), aparecidos entre 1851 y 1854.

Sus primeros escritos y aportaciones a la ciencia

Ya durante su etapa juvenil, como estudiante universitario, fue iniciado en la idea de la evolución por su profesor Robert Grant, de la Universidad de Edimburgo; su primer descubrimiento científico se produjo allí, bajo la tutela de Grant, y estaba relacionado con la «danza» de fertilización de las algas y otros organismos simples. Luego, como fruto de su trato con los pescadores de Newhaven realizó un pequeño descubrimiento acerca de la zoología marina, lo que le permitió una disertación en la *Plinian Society*, como antes quedó dicho. Ya en la Universidad de Cambridge, fue influido por la bondadosa personalidad y el dominio de la Botánica del profesor y pastor anglicano J. Henslow; Darwin encontró allí algunas especies de coleópteros muy raras, cuya descripción y clasificación envió luego a *Ilustrations of British Insects*, de Stephen. Al acabar sus estudios universitarios, y como sigue siendo habitual en la vida académica, un profesor ofreció una tarea a su mejor alumno: un viaje de exploración en un buque de la *Royal Navy*.

Todo buen naturalista tiene siempre como trabajo propio la *Taxonomía*: dar nombre, describir y clasificar las especies naturales que se recolectan en los trabajos de campo, el medio que tienen los naturalistas para conocer, estudiar y describir la Naturaleza y sus seres, ya pertenezcan al reino animal (estudiado por la *Zoología*), al vegetal (*Botánica*) o al mineral (*Geología*). Por eso la recolección y clasificación de las especies según sus géneros, familias, órdenes o reinos es su labor inmediata, así como la formación de colecciones en las que se vean esos ejemplares con las características que les son propias. Y ésa era justamente una de las dos tareas principales de Darwin durante su viaje en el *Beagle* como «naturalista a bordo»; y la realizó bastante bien.

Ya durante el viaje, a Darwin le había llamado la atención cierto polvillo pardusco que muchos días flotaba en la atmósfera de las costas africanas y se posaba en las velas y en el barco. Habiéndolo estudiado durante el viaje, y mucho después, había constatado que estaba lleno de infusorios y suponía que al hacerse pesado y caer en el mar —o ser precipitado en él por la lluvia— serviría de alimento a peces y animales marinos. Precisamente esa observación produjo otra de sus aportaciones; entonces lo comunicó a Ch. Lyell, que ya conocía el fenómeno y lo había advertido a Darwin, y al profesor Ehremburg, que le contestó diciendo que ese polvillo estaba repleto de infusorios cubiertos de caparazones silíceos y de tejidos silíceos de plantas. Años más tarde, en junio de 1845 dirigía a la *Geological Society* una completa Memoria acerca de ese polvo y su caída. También hay que reseñar en este aspecto que a orillas del Plata encontró unos tubos silíceos vitrificados formados por el rayo cuando cae y penetra en la arena; de ello daría luego cuenta en los *Geological Transactions*, tomo II, página 528, aunque ya antes el Dr. Priestley había descrito en las *Philosophical Transactions* de 1790 unos tubos silíceos encontrados debajo de un árbol junto al cual un hombre había sido matado por un rayo.

Pero quizás la mayor contribución de Darwin durante las diversas etapas de su viaje fue la recolección de ejemplares de los tres reinos de la naturaleza y su envío a los mejores científicos naturalistas de Inglaterra para que ellos los estudiasen y comparasen con los ya conocidos. De este modo, el viaje del *Beagle* no sólo producía un beneficio científico y un prestigio académico al que lo realizaba, sino un avance científico; además, aquello le permitió entablar relaciones y correspondencia con los mejores naturalistas de Inglaterra, primero, y de toda Europa después. En su diario a bordo, que se editó como libro con el título *El viaje del Beagle*, el propio Darwin narra —en el texto y en las notas que lo acompañan— varios de estos hallazgos y envíos a otros profesores de Inglaterra y Europa.

Sin embargo, y a pesar del enorme respeto que le inspiraban sus maestros y los científicos consagrados de aquellos momentos, ya en ese libro empezó una serie de disquisiciones y reflexiones en las que se apartaba de las teorías habituales. Así, por ejemplo, cuando en Argentina encontró restos de los gigantescos dinosaurios del Secundario, al tratar de establecer el tipo de vegetación del que ellos se alimentaban, señala que debían atraer las ramas de los árboles hacia sí en lugar de escalarlos valiéndose de sus potentísimas garras. Y también refutaba algunas opiniones que habitualmente se daban como firmemente establecidas:

«Los grandes animales necesitan una vegetación abundante»: ésta es una frase hecha, que ha pasado de una obra a otra. Pues bien: no vacilo en declarar que es un dato absolutamente falso, que ha contribuido a extraviar el juicio de los geólogos acerca de algunos puntos de gran interés relativos a la historia antigua del mundo. Sin duda, este prejuicio se ha tomado de la India y del archipiélago índico, donde siempre se ven juntos los rebaños de elefantes, los bosques espesos y las junglas impenetrables.

Y a ese respecto hacía una comparación razonada con sus propias observaciones sobre el tema realizadas en África a bordo del *Beagle* y de las ya entonces conocidas sobre Siberia, donde habían aparecido restos de gigantescos animales antiguos. Así, en su nota número 6 hacía una interesante consideración: *Supongamos que no se conociese ningún cetáceo* [actualmente] *y que, de pronto, se descubriese el esqueleto fósil de una ballena en Groenlandia. ¿Qué naturalista se habría atrevido a sostener que un animal tan gigantesco sólo se alimentaba de crustáceos y moluscos casi invisibles (¡tan pequeños son!) que habitan en los mares glaciales del extremo norte?*

De todos modos, hay algo en lo que se ha incidido muy poco: Darwin no sólo era un naturalista, sino también un precursor de otras ciencias. En la primera mitad del siglo XIX la mayor parte de las ciencias no estaban aún perfectamente definidas respecto a su entidad, a sus objetivos y a su lugar dentro de la sistematicidad y organización de las ciencias. Por ejemplo, la Prehistoria la iniciaron los geólogos y los ingenieros de minas, quienes —al realizar excavaciones en las montañas para crear túneles para el ferrocarril o las carreteras— descubrían los estratos geológicos y los restos fósiles o humanos que en ellos había. Así, en España, tras el descubrimiento en 1876 de la cueva de Altamira por el notario santanderino Marcelino Sanz de Sautuola, fue el prestigioso geólogo Juan Vilanova y Piera († 1893) quien —junto con Sautuola— estudió, describió y catalogó como magdaleniense la cueva de Altamira... contra la opinión de los «progresistas» de la época, que la consideraban falsa y un fraude de los jesuitas para luchar contra el darwinismo. De idéntico modo, un naturalista alemán originó la Etología y otro la

Ecología, y otros estudiosos del género humano hicieron nacer la Etnología y la Etnografía.

En este sentido, y con sus exploraciones y trabajos de campo, Darwin fue el precursor de muchas de estas ciencias, pues en su diario de viaje en el *Beagle* no se conformó con reflejar sus itinerarios y las especies encontradas en ellos, sino que se fijó en los comportamientos de animales y hombres. Por eso, entre otras ciencias, se podría decir con propiedad que fue un precursor de la Antropología Cultural: sus descripciones de los gauchos, de los hacendados españoles, de los indios fueguinos y patagones, etc., son auténticas páginas maestras de esa ciencia. Así, por ejemplo, de los gauchos dice que son

altos y guapos, pero con una expresión orgullosa y disoluta en el rostro; muchos de ellos gastan bigote y cabellos muy largos, ensortijados por la espalda. Sus vestidos, de colores chillones; sus grandísimas espuelas resonantes, en los talones; sus cuchillos, llevados al cinto a modo de dagas (de los cuales hacen tan frecuente uso), les dan un aspecto muy diferente de lo que pudiera hacer suponer su nombre de gauchos o simples campesinos. Son en extremo corteses: nunca beben sin pediros que probéis su bebida; pero mientras os hacen un saludo gracioso, parecen igualmente dispuestos a asesinaros si se presenta ocasión.

Darwin describió de una forma bella y realista la hospitalidad de los hacendados o estancieros españoles de la zona, allí residentes para cuidar sus propiedades... a pesar de que Argentina se había separado de España más de dos décadas antes; destacaba su hospitalidad y el ritual o etiqueta de presentación. Cuando un forastero llegaba a una de esas casas, debía poner su caballo al paso y saludar a los de la casa diciendo *Ave María*, cuidando de no echar pie a tierra hasta que alguien de la casa saliera, le respondiera *Sin pecado concebida* y lo invitara a apearse. El propietario o su encargado lo invitaba a entrar en la casa, hablando durante algunos minutos de vaguedades. Luego se le pedía hospitalidad por esa noche, la cual se concedía siempre; se le daba un aposento, donde hacía la cama con las mantas de su «recado» o silla de montar de las Pampas. A renglón seguido, el forastero pasaba a comer con la familia y todos disfrutaban de un tiempo lógico de conversación. Decía Darwin que esa misma etiqueta se daba entre los *boers* u holandeses de El Cabo de Buena Esperanza, en el extremo sur de África, pero la diferencia estribaba en que el español nunca hacía una pregunta a su huésped fuera de las reglas de la cortesía, mientras que el holandés le preguntaba de dónde venía, adónde iba, qué hacía, e incluso cómo estaba compuesta su familia.

Igual hizo en sus descripciones sobre los indios. Por ejemplo, y reiterando lo dicho en el epígrafe anterior sobre los fueguinos, sus gritos salvajes y sus desmañados gestos hicieron que Darwin anotara esta reflexión: *No me figuraba cuán enorme es la diferencia que separa al hombre salvaje del civilizado.* De ellos escribe que tenían una excelente mímica y sabían imitar gestos, muecas y andares de cualquiera; pero añade que tenían también un miedo atroz a las armas de fuego y les extrañaba el canto y el baile. El país lo describe como montañoso, con grandes bosques donde abundaba el haya; de sus habitantes dice que se alimentaban de moluscos, por lo que cambiaban de residencia a menudo, aunque volvían siempre a las mismas áreas. Sus chozas estaban cubiertas de pieles de focas, y su género de vida es muy incómodo y pobre en alimentación y utillaje; señaló que, a veces, en las guerras internas se volvían caníbales. Cuando un naturalista inglés preguntó a unos fueguinos por qué en los inviernos más duros se comían a las ancianas antes que a sus perros, el nativo le contestó: *Perros pillan nutrias, viejas no.* Cualquier antropólogo de nuestros días envidiaría estas experiencias al leer esos párrafos.

Algo similar podría decirse de su labor en lo que luego se conocería como Paleontología, tan difundida en nuestro tiempo por la película «Parque Jurásico» de Steven Spielberg. En la zona de Punta Alta, cerca de la argentina Bahía Blanca, descubrió restos de lo que él llamó «animales terrestres gigantescos», y que hasta nuestros niños conocen como dinosaurios: allí encontró restos de *Megatherium, Megalonyx, Scelidotherium, Mylodon Darwinii, Macrauchenia, Toxodon* y de otros. Con todo, parece que su estudio de esa isla inmensa que es la Tierra del Fuego superó en fama a lo de los españoles en la época de Magallanes y Elcano, en 1520: su exploración fue descrita en su libro *Zoología del viaje del Beagle*, publicado en 1840.

Algo muy interesante, pero desconocido por el gran público, es su estudio acerca de los arrecifes de coral y su formación. En su libro *El viaje del Beagle*, habla de ellos y los describe como «maravillas del mundo», comparándolos con las pirámides de Egipto y la formación de aquéllos por animales pequeñísimos. Allí, en su anotación del 12 de abril de 1836, los clasificaba en tres grandes clases: atolones, arrecifes-barreras y arrecifes marginales. Se decía que los atolones estaban basados en cráteres submarinos, y que los pólipos construían el coral con sus restos edificando instintivamente grandes círculos en cuyo interior podían vivir tranquilos, lo que él negaba diciendo que esos animales no podrían vivir dentro: afirmaba que los corales crecían con más vigor por fuera. Darwin relacionaba los atolones de coral con hundimientos geológicos, y señala en una nota del capítulo 20 que Mr. Counthony, naturalista perteneciente a la expedición antártica organizada por los EE.UU., en su Memoria correspondiente decía: *Habiendo examinado personalmente muchas islas de coral y residido ocho meses en islas volcánicas rodeadas en parte de arrecifes, no dudo en decir que mis observaciones me han conducido a adoptar la teoría de Mr. Darwin.*

Además, sorprende que en su libro sobre los arrecifes de coral (editado en 1842), con un objetivo didáctico y clarificador hiciera insertar en él dibujos y grabados que hizo colorear: de azul oscuro los atolones, de azul claro los arrecifes-barreras y de rojo los marginales. El dato es muy curioso e interesantes: comparativamente, en España los naturalistas de la Sociedad Española de Historia Natural se veían obligados en 1875 (casi medio siglo después del viaje del *Beagle*) a enviar a París las láminas de sus *Anales* que reflejaban rocas y coleópteros para que allí las coloreasen por un procedimiento especial, pues en España no podía realizarse dicha labor en las impretas.

Con todo, lo decisivo de las aportaciones de Darwin —y del viaje mismo— fue la publicación en 1859 de su famoso libro *El origen de las especies*; durante su estancia en las islas ecuatorianas de las Galápagos, el naturalista inglés obtuvo en ellas gran parte de los datos que utilizaría para su estudio sobre la evolución y selección natural.

III. CONMOCIÓN INTERNACIONAL ANTE LA TEORÍA EVOLUCIONISTA

De la reflexión a la formulación de la teoría evolucionista

Después de regresar a Inglaterra, Darwin fue recibido con júbilo por su familia y con alegría y respeto (y alguna que otra dosis de sana envidia) por sus profesores y colegas de la Universidad. Hay un lapso de dos años y tres meses, que van desde octubre de 1836 —en que regresa del viaje en el *Beagle* —hasta enero de 1839 —su boda con su prima Emma Wedgwood—, que él calificaría como *los más activos de mi vida.* Inicialmente, en diciembre de 1836 y durante tres meses, fijó su residencia en Cambridge: allí, bajo la custodia de Henslow, se hallaban sus colecciones y se proponía clasificarlas y estudiarlas junto a su maestro y amigo. A la vez, empezó a preparar su libro *Diario del viaje de un naturalista alrededor del mundo* (editado en 1839) sobre lo acaecido durante la segunda expedición del *Beagle.*

En marzo de 1837 marchó a vivir a Londres, donde permaneció dos años. En ese tiempo acabó el *Diario*, dio varias conferencias en la *Geological Society* y empezó a preparar el manuscrito de sus *Observaciones geológicas sobre la América del Sur*, que se editaría en 1846; a la vez, iniciaba los trámites de publicación de su *Zoología del viaje del Beagle* (aparecería en 1840). A mediados del año, empezó también su primer cuaderno de notas sobre su teoría de la evolución, que culminaría con la publicación del *Origen de las especies* en 1859, tema ese sobre el que iba a trabajar durante los veinte años siguientes. En aquellos dos años fue secretario honorario de la *Geological Society*, y trató mucho con Sir Charles Lyell (1797-1875), así como frecuentó al botánico Robert Brown (1773-1858), quien había tomado parte en la expedición de Sir Joseph Banks por las costas australianas, quizás como prolongación de otra expedición en la que como botánico había acompañado a Australia a James Cook en 1770.

Al margen de su vida social, Darwin empezó en 1838 a recopilar sus ideas sobre la capacidad de las especies para cambiar en sus *Cuadernos de la Transmutación de las Especies*. La explicación de Darwin de cómo evolucionaron los organismos le surgió después de leer un ensayo del *Principio de la Población* (1798), realizado por el economista británico Thomas Robert Malthus, quien explicaba cómo las poblaciones humanas mantenían el equilibrio entre población y recursos. Malthus argumentaba que nunca el incremento en la disponibilidad de la comida para la supervivencia básica humana podría compensar la progresión geométrica del crecimiento de la población; esto último, por lo tanto, tenía que ser corregido por las limitaciones naturales, como el hambre y la enfermedad, o por acciones humanas como la guerra. Darwin aplicó inmediatamente el razonamiento de Malthus a los animales y a las plantas, y hacia 1838 empezó a elaborar ya un bosquejo de la teoría de la evolución a través de la selección natural, que hacia 1842 quedaría redactado en un breve resumen de cerca de 30 páginas manuscritas. Durante las dos décadas siguientes se dedicaría a trabajar en su teoría y otros proyectos de historia natural: Darwin era rico, independiente y nunca tuvo que ganar un sueldo.

Mientras trabajaba y reflexionaba sobre los cambios o evolución en los seres naturales, hacía simultáneamente otros estudios y trabajos de índole menor. Entre ellos, Darwin recordaría muchos años después que en aquellos dos años hizo un estudio sobre la rada paralela de Glen Roy y que, a pesar de su buen juicio, cometió en él un error de apreciación: influido quizás por lo que había observado en América del Sur, atribuyó aquella rada a la acción del mar y no a la acción de los glaciares. Ese error le fue corregido por J. L. R. Agassiz (1807-1873), quien poco después publicaría en 1840 un *Estudio sobre los glaciares*.

Pero el naturalista tenía, también, su propia vida personal o privada. El 29 de enero de 1839 se casó con su prima Emma Wedgwood, con la que tendría 10 hijos (de ellos, sobrevivirían siete). Siguieron viviendo en Londres, pero se trasladaron a otra casa en Upper Gower Street; años después, recordaría en su autobiografía su feliz vida de casado y las alegrías proporcionadas por sus hijos. Pero su trabajo se resintió algo con su boda y los cambios de vida que tan importante suceso conlleva: destacaba que en los tres años y ocho meses que ambos residieron en Londres hizo poca cosa, pero cuando disponía de tiempo trabajaba en sus libros. Así, por ejemplo, seguía revisando los manuscritos y las pruebas de imprenta de su libro *Zoología del viaje del Beagle*, que se editaría en 1840. Precisamente en esa época empezó a sentirse indispuesto con cierta frecuencia y bastante duración, una penosa circunstancia que lo acompañaría el resto de su vida. Sin embargo, en el verano de 1842 se encontraba algo restablecido y realizó un corto recorrido por el norte de Gales (similar al que había hecho once años antes con el profesor Sedgwick) para ver la acción de los antiguos glaciares; como resultado, publicó una breve reseña en el *Philosophical Magazine* de 1842.

Esa exploración es muy importante para entender su vida y su retraimiento social: en su autobiografía dice que ésta fue la última ocasión en que se encontró *con fuerzas suficientes para escalar montañas o hacer largas marchas, como precisa la labor de geólogo*. Entonces tenía Darwin sólo 33 años y ya empezaba a tener achaques y a sentirse físicamente mal; mucho se ha especulado sobre el tipo de enfermedad que padecía, aunque al final se sigue sin conocer la causa exacta. Pero, a pesar de todo, no por eso dejó de mantener una estrecha relación con quienes eran los científicos más destacados en su ámbito del conocimiento: Charles Lyell (1797-1875), el geólogo más destacado en su tiempo; Robert Brown (1773-1858), «el Príncipe de los botánicos» según lo llamaba Humboldt; Sir John F. W. Herschel (1792-1871), el astrónomo que estudió las estrellas del hemisferio sur; Joseph D. Hooker, que años después dirigiría una expedición al océano Antártico; incluso a través del geólogo Sir Roderik Murchison (1792-1871), conoció al eximio Alexander von Humboldt (1769-1859), quien no le causó la gran impresión que él había esperado, quizás por haberlo idealizado demasiado.

Simultáneamente, mantenía su respeto y amistad con el que fuera su mentor en Cambridge y ahora era su amigo y colega, el reverendo John S. Henslow. De idéntico modo, también frecuentaba a personajes de la cultura y del pensamiento: los historiadores Buckle, creador del determinismo climático, Grote, Lord Stanhope y Thomas B. Macaulay (1800-1859), célebre éste por su *Historia de Inglaterra*; y los escritores Motley y Thomas Carlyle (1795-1881): este último le parecía muy engreído y despectivo con los demás, aunque siempre muy deprimido.

Mientras tanto, seguía elaborando su libro sobre los arrecifes. La última prueba de imprenta de esta obra se acabó de corregir en mayo de 1842, y poco después aparecía al público *Sobre la estructura y distribución de los arrecifes de coral*; esa obra le había llevado veinte meses de duro trabajo y supuso un triunfo del método deductivo, pues fue concebida cuando el *Beagle* visitaba América del Sur... meses antes de ver el primer arrecife de coral. Altamente considerada por los científicos del momento, su teoría se consolidó y generalizó hacia mediados del siglo XIX. También se editó entonces su otra obra *Observaciones geológicas sobre las islas volcán*, la cual le confirió una fama de reputado geólogo cada vez más comprometido con la *Geological Society*. A la vez, dio algunas conferencias en esta prestigiosa Sociedad sobre los terremotos en Sudamérica y sobre la formación de humus por medio de lombrices de tierra, un sistema natural de abono que a finales del XX tendría gran éxito en muchos lugares del mundo.

El aumento de la familia y el consiguiente cambio en las necesidades familiares llevó a los Darwin a buscar una nueva casa. Pero no la buscaron en el mismo Londres, sino en Bromley, condado de Kent, a pesar de su nostalgia hacia aquellos *Midlands* en los que había nacido y crecido; la pequeña aldea de Down (actualmente llamada Downe) agradó al naturalista por *la extremada tranquilidad y la rusticidad del lugar*. El 14 de septiembre de 1842 los Darwin se trasladaron a Down House. Su padre pagó 2.200 libras por ella, y él se la describió a su hermana Catherine como una *casa fea, aspecto ni viejo ni nuevo, paredes de dos pies de grosor, ventanas más bien pequeñas, la planta baja más bien baja... Tres plantas, abundancia de dormitorios...* A su otra hermana, Carolina, le había escrito en julio anterior diciéndole que aquél era el lugar ideal para alguien que buscaba la soledad, pero que deseaba estar cerca de Londres: a 10 millas de aquella urbe (16 km), tenía una estación de ferrocarril que la comunicaba con ella, y Down era una aldea de unas 40 casas con viejos nogales, en medio de las cuales destacaba una vieja iglesia de piedra en la que convergían todas las calles. Y concluía diciendo: *El pueblo es extraordinariamente rural y tranquilo, con caminos altos y estrechos.*

Peter Bowle describe la jornada del naturalista. Dice que su rutina estaba planeada para obtener el mayor rendimiento posible de su trabajo, en vista de su crónica enfermedad. Solía levantarse temprano (6,30 h.?) y daba un breve paseo antes de desayunar. Su mejor momento de trabajo era entre las 8,00 y las 9,30 h.; luego leía la correspondencia, o escribía a la familia o los amigos, o le leían una novela en voz alta. A las 10,00 se ponía a trabajar hasta el mediodía, y alrededor de las 12 h. daba otro paseo, frecuentemente hasta el invernadero: allí examinaba sus plantas experimentales. También iba al arenal, especialmente cuando jugaban los niños. Tras la comida (13 h.?), leía la prensa, pues había adquirido mucho interés por la política, y respondía a las cartas recibidas. Luego Emma, su esposa, le leía en voz alta una novela, daba otro paseo y nuevamente se ponía a trabajar (15,30-19,00 h.?). Cenaba entonces, y solían prolongar la sobremesa, aunque una conversación demasiado viva le excitaba y provocaba ataques nerviosos que estropearían su trabajo del día siguiente. Jugaba algunas partidas de cartas (*backgammon*) con su esposa, leía libros científicos y escuchaba a Emma tocar el piano. Después se acostaba (22,30 h.?), pero raramente dormía bien.

Su vida en aquella recoleta casa empezó mal, pues tres semanas después su esposa Emma dio a luz a una niña, Mary Eleanor, que murió a los pocos días. En Down transcurriría el resto de la vida del naturalista: allí vivieron una vida recogida, que no dejaron sino para ir a la playa o visitar a algunos parientes. Al principio hacían vida social y recibían en casa a amigos o vecinos de su nivel; años después, escribiendo sobre aquello decía: ...*Pero mi salud se resentía casi siempre a causa de la excitación, que me provocaba violentos escalofríos y accesos de vómitos.* Por ello, acabó invitando a su casa sólo a muy pocos científicos amigos suyos. Desde entonces su goce y distracción era el trabajo científico, que culminaría en la publicación de sus diversos libros. Con todo, se sentía atenazado por su enfermedad: no es sólo que en los períodos en que lo atacaba no pudiese trabajar y dependiese totalmente de su esposa, sino que tenía miedo a no vivir lo suficiente para completar su obra. Por esto hizo gestiones para que Emma pudiera publicar sus escritos sobre su teoría de la evolución en el caso de que él falleciese. Sin embargo, y como era lógico, sería su padre —y no él— quien falleciera primero.

Ese contacto, y alejamiento a la vez, con el mundo científico que mantenía en Down House le permitió contar con la amistad y confianza del botánico Joseph Dalton Hooker; a la vuelta de éste de su expedición al Antártico, realizada en el *HMS Erebus*, Darwin le escribió en enero 1844 exponiéndole un avance de su teoría de la evolución, en el que se separaba decididamente de la teoría de las mutaciones, de Lamarck. Afirma Bowler que J. D. Hooker fue el primer naturalista que vio la exposición de la teoría de Darwin en el *Ensayo* de 1844, folleto de 230 páginas que había sido gestado en 1842 en 35 páginas manuscritas con las grandes líneas de la teoría, y que luego sería ampliado para prepararlo a su publicación. También a comienzos de 1844 se publicaron sus *Observaciones geológicas sobre las islas volcán* y al año siguiente apareció una nueva edición del *Diario de investigaciones*, que se había publicado en 1839 como parte del trabajo de Fitz-Roy: el éxito de este libro sirvió de estímulo a su trabajo, a la vez que de base a su autoestima y a una lógica vanidad. En 1846 apareció otro libro: *Observaciones geológicas sobre la América del Sur.* Sus tres grandes obras geológicas le habían llevado cuatro años y medio, y decía que su permanente enfermedad le impedía trabajar más.

Simultáneamente, en 1845 había empezado a escribir sobre los percebes, singularmente sobre unas especies que había encontrado en Chile y que parasitaban en las conchas de algunos moluscos; curiosamente, años después encontraría en Portugal otros de similares características. Durante ocho años, de 1845 a 1853, trabajó en esa materia, lo que le permitió publicar dos gruesos volúmenes titulados *Monografía sobre los cirrípedos*, que aparecieron en 1851 y 1854 respectivamente; sin embargo, él mismo señala que, de aquellos ocho años, había perdido dos por enfermedad, y que por ello —escribe— se había visto obligado en 1848 a pasar unos meses en Malvern, en el condado de Hereford, para recibir un tratamiento hidropático en el balneario de la ciudad, con manantiales de agua mineral que todavía se envasa en nuestros días.

El tratamiento le sentó bien y a su vuelta pudo trabajar mejor. Pero su salud estaba muy resentida: cuando en noviembre de 1848 falleció su padre, Darwin no pudo asistir a su entierro y funeral ni actuar de testamentario. Al naturalista le correspondió una herencia de cerca de 45.000 libras esterlinas, toda una fortuna para la época. Esa suma supo acrecentarla con acertadas inversiones, pues poseía el pensamiento burgués por acrecentar su dinero propio del tiempo y del grupo social al que él mismo pertenecía. Los beneficios obtenidos de aquellas inversiones resultaron más que suficientes para permitir que su creciente familia pudiera «vivir de las rentas».

Su retiro en Down no era tan estricto y alejado del «mundanal ruido» como él mismo lo presentó en su autobiografía. Por el contrario, hacía una interesante y útil vida social en aquel ámbito rural, por lo que desde 1857 acabaría desempeñando el cargo de magistrado del condado; quizás a ese nombramiento contribuyeron su alta preparación y sus conocimientos de la realidad humana, aprendidos al estudiar en Edimburgo su carrera de Medicina y durante su viaje en el *Beagle*, y su preparación en Teología Moral y Derecho Canónico de la Iglesia anglicana que había estudiado en Cambridge cuando se preparaba para ser pastor anglicano. Este cargo de magistrado le confirió esa aureola de respetabilidad social que tanto le agradaba. Simultáneamente, estaba en contacto con el mundo científico no sólo a través de sus frecuentes viajes por ferrocarril a Londres, sino también por la eficacia del servicio de Correos, introducido en 1840 en Inglaterra; por si fuera poco, el ámbito rural le permitía hacerse miembro de las sociedades de criadores de ganado de todo tipo, con lo cual recibía sugerencias prácticas —nacidas de la experiencia— sobre evolución y herencia, datos que luego le servirían mucho para su teoría de la evolución de las especies.

A partir de 1854 se dedicó enteramente a ordenar sus apuntes y manuscritos, y a observar y experimentar todo lo relativo a la evolución y mutaciones de las especies. Recordaba que en su viaje en el *Beagle* había visto restos fósiles de grandes animales cubiertos de corazas y otras defensas; reconsideraba luego la manera en que animales emparentados entre sí se sucedían unos a otros conforme se avanzaba hacia el sur del continente americano; finalmente, recapacitaba sobre el carácter sudamericano de las especies de las islas Galápagos, incluso con las diferencias de las de unas islas respecto a las de las otras, sin que ninguna pareciese más vieja o primitiva que las demás. De todo ello deducía que las especies se modificaban gradualmente; pero, a la vez, era evidente que ni las condiciones del entorno, ni las inclinaciones o tendencias de los organismos podían explicar los numerosos casos de adaptación de las especies.

Al llegar a ese punto de la reflexión, Darwin adoptó para el ámbito biológico el método que Lyell había seguido en el ámbito geológico, y empezó a orientar sus disquisiciones recogiendo todos los datos que se pudieran relacionar con las variaciones de los animales bajo los efectos de la domesticación o de la naturaleza salvaje. Habiendo iniciado su primer cuaderno de notas en julio de 1837, ya entonces comenzó a recoger grandes cantidades de datos sobre especies domesticadas, tanto a través de publicaciones científicas como mediante conversaciones con expertos ganaderos y jardineros. Y entonces se dio cuenta de que la selección era la clave del éxito humano en conseguir razas útiles de animales y mejores tipos de plantas. En 1838 empezó a leer a Malthus y dedujo que la población humana mantenía una lucha por la existencia adquiriendo actitudes o hábitos útiles, con los que las variaciones favorables tendían a conservarse y las desfavorables a ser destruidas; el resultado de todo ello sería la formación de especies nuevas. Con esto ya tenía una teoría sobre la que trabajar.

Fue así como en julio de 1842 tuvo la satisfacción de plasmar por primera vez un breve esbozo de su teoría en un cuadernillo de 35 páginas escritas a lápiz; durante el verano de 1844, este escrito sería ampliado a otro cuaderno de 230 páginas, que conservó largo tiempo. Sin embargo, y después de consultar su teoría con unos pocos colegas —pero escogidos—, en 1856 le aconsejó Lyell que redactara sus puntos de vista con bastante extensión y siguiendo una línea sistemática y lógica de exposición, cosa que hizo con minuciosidad. Quería dar a conocer su trabajo, con las líneas o leyes que regían el desarrollo de la naturaleza; pero a la vez temía hacerlo porque parecía oponerse a las convicciones religiosas de aquella Inglaterra victoriana, a las doctrinas científicas lamarckistas entonces vigentes y, sobre todo, a los escrúpulos religiosos de su esposa, que rechazaba cualquier ataque a lo establecido en la Biblia.

En medio de esta preparación, a comienzos del verano de 1858 se llevó una enorme sorpresa que lo dejó estupefacto y sin aliento: un joven investigador, Alfred Russell Wallace (1823-1913), que en aquel momento se encontraba en una expedición científica en el archipiélago malayo (la actual Indonesia), le envió un ensayo que titulaba *Sobre la tendencia de las variedades a apartarse indefinidamente del tipo original*. Aquella obra contenía una teoría de la selección natural exactamente igual a la que él sostenía, con lo que todos sus años de trabajo en ella se quedaban sin sentido: el ensayo de Wallace resumía con sencillez la idea de la evolución de las especies vivas por selección natural, pero lo hacía con la enorme claridad pedagógica y rigor conceptual que él no había conseguido en los veinte años que llevaba elaborándola.

A pesar de su sorpresa y alarma, y no queriendo que nadie le disputase la primacía de un descubrimiento tan colosal como era la teoría de la evolución, pero a la vez con una gran honradez científica y buen criterio, Darwin consiguió que en julio de aquel mismo año se editase una publicación conjunta de ambos, con extractos de sus respectivos manuscritos en los que cada uno de ellos exponía su visión de la teoría. Aquella obra conjunta se tituló *Evolución por selección natural* y la contribución de Wallace en ella llevaba como título el mismo de su ensayo; por su parte, Darwin consultó con Lyell y Hooker, quienes le aconsejaron que inmediatamente diera a conocer sus trabajos y publicase un resumen de su manuscrito, así como una carta suya fechada el 5 de septiembre del año anterior (1857) a Asa Gray (1810-1888), botánico norteamericano y catedrático en Harvard, en la que le exponía su teoría y demostraba así quién tenía la prioridad del descubrimiento o formulación de la teoría.

Con ello intentaba evitar que alguien pudiera pensar que él había copiado las observaciones de Wallace o se hubiera aprovechado de ellas. Todas estas circunstancias y sucesos los expuso en una sesión de la **Sociedad Linneana**, celebrada ese mismo año de 1858, y así están recogidas en el *Journal of the Proceedings of the Linnean Society* correspondiente a ese años. Sin embargo, y a pesar de la conmoción que aquello supuso para él, Darwin constató que la publicación conjunta de ambos apenas mereció una escasa atención en el mundo científico, y tan sólo el profesor Haughton —de Dublín— dijo que lo que había de nuevo era falso y lo que había de cierto era viejo y conocido.

Así fue como una nueva gran figura de la Historia Natural, Alfred R. Wallace saltó entonces al escenario científico internacional de la mano de Darwin, cuando éste editó la publicación conjunta de ambos. Wallace ha pasado a la Historia de la Ciencia por el desarrollo de una teoría de la evolución basada en la selección natural. Había nacido en la ciudad de Monmouth (hoy Gwent) y en 1848 —cuando contaba 25 años— realizó una expedición al río Amazonas con el también naturalista de origen británico Henry Walter Bates; posteriormente, desde 1854 hasta 1862, dirigió la expedición a las islas de Malasia. Durante esta última investigación observó las diferencias zoológicas fundamentales entre las especies de animales de Asia y las de Australia, lo que le permitió establecer la línea divisoria zoológica —conocida como «*línea de Wallace*»— entre las islas malayas de Borneo y Célebes.

Durante aquella investigación Wallace formuló su teoría de la selección natural y en 1858 comunicó sus ideas a Darwin: se produjo entonces la conocida y sorprendente coincidencia de que este último tenía manuscrita su propia teoría de la evolución, que era similar a la del primero. En julio de ese mismo año se divulgaron unos extractos de los manuscritos de ambos científicos en la publicación conjunta arriba señalada; además de eso, desde entonces escribió otros muchos libros científicos, entre los que deben destacarse *El archipiélago Malayo* (1869), *Contribuciones a la teoría de la selección natural* (1870), *La distribución geográfica de los animales* (1876) y *El lugar del hombre en el Universo* (1903).

El origen de las especies y las primeras reacciones

Después de lo ocurrido, y siguiendo el consejo de sus amigos Lyell y Hooker, en septiembre de 1858 se puso a trabajar en la preparación de un volumen sobre la transmutación de las especies, pero su labor se veía interrumpida por su precaria salud y las visitas al balneario del Dr. Lane en Moor Park. Después de trece meses de duro trabajo, en noviembre de 1859 se publicó *El origen de las especies*, la obra más importante de su vida. Para entonces muchos científicos conocían ya la importancia de su trabajo: la primera edición del libro, de 1.200 ejemplares, se agotó el mismo día que salió a la venta, y la segunda, de 3.000 ejemplares, pocos días después. Y lo mismo sucedió con seis ediciones posteriores. Inmediatamente fue traducido a todos los idiomas europeos, *incluso a algunos como el español, bohemio, polaco y ruso*, escribió en su autobiografía; también al japonés. Como siempre, los judíos se apuntaron al éxito: escribía Darwin que *incluso ha aparecido un ensayo sobre él* (el libro) *en hebreo demostrando que la teoría está presente en el Antiguo Testamento.*

Además de la trascendencia científica de la obra, su éxito editorial se evidencia en una serie de hechos: *El origen de las especies por selección natural* se puso a la venta el 24 de noviembre de 1859, agotándose ese mismo día, y en enero de 1860 salió la esperada segunda edición; en vida de Darwin se llegó a seis ediciones sólo en Gran Bretaña, y desde entonces no ha dejado de editarse, siendo traducido a más de treinta idiomas. Su publicación constituyó una revolución científica similar a las que causaron Galileo, Copérnico y Newton en su momento. Además, tal como Darwin previó, causó una auténtica conmoción en la conservadora sociedad británica del siglo XIX, que consideraba el contenido de aquella obra como una herejía. Por ello recibió los más feroces e insultantes ataques a su persona durante el resto de su vida.

Él atribuyó el éxito del libro a que ya había escrito y publicado dos esquemas condensados, por lo que al salir la obra era esperada con cierta curiosidad por la comunidad internacional de los naturalistas. Ciertamente fue una novedad o una "bomba" científica. Muchas veces se ha dicho que, en aquel momento, la idea de la evolución de las especies por selección natural de tipo sexual estaba en el ambiente científico, sobre todo por influencia de Lamarck, e incluso hay quien dicen que también por Cuvier. Pero lo cierto es que casi ningún naturalista dudaba de la permanencia de las especies tal como habían aparecido en la Tierra: incluso Lyell y Hooker no compartían los puntos de vista de Darwin, aunque le habían escuchado atentamente y dado valiosos consejos u observaciones al respecto. Por otro lado, también es cierto que los naturalistas esperaban que muchos hechos o fenómenos perfectamente observados fueran adecuadamente explicados con una teoría o formulación que los abarcara a todos. Y ése fue el éxito del libro en el mundo de los científicos: explicaba de una forma omnicomprensiva los fenómenos de la naturaleza. Por eso, el 21 de noviembre de 1859 H. C. Watson escribía a Darwin: *Es usted el mayor revolucionario de este siglo, si no de todos los siglos, en Historia Natural.*

Richard Milner ha destacado un interesante dato: en los artículos de Darwin y Wallace leídos ante la *Linnean Society* en 1858, que anunciaban el principio de la selección natural, ninguno de los autores empleó la palabra «evolución», que tampoco apareció en la primera edición de *El origen de las especies* (1859), pues se lee por primera vez en la edición de 1869. En cuanto a la expresión «*supervivencia de los más aptos*», el primero en utilizar el término *evolución* en este contexto fue Herbert Spencer. A su vez, Wallace y Darwin lo adoptaron más tarde, pero en general, entre el público, ambas frases se han identificado totalmente con las teorías de Charles Darwin.

Acerca de su obra, el propio Darwin creía haber acertado demorando su aparición: *Gané mucho retrasando la publicación desde alrededor de 1839, en que la teoría ya estaba claramente concebida, hasta 1859 y no perdí nada por ello, pues me importaba muy poco el que la gente atribuyera más originalidad a Wallace o a mí, y sin duda su ensayo facilitó la recepción de la teoría*, escribió en su autobiografía. Pero, a la vez, era consciente del escándalo y los problemas religiosos que su teoría parecía conllevar: *Mis opiniones han sido a menudo groseramente tergiversadas, amargamente combatidas y ridiculizadas, pero creo que por lo general esto se ha hecho de buena fe. No me cabe duda de que, en conjunto, mis obras han sido una y otra vez sobrevaloradas.*

Después, con la humildad e inteligencia de los verdaderamente sabios concluía diciendo: *Me alegro de haber evitado las controversias, y eso se lo debo a Lyell, que hace muchos años y en relación con mis obras geológicas, me aconsejó firmemente que no me enredara en polémicas, pues raramente se conseguía nada bueno y ocasionaban una triste pérdida de tiempo y de paciencia.* Por último, ejerciendo un verdadero equilibrio psicológico, tan ausente hoy entre los necios endiosados que ocupan un cargo de cierta importancia, describía su actitud: *Cada vez que he descubierto que me había equivocado, o que mi trabajo había sido imperfecto, y cuando he sido desdeñosamente criticado [...] hasta el punto de que me sintiera mortificado, mi mayor consuelo ha sido decirme a mí mismo cientos de veces que he trabajado tanto como podía y lo mejor posible, y que nadie puede hacer más que esto.*

Explica Sarukhán que las ideas de Darwin sobre la selección natural constituyen la esencia de su teoría; pero las bases en las que él apoyaba esa selección natural se fundamentaban en tres hechos:

- Los organismos son variables y esa variación es heredada por la progenie.
- Los organismos se reproducen en número superior a los que pueden sobrevivir.
- La progenie que posea las variaciones más adaptadas al ambiente o medio en el que se encuentra, sobreviven más y se reproducen más que las menos adaptadas.

De ese modo, concluye este autor, lo esencial de su teoría es que la selección natural es una fuerza «creativa» de la evolución, no una barrera difícil de salvar que acabe inmisericorde con los organismos menos aptos. Por el contrario, en Darwin, la selección natural propicia la presencia de especies u organismos adaptados, y preserva, generación tras generación, la porción más favorecida en el abanico de la variación. Pero lo importante no es sólo eso: muchos otros colegas de su tiempo aportaron ideas y conocimientos al evolucionismo, pero eran teorías especulativas, mientras que la teoría de Darwin era una construcción lógica basada en la evidencia real, que permitía aplicarla a cualquier caso o especie estudiada. Por eso, muchos autores defienden que Darwin formuló un hecho, no una teoría.

Así, Milner afirma que en 1859 la evolución quedó establecida como un hecho, no por haber triunfado en los debates entre filósofos o lógicos de gabinete, sino porque unificó miles de observaciones dispares realizadas por anatomistas comparativos, naturalistas de campo, geólogos, paleontólogos, botánicos y (posteriormente) genetistas y bioquímicos. Sin el concepto totalizador o globalizado de un mundo en cambio a lo largo de inmensidades de tiempo, no existiría lo que consideramos la ciencia moderna. La idea de que las especies están relacionadas por una ascendencia común cuenta con el apoyo no sólo de argumentos o encadenamientos racionales, sino de muchos campos de investigación interrelacionados, cada uno de los cuales nutre a los demás y los apoya. La evolución está tan bien confirmada como la gravitación; y las especies seguirán cambiando a lo largo del tiempo al margen de que los naturalistas, biólogos o genetistas sigan investigando el cómo y el porqué de la evolución.

Como ya se señaló en epígrafes anteriores, la teoría de la evolución por selección natural que Darwin expuso en su libro postula esencialmente que, debido al problema del suministro de comida descrito por Malthus, las crías nacidas de cualquier especie compiten intensamente por la supervivencia. Las que sobreviven y dan origen a la próxima generación, tienden a incorporar variaciones naturales favorables, por leve que sea la ventaja que éstas les otorguen, y estas variaciones se transmiten por herencia. Por lo tanto, cada generación mejorará su adaptación al medio respecto a las generaciones precedentes: ese proceso gradual y continuo es la evolución de las especies por selección natural de índole sexual, pues sólo los mejores se aparean con las mejores, lo que conlleva que la especie sobreviva y se perpetúe en la medida en que mejore. La selección natural es sólo una parte del vasto esquema conceptual de Darwin. Por lo mismo, basándose en las coincidencia entre especies, y a pesar de sus variedades o diversidades peculiares de cada una, afirmaba que todos los organismos relacionados son descendientes de antepasados comunes. Además, con sus observaciones geológicas, también proporcionó apoyo adicional para los conceptos anteriores de que la Tierra misma, el medio o ambiente en el que viven las especies, no está estática sino en constante evolución también.

Durante mucho tiempo, científicos e historiadores debatieron el problema de la autoría y originalidad de la «teoría de la evolución de las especies», siendo muchísimos más los que se inclinaron por la autoría y magisterio de Darwin, a pesar de sus 20 años de demora en darla a conocer a la comunidad científica internacional; pero no es menos cierto, como muchos sugirieron, que fue el genio de Wallace el que permitió que el mundo conociese tan importante descubrimiento. Por otro lado, también es lógico pensar que si Darwin tardó 20 años en darla a conocer es porque no la tenía acabada y bien formulada, mientras que Wallace —con una genialidad evidente hasta para Darwin— la formuló y expuso tan claramente que todo el mundo la entendió y aceptó; comparativamente, la famosa carta a Asa Gray no era una exposición de la teoría de la evolución, sino unas líneas o esbozo, mientras que el ensayo de Wallace era una formulación completa y acabada.

Para hacerse una idea exacta de la realidad, prescindiendo de lo que digan unos y otros, conviene acudir a lo que escribió el mismo Darwin en su autobiografía a propósito de la obra conjunta que Darwin y Wallace publicaron en 1858, a los pocos meses de recibir aquél el ensayo escrito por éste:

Al principio no estaba yo nada inclinado a dar mi consentimiento [a la publicación conjunta], *pues pensaba que Mr. Wallace podría considerar injustificable que yo hiciera esto, ya que entonces yo no sabía cuán generoso y noble era su carácter. Yo no había escrito el extracto de mi manuscrito ni la carta a Asa Gray pensando en su publicación, y estaban muy mal redactados. Por otra parte, el ensayo de Mr. Wallace estaba admirablemente expresado y era absolutamente claro.*

Realmente, el hecho de que la mayoría de los autores se decantara entonces por la autoría de Darwin quizás se debiera a que en el año 1858 tenía ya 49 años y un nombre consolidado en el mundo científico, mientras que Wallace contaba 35 años y no tenía ni las amistades ni la talla científica del otro. Por eso, a la hora de atribuir autorías y méritos, muchos autores se han preguntado si es más importante la fama y la posición de las personas que la realidad objetiva de los hechos; las personas mayores, probablemente, afirmarán lo primero, mientras que las más jóvenes considerarán cierto lo segundo. La diferencia estriba en que los mayores han vivido y conocen el factor humano, mientras que los jóvenes no, y un las opiniones y doctrinas la subjetividad juega un papel demasiado importante y decisivo. La realidad concreta en nuestros días es que casi la totalidad de los autores e historiadores actuales atribuyen a Darwin la autoría y originalidad de la teoría, y así aparece en todos los libros, sin que en la mayoría de ellos se mencione siquiera al joven Alfred Wallace.

Durante los veinte años anteriores en que elaboró su teoría, Darwin había temido que su publicación causara un grave escándalo social y conflictos religiosos en los que la aceptasen, así como la indignación y el recelo de su propia esposa. Y ocurrió tal como él había supuesto: el darwinismo, su teoría de la evolución, expuesto en su libro *El origen de las especies* fue mal entendido ya en su tiempo. Por un lado, gran parte de la comunidad científica comprendió enseguida la naturaleza y los alcances de la teoría darwiniana y, a pesar de los lógicos debates y discusiones sobre ella, la aceptó porque entre otras cosas estaban preparados para ello, ya que la «evolución» iba en una dirección similar a las «mutaciones» de Lamarck. Pero, por otro lado, el clero anglicano, con el arzobispo de Oxford, Samuel Wilberforce a la cabeza, optó por una posición beligerante y por la defensa a ultranza de las explicaciones sobre el origen del hombre y de las demás especies por creación divina, tal como lo dice la Biblia y era ésta entendida en aquel tiempo.

Ciertamente, su teoría dejaba el relato del *Génesis* reducido a un sentido puramente metafórico, como así lo aceptaría la Iglesia católica en 1943, y hacía imposible sostener su carácter histórico. El relato de la disputa con el obispo anglicano de Oxford, Samuel Wilberforce, disputa de la que se hablará después en otro epígrafe posterior, muestra no sólo el rechazo del clero, sino también el de la sociedad victoriana inglesa: en 1988, Jensen precisó que en aquel famoso debate, la respuesta de Huxley fue menos convincente y eficaz ante la opinión pública que lo que habitualmente se cree. Esto explica que en la prensa y la opinión pública arreciasen las críticas de tal modo que el propio Darwin se vio obligado a iniciar una campaña en defensa de su teoría; así lo han revelado las investigaciones y escritos de Ellegard (1957) y Hull (1973). Por el contrario y como se verá en un próximo epígrafe, Darwin tuvo en el Rvdo. Kingsley uno de los mejores apoyos (y no el único) entre el clero anglicano.

Además de la oposición frontal del clero, el darwinismo se vio enfrentado a una opinión pública que, al margen de su buena o mala fe, tergiversaba el sentido de la teoría de la evolución. Tópicos como el de que «Darwin sostiene que el hombre desciende del mono» han pervivido hasta muy entrado el siglo XX, sin reparar en que lo único que se podía deducir con certeza de la teoría de Darwin era que el hombre y el mono descienden de un mismo antepasado común. De igual modo fue mal interpretada la lucha por la existencia y su conclusión de que sólo sobreviven los más aptos, por lo que muchos llegaron a creer que él justificaba la explotación del hombre por el hombre y la pervivencia indefinida de una sociedad clasista. Y sin embargo, como se vio en el capítulo anterior, él abominaba de la esclavitud, a la que denostó en las páginas de su autobiografía; claro que, como señala Sarukhán, su defensa de los negros, a los que con una visión idílica describía como raza inocente, contrasta ampliamente con sus puntos de vista respecto a la ferocidad de los salvajes indios de la Tierra del Fuego, a los que describe con tintes muy diversos.

En cambio, desde el punto de vista científico, el darwinismo hizo progresos acelerados, a pesar de encontrar también muchos adversarios y críticos contra la teoría. Por ejemplo, Adam Sedgwick, su antiguo maestro y amigo en Cambridge, le escribía rechazando la teoría de la evolución: *He leído partes del libro con absoluto pesar, porque yo pienso que son talmente falsas y gravemente malévolas.* A pesar de las críticas y rechazos, Huxley pudo declarar en 1871 que *El origen de las especies* había producido en la Biología una revolución comparable a la de los *Principios* de Newton en la Astronomía. Las implicaciones de la teoría de la evolución son tales que afectaron incluso a la misma tradición científica y filosófica del mundo occidental. Para el físico e historiador marxista de la ciencia John Bernal, este aspecto es de la máxima importancia, porque el darwinismo rompía con las tradiciones eleática (Parménides) y aristotélica, y recuperaba la vieja tradición de los jonios, basada en el cambio: como decía Heráclito, $\pi\alpha\nu\tau\alpha$ $\rho\varepsilon\iota$ («todo fluye»).

Con todo, Bowler ha precisado que el escándalo suscitado por el libro fue tan grande que no sólo tuvo el rechazo del clero, sino también el de la sociedad victoriana y el de muchos sectores científicos. Y eso explica sus campañas de prensa, mencionadas más arriba, esperando una reacción de los científicos en defensa del evolucionismo, hasta entonces aceptado por todos aquellos que aceptaban las teorías de Lamarck. Pero aquel rechazo al evolucionismo no era algo nuevo, sino que tenía un antecedente cercano ocurrido quince años antes, cuando un editor de Edimburgo, llamado Robert Chambers, había publicado un libro en 1844 titulado *Vestigios de la Historia Natural de la Creación*: en él sugería que la Humanidad había surgido de animales inferiores. Por sostener esa idea, la obra (que había sido editada anónimamente) suscitó un gran clamor público de rechazo; sin embargo, a pesar de que las teorías de Lamarck tenían muchos seguidores, ningún científico ni naturalista salió en defensa del atrevido editor.

Bowler explica que, ciertamente, la intención de Chambers era muy positiva, pues deseaba separar la idea del «evolucionismo» de la imagen radical que ciertos grupos políticos —estudiados por Desmond— pretendían adjudicarle. Durante muchos años, su periódico *Chambers´ Edinburgh Journal* estuvo promocionando y defendiendo la idea de que el progreso social era inevitable en cuanto los ciudadanos tuviesen libertad para innovar. La clave del éxito, decía, estribaba en el esfuerzo y la iniciativa, no en los privilegios aristocráticos ni en el poder del dinero; y si los individuos podían actuar por sí mismos, la sociedad obtendría grandes beneficios tecnológicos y económicos. Y ésa era, precisamente, la filosofía social de los nuevos empresarios industriales y comerciales, por lo que el acertado propósito de su libro venía a establecer que el progreso social es inevitable a largo plazo por ser una extensión natural del desarrollo progresivo de la vida a lo largo de la historia de la Tierra. Hasta Marx hubiera suscrito eso.

Precisamente por ello, Chambers estableció explícitamente la vinculación entre el reino animal y la Humanidad en un proceso diacrónico y mediante la transmutación, al estilo de Lamarck. E incluso, para no oponerse a la Teología anglicana (y cristiana, en general) intentó suavizar su afirmación evolutiva de la procedencia humana respecto a animales inferiores argumentando que ese progreso lineal debería verse como un plan divino de creación en el que Dios no actuaba continuamente; de ese modo, Dios habría establecido las leyes de desarrollo que habrían producido la aparición de sucesivas especies superiores, en vez de crear Él mismo cada nueva aparición. Y en eso, afirma Bowler, Chambers no aceptaba la idea de Lamarck de que los caracteres adquiridos se heredan, pero sí la idea de Grant sobre el progreso lineal.

Pero todo eso, que se apartaba de la lectura literal de la Biblia, era lo que rechazaba el público inglés y gran parte de los científicos occidentales, que en su mayoría eran cristianos y tenían la mentalidad «creacionista» hasta entonces vigente. El mismo Adam Sedgwick, que criticó y rechazó *El origen de las especies* de Darwin, años atrás ya había rechazado el anónimo libro de Chambers, publicando en 1845 una larga recensión de los *Vestigios* en la que decía que las mujeres inglesas debían ser protegidas contra aquellas ponzoñas sin sentido. Así pues, el rechazo social y científico al evolucionismo aplicado al hombre venía de

William Buckland mostrando fósiles hallados.

antiguo, por lo que no era raro que el público en general repudiara la tesis de Darwin.

Desde aquel año, Darwin fue una figura muy controvertida, no sólo en los ámbitos científicos, sino –sobre todo– entre el gran público, entre las gentes de la calle. Gran número de caricaturas o grabados satíricos fueron publicados a partir de entonces en la prensa popular, burlándose en ellos del posible parentesco del hombre con el gorila. Hasta los políticos se vieron inmersos en esta disputa social y pública. Recuérdese a este propósito la anécdota de Disraeli. En 1864, Samuel Wilberforce (obispo de Oxford) invitó a Benjamin Disraeli (1804-1881), antiguo *premier* del gobierno británico y líder del partido *tory* —conservador—, a quien la reina elevaría a conde de Beaconsfield en premio a sus servicios a la Corona, a dar una conferencia contra el materialismo en el teatro Sheldon, de Oxford, donde pronunció una frase muy celebrada: *La cuestión es ésta: ¿es el hombre un simio o un ángel? Señor mío: yo estoy del lado de los ángeles.* Esa misma antinomia aplicada al hombre (¿simio o ángel?) dividía a toda Inglaterra y al público de Occidente interesado en aquellas cuestiones.

Pronto los periódicos ingleses, y los de toda Europa, se llenaron de grabados satíricos ridiculizando a Darwin, al que presentaban en compañía de monos o como un mono él mismo. Para entender la situación de Inglaterra en aquellos años es preciso recordar que aquellos tiempos eran tiempos difíciles para los ingleses: en lo referente a su situación interior, el ámbito científico se veía sacudido por la teoría darwinista y el ámbito religioso por «el movimiento de Oxford» —del que se hablará después—, mientras que en su situación exterior se equilibraban los éxitos (la apertura del Japón a los productos ingleses y el «reparto» de China, tras las vergonzosas «guerras del opio») con los fracasos, como era la rebelión de los cipayos en la India: *cipayo* era el nombre por el que se conocía a los soldados indígenas del Ejército británico en la India, quienes protagonizaron —desde mayo de 1857 hasta abril de 1859— una rebelión contra los ingleses por lo que equivocadamente consideraban un ultraje a su religión hindú (o islámica, en otros casos). Pese al fracaso de la rebelión, la principal consecuencia de la sublevación fue la abolición en 1858 de la *Compañía Británica de las Indias Orientales* y la entrega de la administración de la India al titular del trono británico, en aquella época la reina Victoria I, a quien en 1876 Disraeli convertiría en Emperatriz de la India, con lo que sus sucesores serían conocidos como «el Rey-Emperador» hasta la actual Isabel II de Windsor.

Este ambiente de polémica y controversia explica las palabras de René Taton: *La evolución fue el tema capital de la Biología en la segunda mitad del siglo XIX.*

La comunidad científica internacional

Como es lógico, las revoluciones en el pensamiento y las mentalidades sociales han sido siempre recibidas con reticencia y recelo, y a menudo con una gran oposición social; son bien conocidos muchos de esos casos, aunque del que más propaganda se ha hecho es el de Galileo. Recuerda Sarukhán que antes que Darwin, Copérnico tuvo que ver dolorido que su libro *De revolutionibus orbium coelestium*, escrito en 1543 —veinte años después de que Magallanes y Elcano demostrasen la redondez de la Tierra—, fuera incluido en el *Índice de libros prohibidos*, donde se mantuvo... durante tres siglos. Y es sabido que el enfrentamiento de Galileo y Giordano Bruno no sólo era con la Iglesia y la Inquisición, sino con una comunidad científica que se resistía a aceptar sus teorías y se oponía radicalmente a ellas, aunque no fuera precisamente por discrepancias científicas, sino personales. Afortunadamente, la resistencia a la teoría de Darwin sobre la evolución mediante la selección natural fue menos duradera, pero más visceral.

Escribe acertadamente R. Milner que, al hablar de «*evolución*», los biólogos quieren decir que el cambio en las frecuencias génicas de las poblaciones produce —con el paso del tiempo— nuevas especies a lo largo de generaciones. Charles Darwin denominó este fenómeno *descendencia con modificación*, un proceso lento que suele actuar a lo largo de cientos, miles y hasta millones de años. Y señala este autor que el término *evolución* tiene cuatro significados que suelen confundirse y deberían mantenerse separados y distintos:

1) el «proceso general del cambio» en poblaciones y especies, considerado un hecho científico establecido;

2) el «progreso» inevitable desde formas de vida inferiores a otras superiores, un concepto que ha quedado desacreditado por razones no científicas;

3) la historia concreta del «arbusto ramificado de la vida» y el origen de grupos diversos o *filogenias*, interpretado a partir del registro fósil y los estudios bioquímicos, y

4)   el mecanismo, o «motor», de la evolución, para el que Darwin y Wallace propusieron la «selección natural», pero que en la actualidad está siendo estudiado y modificado por la investigación.

Al aparecer el libro de Darwin, la mayoría de los biólogos seguían creyendo, como el vulgo, en el «creacionismo», por lo que argumentaron que la adaptación de cada especie a su entorno o medio probaba la existencia de un Creador sabio, benevolente y providencial; esta reacción era lógica, pues también los científicos eran cristianos y miembros distinguidos de aquella Inglaterra victoriana que tanto defendía sus tradiciones y principios morales. Afirma Bowler que el pensamiento creacionista estaba perfectamente reflejado en la *Teología Natural* del Rvdo. William Paley, publicada en 1802: allí se decía que las especies estaban diseñadas por un Creador inteligente del mismo modo que un hábil relojero diseña y construye un reloj. *Si al pasearse por la orilla de una isla desierta* —escribía Paley— *descubro un reloj, no pensaré que puede ser el resultado de un encuentro accidental de diversas causas mecánicas como las que han formado los peñascos. Por el contrario, supondré un ser consciente que lo ha concebido, lo ha realizado y lo ha puesto allí. De igual manera, ante cualquier ser vivo, me veré necesariamente impelido a plantear la existencia de un Creador.*

Hay que recordar también que, a pesar del éxito de ventas del libro, fueron muy pocos los biólogos que aceptaron la teoría de la evolución; ni siquiera sus amigos y colegas la seguían: el creacionismo seguía siendo el pensamiento dominante también en el mundo de la ciencia y la alternativa evolutiva era inconcebible. Por otro lado, y en prueba de esta afirmación, recuérdese el rechazo sufrido en 1844 por el libro de Robert Chambers, titulado *Vestigios de la Historia Natural de la Creación* y del que se ha hablado en un epígrafe anterior, por haber afirmado que la Humanidad había surgido de animales inferiores.

Los científicos partidarios de Darwin siempre han admitido que ya había planteamientos sobre el proceso evolutivo de las especies anteriores a la aparición de su libro, pero han argüido que ninguno de aquellos naturalistas anteriores había sido capaz de crear una teoría apoyándola en hechos y trabajos de campo. Señala Bowler que el mismo Lamarck, que propuso una teoría evolutiva en su *Filosofía Zoológica* de 1809, fue ridiculizado por el anatomista Cuvier y ampliamente criticado en el segundo volumen de los *Principios de Geología* (1830-1833) de Lyell. Por todo ello, se ha entendido siempre que *El origen de las especies* de Darwin significó una verdadera ruptura en la ciencia y en la opinión pública, que lo fue admitiendo muy paulatinamente.

A ello contribuyó enormemente que en la primera mitad del siglo se descubriese y admitiese por los paleontólogos y demás comunidad científica lo que Bowler llama «la memoria fósil» de la Humanidad, revelando el ascenso de la vida desde la edad de los peces primitivos y desde la de los invertebrados —a través de la de los reptiles— hasta la edad de los mamíferos y el mundo actual. Precisa también ese mismo autor que en todo esto hay un factor político desconocido que sacó a la luz Adrian Desmond en 1982: las teorías de Lamarck eran muy conocidas entre los científicos, pero también entre las gentes del vulgo porque las usaba un grupo muy radical (dentro y fuera de la ciencia) en una campaña social —y política— contra la clase dirigente. Por eso Darwin intentó expresamente distanciarse de ellos, y por lo mismo los científicos buscaban un planteamiento evolutivo menos radical: hasta el creacionismo se hizo más sofisticado para evitarlos y por eso el libro de Chambers tuvo un gran rechazo social.

Por otro lado, los científicos e intelectuales opuestos al darwinismo, además de rechazar el darwinismo, rebatieron la suposición de que la prioridad en la teoría de la evolución fuese de Darwin, y no de Wallace. Así, el novelista Samuel Butler publicaría en 1879 una violenta diatriba contra la teoría de la selección natural en su obra *Evolución, lo viejo y lo nuevo*. Argumentaba que Darwin no había sido el primero en hablar de evolución, sino otros naturalistas anteriores a él, como el conde de Buffon, Jean-Baptiste de Lamarck, su propio abuelo Erasmus Darwin y —sobre todo— Alfred R. Wallace.

Así pues, para entender la posición «pro» o «anti» de los científicos de la época, es preciso volver a hacer hincapié en lo dicho arriba y que aparece en pocas obras sobre el famoso naturalista inglés: siguiendo a Adrian Desmond, no hay que olvidar que los debates evolucionistas de la primera mitad del siglo XIX estaban muy politizados, probablemente influidos por los acontecimientos de Francia, donde el Antiguo Régimen absolutista había caído definitivamente ante la fuerza de la revolución de 1830, y la burguesa monarquía de julio había sido expulsada por la revolución de 1848, generadora de la II República francesa y del II Imperio francés, protagonizados ambos por Napoleón III. La Inglaterra victoriana abominaba de la revolución (quizás porque había sido la primera en padecerla en el siglo XVII, con la llegada de Cromwell y el desastre sociopolítico que supuso) y era muy reticente con cualquier movimiento o teoría que pareciera apoyarla: de ahí el poco éxito del «cartismo» que, por otra parte, era muy moderado en sus planteamientos.

Precisamente debido al éxito científico de su libro, el naturalista británico empezó a recibir noticias de airados personajes atribuyéndose la prioridad o paternidad del descubrimiento de la teoría evolucionista sobre el origen de las especies por selección natural. No solamente los judíos quisieron apoderarse del descubrimiento escribiendo —como él mismo cuenta en su autobiografía— un folleto con la pretensión de demostrar que la teoría ya estaba recogida en el Antiguo Testamento; el 21 de abril de 1860 apareció un artículo en el *Gardener´s Chronicle* en el que Patrick Matthew afirmaba haber descubierto hacia 1830 la teoría del origen de las especies por selección natural, lo que Darwin aceptó de buena fe, pidiendo excusas a Matthew y explicando que nadie podía conocer la existencia de tal hecho, teniendo en cuenta que era tan breve que había aparecido como apéndice en un libro sobre madera para construcción naval. Más tarde, en 1865 y a través de Hooker, un norteamericano le hizo llegar la noticia de que el Dr. Wells había leído en 1813 en la *Royal Society* un ensayo sobre la selección natural, pero que no se había podido imprimir en aquel año.

Durante 1859-1860 se produjeron las primeras reacciones de adhesión o rechazo a la teoría, creando un debate en todas las asociaciones científicas de Europa y de América que se dedicaban al área de conocimiento de la Historia Natural, o de las ciencias de la Naturaleza. Entre las figuras científicas que aceptaron la teorías y estaban clara y decididamente alineados con Darwin hay que contar a Joseph D. Hooker, a Thomas H. Huxley, a John Lubbock, a Hugh Falconer e indudablemente a Robert Chambers, que levantó su beligerante bandera en defensa de la evolución; y en los Estados Unidos, al profesor Asa Gray. En este grupo habría que incluir también al Rvdo. Kingsley y al botánico y pastor anglicano, el profesor John S. Henslow, antiguo mentor de Darwin, a quien defendió en varias ocasiones aun sin aceptar abiertamente su teoría, probablemente debido a que también era pastor anglicano y estaba sujeto a la obediencia de su Iglesia.

Otra gran figura era su amigo Charles Lyell, tan reticente en unos momentos a la teoría como próximo en otros. Durante el mitin de Oxford, el obispo Wilberforce, al igual que el biólogo Richard Owen, había contado con su poderosa autoridad para desdeñar o aplastar la teoría de Darwin. Sin embargo, Lyell no estaba convencido de la veracidad de la teoría evolucionista, pero tampoco de lo contrario; eso es lo que refleja una carta de Darwin a Asa Gray: *Habla usted de Lyell como de un juez; y lo que siento es que se niegue a juzgar [...] A veces casi he desea-do que Lyell se hubiera pronunciado contra mí [...] contra la mutación de las especies por vía de herencia.* Por su parte, el mismo Lyell, inte-rrogado por el obispo de Londres acerca de lo que pensaba de la crítica de Wilberforce a Darwin en el *Quarterly*, le respondió: *Lea a Asa Gray en el «Atlantic»*, en referencia al elogioso e inteligente artículo que el científico norteamericano había escrito sobre la disputa y que llevaba por título «La selección natural no contradice a la teología natural». En con-tra de las esperanzas del obispo Wilberforce, Lyell acabó siendo un firme y convencido defensor de la teoría de Darwin.

Por el contrario, además del obispo de Oxford y de muchos científi-cos aferrados acérrimamente a la inmutabilidad de la teoría «creacio-nista», otros científicos de gran talla se mostraron decididamente con-trarios a la evolución por selección natural. Entre ellos, y al margen de Lyell —que inicialmente la rechazó— hay que incluir a su antiguo amigo y mentor en Geología, el profesor Adam Sedgwick, el cual emprendió un fuerte ataque a las ideas evolucionistas en la *Cambridge Philosophical Society*, tan violento que Henslow se vio obligado a defen-der a su antiguo pupilo; y en Estados Unidos, contó con la crítica de Jean-Louis Rodolphe Agassiz (1807-1873). También hay que incluir aquí al biólogo Richard Owen, que había proporcionado valiosos datos científi-cos a Wilberforce (que éste no supo aprovechar), al físico William Thomson (luego, Lord Kelvin), a la mitad de los asistentes al mitin de Oxford y a muchos otros naturalistas que hicieron reseñas negativas tanto en publicaciones científicas como en periódicos y revistas de opinión pública. Aquellos científicos no eran necios ni estúpidos, pues la teoría de Darwin era una hipótesis, no un hecho científico probado y demos-trado: nada tiene de extraño que científicos muy serios y valiosos no la admitiesen, y esto lo entendía muy bien el mismo Darwin.

Hacia finales de 1861 parecía haberse roto el silencio de los sabios, y muchos científicos empezaron a mostrar hacia la teoría de Darwin pri-mero su interés, y luego su aceptación. Después de una traducción ale-mana en 1860, al año siguiente se editaba en francés y holandés, y luego se fue traduciendo paulatinamente a todos los idiomas cultos. A los pocos años de su aparición, *El origen de las especies* de Darwin empezó a adquirir un progresivo éxito científico en todo el mundo, donde pronto fue conocido y acogido más por las preguntas y cuestiones que planteaba que por las respuestas que proporcionaba a la Biología. A pesar de todo, durante aquella generación se mantuvieron las reticencias de la Inglaterra victoriana hacia Darwin; todavía en 1867 podía éste escribir a A. R.

Wallace: *Mr. Warrington ha leído recientemente un excelente y enérgico resumen del «Origen de las especies» en el Victoria Institute, y como éste constituye una institución de lo más ortodoxa, se ha ganado el nombre de «Abogado del Diablo». La discusión que siguió durante las tres reuniones consecutivas fue muy divertida, por las tonterías que se dijeron.*

Lo que sí fue evidente, ya incluso entonces, es que la mayoría de los biólogos se convirtieron en defensores de la idea básica de que las especies habían surgido de otras más antiguas mediante un proceso de transmutación, y en ese cambio el libro de Darwin había jugado un papel fundamental. Por eso, aquellos evolucionistas eligieron autodenominarse «darwinistas». Señala Bowler que, en una o dos décadas, oponentes a Darwin como el novelista inglés Samuel Butler (1835-1902) se quejaban de que los darwinistas habían tomado el control de la comunidad científica y habían establecido una nueva ortodoxia dogmática que suprimía y aplastaba cualquier intento de cuestionar sus principios básicos.

Ciertamente, los darwinistas no permanecían unidos por participar en un programa de investigación, sino por una serie de lealtades personales y compromisos con una ideología concreta: la de que la Naturaleza está gobernada universalmente por la acción de la ley natural. Por el contrario, quienes se opusieron al darwinismo no eran unos ignorantes ni obcecados que desearan conservar la idílica y sencilla visión bíblica: muchos de ellos estaban deseando aceptar la idea general de evolución y adaptarla a sus creencias, como así acabaron haciendo. Lo que ocurría —a juicio de Bowler— es que eran muy suspicaces respecto al programa ideológico-social subyacente en aquella apelación darwinista a la eficacia universal de la ley natural, y a que la teoría evolucionista propiciara cambios sociales por «selección natural». Y no se equivocaban: la visión anarquista de la sociedad ideal, en la que la burguesía sería aniquilada por el pueblo libertario (la supervivencia del más fuerte), se basaba en esas mismas ideas.

Ciertamente, el éxito de su teoría en ciertos ambientes científicos, de suyo conservadores e imbricados en la rígida sociedad victoriana, se debió a que nadie le atribuyó una intención socialmente radical. Y, casi con seguridad, nadie atribuyó veleidades revolucionarias a su teoría porque su autor no era un revolucionario, sino un respetado juez: no debe olvidarse que, desde 1857, Darwin desempeñó durante varios años el cargo de magistrado de su condado y que, además de sus trabajos como naturalista, hacía una labor jurídico-social de cierta entidad. Por esa razón tenía que asistir a ciertas importantes reuniones de jueces y magistrados con alguna periodicidad. Todo ello confería una respetabilidad social a un hombre que, a pesar de ser discutido por mucha gente y un escándalo para el clero anglicano, era un miembro del sistema, y esto significaba mucho durante la era victoriana.

La comunidad científica internacional, compuesta de hombres capaces de armonizar sus saberes en las distintas ciencias con la realidad social en la que vivían y desarrollaban su labor, no sólo se preocuparon de estudiar las implicaciones naturalistas de la teoría de Darwin, sino también sus implicaciones morales. En esta labor, los científicos fueron secundados también por los clérigos, los pensadores, los novelistas y hasta los políticos. El propio Darwin había previsto, y temido, una reacción social negativa diferente a la estrictamente naturalista: si el evolucionismo era verdadero, y el hombre era el resultado de un proceso de progresión continua, habría que encontrar una nueva fuente de valores morales. Y el novelista Butler le criticaba preguntándole que de dónde podría proceder esa fuente (que antes era Dios para los creyentes, o la ley natural para los agnósticos) si el mecanismo de la evolución que produce al hombre era sólo una pesadilla de basura y muerte.

Darwin había reflexionado también sobre ello, y en sus manuscritos plasmó sus opiniones sobre la mente humana y sus capacidades morales. Temiendo reacciones adversas y furibundas, en *El origen de las especies* trató de no escribir sobre los orígenes del hombre, salvo una pequeña frase testimonial para tranquilizar la honradez de su conciencia. Pero ese debate se avivaría de nuevo, con toda su crudeza en 1871, año en el que Darwin publicó *El origen del hombre*. Pero ya antes había creado una controversia moral en la medida en que el darwinismo había obligado a los ingleses a adoptar una filosofía materialista: como acusaba el novelista Butler, la selección natural mediante la «supervivencia del más fuerte (o mejor adaptado)» mostraba una imagen brutal de la naturaleza, incluso del ser humano, que amenazaba con impedir al ser humano aspirar a cosas más elevadas y menos materialistas. En un sistema así no había un papel para la moralidad, con lo que parecía que la ferocidad del capitalismo y del imperialismo propiciaba una salvaje política de «darwinismo social».

Todo ello explica que la mayoría de los científicos aceptasen la evolución de la especies, pero no el materialismo darwinista que establecía que sólo las fuerzas fisicoquímicas habían producido la Naturaleza, la vida y al hombre. Y así hubo muchos científicos que aceptaban lo uno, pero no lo otro; de todos ellos, quizás el más significado y representativo era Alfred R. Wallace, el coinventor de la teoría de la evolución por selección natural. En 1870 le escribía Darwin sobre ello: *Como usted esperaba, difiero seriamente de usted, y lo siento de veras. Yo no puedo ver la necesidad de acudir a una causa adicional e inmediata respecto al hombre.* Algunos darwinistas han sugerido que Wallace podría no haber sido sincero al aceptar el evolucionismo teísta y que se veía obligado a ello buscando el apoyo social para resolver su grave problema de dificultades económicas.

Pero ningún historiador podría creer nunca que Wallace no fuese sincero en algo tan serio e importante, ni que sus conocidos y contemporáneos fuesen tan necios como para ser engañados. Y, sin embargo, y a pesar de su gran talla científica, sí es cierto que Wallace tenía serias dificultades económicas para subsistir, por lo que sus colegas científicos se movilizaron para pedir al Parlamento británico una pensión del gobierno, petición a la que también Darwin sumó su firma: Gladstone respondió garantizando a Wallace una pensión de 200 £ (libras esterlinas) al año. Esta situación de desamparo, no sólo para los obreros y trabajadores, sino para científicos y otros elementos altamente cualificados y socialmente respetados, era común en toda Europa: en España, por ejemplo, al fallecer en 1894 el geólogo y profesor Francisco Quiroga y Rodríguez, un miembro muy activo y eminente de la *Sociedad Española de Historia Natural*, sus colegas y amigos tuvieron que hacer una colecta para ayudar a su familia en aquellos difíciles momentos. Otro eminente profesor y naturalista español, Salvador Calderón y Arana, se quejaba de esta situación: *Ese ministro de la ciencia [...], tras haber sacrificado su patrimonio al fin desinteresado al que dedicó todo su esfuerzo, lega a su esposa el desamparo y la indigencia. ¡Triste destino el del sabio!...*

Todo esto ocurría cuando aún no existía la llamada «*seguridad social*». Lord Beveridge definió en 1944 la seguridad social como «un conjunto de medidas adoptadas por el Estado para los ciudadanos contra los riesgos individuales que jamás dejan de presentarse, por óptima que sea la situación del conjunto de la sociedad en que se vive». Los antecedentes de la seguridad social se remontan a los gremios y hermandades medievales, a los montepíos y a las sociedades de socorros mutuos posteriores; pero la seguridad social moderna nació en 1883, cuando el canciller Bismarck implantó el seguro alemán de enfermedad, el primer seguro social del mundo; más tarde fue creando el canciller otros seguros sociales, como el de accidentes de trabajo (1884) y el de invalidez y vejez (1889). Enseguida su ejemplo fue imitado por Austria, y más tarde por Inglaterra, el resto de los Estados europeos, Rusia y Japón; desde la Constitución de Méjico (1917) y la de la alemana República de Weimar, casi todos los Estados han introducido programas de seguridad social para sus ciudadanos.

En lo que se refiere a España, es sabido que en 1900 se promulgó la *Ley de Accidentes del Trabajo*; en 1919, el seguro de *vejez* o jubilación; en 1929 apareció el seguro de *maternidad* y en 1943 se creó el *seguro de enfermedad*, más conocido como SOE (*Seguro Obligatorio de Enfermedad*). En tiempo de Darwin y Wallace nada de esto existía, ni en Inglaterra ni en ninguna parte; luego se extendió por Europa, América y el mundo entero, pero tras la caída del comunismo el capitalismo egoísta (¡y los Estados occidentales!) empezaron a hablar de «problemas económicos para financiar la seguridad social»: en estos momentos (2003) se propaga la idea de que el «Estado de bienestar» toca a su fin. Negros nubarrones se ciernen sobre el futuro de los trabajadores y de los grupos más pobres de nuestra opulenta sociedad occidental.

Las Iglesias cristianas: de la condena al concordismo

Cuando en 1859 apareció el libro de Darwin *El origen de las especies*, la mayoría de los eclesiásticos (al igual que muchos científicos y la mayor parte de los ingleses) creyeron de buena fe que aquel libro atacaba a la revelación divina contenida en el *Génesis*; y, como es lógico, adoptaron una posición beligerante de rechazo total. La actitud más conocida, repetida hasta el absurdo y con evidente exageración por la propaganda pro-darwinista, fue la del obispo de Oxford, Samuel Wilberforce.

Como Darwin escribe en su autobiografía, el Congreso anual de la *British Association*, celebrado en Oxford a finales de junio de 1860 ha quedado ampliamente reflejado en la Historia. El jueves, día 28, el Dr. Dauberny, de Oxford, había leído una comunicación sobre la sexualidad de las plantas haciendo una alusión —negativa— al libro de Darwin; el presidente dio la palabra a Huxley para ejercer la réplica, pero éste rehusó una discusión con miembros no especializados, en quienes el sentimiento podría impedir el ejercicio del razonamiento. Entonces el biólogo Richard Owen (1804-1982) sugirió que había datos a través de los que el público culto podría apreciar y sacar conclusiones de la teoría de Mr. Darwin, poniendo como ejemplo la comparación del cerebro del gorila con el del hombre y con los de otros simios; Huxley rehuyó discutir con él, pero se comprometió a justificar en otro lugar su postura, lo que cumpliría en un trabajo publicado en 1863 con el título *Evidencias de la situación del hombre en la naturaleza*.

Fue el sábado 30 de junio cuando la tormenta estalló en toda su virulencia, a propósito de una comunicación del norteamericano Dr. Draper, de Nueva York, titulada «El desarrollo intelectual de Europa, considerado con referencia a las opiniones de Mr. Darwin». La sala de conferencias resultó demasiado pequeña para la discusión, por lo que se trasladó a la amplia Biblioteca, que también estaba repleta por la expectación reinante: los testigos calcularon entre 700 y 1.000 asistentes. Presidía la sesión un viejo amigo de Darwin, el profesor de Cambridge y pastor anglicano John S. Henslow, quien advirtió que en aquel debate no se daría la palabra a quien no tuviese argumentos válidos que aportar. El obispo de Oxford, Samuel Wilberforce, habló durante media hora con su inimitable energía (y con vacuidad e injusticia según los amigos de Darwin) y ridiculizó la teoría y, al parecer, a las personas de Darwin y Huxley. Otro testigo, un clérigo también amigo de Huxley, señaló que el obispo hablaba en vez de Owen, quien no se había atrevido a aquella disputa, y que se había expresado inicialmente en broma, pero con cierta mordacidad, para acabar con toda seriedad condenando la teoría.

El obispo concluyó su arenga diciendo: *Me gustaría preguntar al profesor Huxley, que está a mi lado y dispuesto a despedazarme apenas me haya sentado, sobre su convicción de que desciende de un mono: ¿le viene esa ascendencia simiesca por la línea de su abuelo o por la de su abuela?* Luego, adoptando un tono más grave, finalizó afirmando que las teorías de Darwin eran contrarias a la Revelación de Dios en las Escrituras. El profesor Thomas Henry Huxley (1825-1895) no deseaba responder, pero se lo pidieron y tomó la palabra. En realidad estaba allí fortuitamente, pues caminando por una calle cercana se había encontrado con su amigo el editor escocés Robert Chambers, el ya mencionado autor de los *Vestigios*, quien le había invitado a entrar para apoyar a los darwinistas allí presentes, pues el mitin era esperado con cierta avidez y morbosidad, y Chambers había elegido posicionarse en una beligerante actitud pro-darwinista.

Huxley, hablando con su habitual mordacidad y cierto desprecio, hizo de abogado defensor de Darwin diciendo que estaba allí para hablar sólo en interés de la ciencia y añadiendo: *No he oído nada que pueda perjudicar la causa de mi augusto cliente.* Mostró la poca competencia del obispo para entrar en un debate científico y, aludiendo a Dios como Creador, dijo a Wilberforce: *Usted dice que el desarrollo [la evolución] excluye al Creador, pero afirma que lo hizo Dios. Sin embargo, usted sabe que usted mismo fue originariamente una pequeña porción de materia no mayor que el extremo de este lapicero de oro.* Respecto al hecho de descender de homínidos o animales inferiores, dijo Huxley: *No consideraría una vergüenza proceder de tal origen. Pero sí me avergonzaría descender de alguien que hubiese prostituido los dones de la cultura y la elocuencia al servicio del prejuicio y la falsedad.*

Después hablaron varias personas. Mr. Gresley, antiguo colegial de Oxford, afirmó que en la naturaleza humana, al menos, el desarrollo o evolución no era la regla necesaria. Robert Fitz-Roy, entonces ya almirante de la *Royal Navy*, que también se hallaba presente, comentó que había discutido con frecuencia con su antiguo camarada por sostener opiniones contrarias al primer capítulo del *Génesis*. El naturalista, prehistoriador y político Sir John Lubbock declaró que los argumentos sobre los que se apoyaba la idea de la «permanencia» de las especies eran nulos. A su vez, el Dr. Joseph Hooker expuso que la hipótesis de la evolución por selección natural era tan útil para explicar los fenómenos de la Botánica que él se había visto obligado a aceptarla. Tras unas palabras del presidente, el profesor Henslow (el viejo amigo de Darwin), se clausuró la reunión.

La propaganda de los darwinistas ha presentado la respuesta de Huxley en aquel famoso mitin como una clara victoria de Huxley sobre el obispo, una victoria «de la ciencia sobre la religión», o de la «luz del saber sobre la oscuridad de la superstición», pero eso es pura propaganda: hoy, tras la investigación sobre aquel debate que Jensen publicó en 1988, sabemos que fue menos convincente y eficaz ante la opinión pública que lo que habitualmente se cree. La realidad es que en los presentes quedó la impresión de que cada uno seguía donde estaba, sin que los argumentos de unos hubieran convencido a los otros, ni los de los otros a los primeros. Pero la sociedad inglesa, cristiana, empezó a reaccionar con críticas hostiles y con recensiones que expresaban el rechazo al libro de Darwin. Como ya quedó dicho más atrás, y con el apoyo de sus amigos y seguidores, Darwin se aprestó a iniciar una larga campaña de prensa en defensa de su teoría.

No obstante, conviene hacer una precisión para matizar la postura del obispo, quien no sólo estaba movido —lógicamente— por los postulados de la Teología, sino por otros hechos importantes que se estaban produciendo simultáneamente en su diócesis. Wilberforce no era un necio ignorante y si aquel buen eclesiástico se mostró en el mitin tan irritado y extremista en defensa de la fe anglicana, fue porque en su diócesis estaba en plena eclosión el «movimiento de Oxford» (1833-1860), muy conocido porque cientos de clérigos anglicanos (entre los que se incluyó en 1845 el que luego sería el cardenal Newman) pasaban de la Iglesia anglicana a la católica. El obispo Wilberforce, herido en sus convicciones y en su persona como dirigente eclesiástico, veía entonces en su diócesis surgir el darwinismo como otro nuevo movimiento disgregador y hostil a la fe, y fiel a su conciencia y deber se aprestaba a combatirlo con todas las armas de que disponía.

Por otro lado, hay que hacer hincapié en que aquel obispo luchaba en defensa de su fe, no contra Darwin. Refiere el hijo de éste, en la nota 216 de la autobiografía, que Mr. Brodie Innes, un amigo del naturalista, se alojó un día en una casa coincidiendo con Wilberforce. Después del mitin de Oxford, el obispo había publicado en julio de 1860 un artículo en la *Quarterly Review* contra la teoría darwinista, y Darwin al recibirlo había escrito a su amigo recomendándole que lo leyera, pues —le decía— *nos ha ridiculizado magníficamente a mi abuelo y a mí.* Cuando Innes le enseñó al obispo el comentario de Darwin a su artículo, Wilberforce le contestó: *Me alegro de que se lo tome así, es un tipo estupendo*; evidentemente, su enfrentamiento con Darwin no era una cuestión personal, sino una disputa religiosa o de fe. Pero lo mismo le ocurría a Darwin: en una carta a Hooker, fechada en julio de 1860, le comentaba a su amigo el artículo del obispo en el *Quarterly*, y decía de aquel artículo: *Es muy bueno; discierne hábilmente todos los puntos más discutibles y presenta bien todas las objeciones. Se burla de mí espléndidamente citando el «Anti-Jacobin» contra mi abuelo...*

Por el contrario, y dentro del ámbito de la religión y del clero, hubo otros espíritus lúcidos de la época que se percataron del carácter científico de la teoría y de la verdad que aportaba; ése fue el caso del reverendo Charles Kingsley (1819-1875), naturalista aficionado, enemigo del «movimiento de Oxford», novelista, defensor del cartismo y fundador del movimiento inglés de «cristianos sociales», a quien se había remitido un ejemplar de cortesía del libro. Confesaba Kingsley que *El origen de las especies* le había aterrorizado al principio, pero luego escribió a Darwin diciéndole:

He aprendido gradualmente a ver que es seguramente tan noble la concepción de Dios al creer que Él creó formas primitivas capaces de autodesarrollo en todas las formas necesarias en el tiempo y en el lugar, como lo sería creer que Él necesitaría un nuevo acto de intervención para arreglar las lagunas o los huecos que hubiesen quedado. Yo me pregunto si la primera concepción no es una forma mucho más alta de pensamiento.

Esta carta de un eclesiástico de gran prestigio social y evidente categoría moral conmovió a Darwin y le dio un respiro en medio del ambiente hostil que reinaba en el clero anglicano de aquel momento, por lo que le pidió permiso para incluirla en la segunda edición del libro.

Además de Kingsley, y ante los violentos ataques que su colega Adam Sedgwick emprendió en la *Cambridge Philosophical Society* contra la teoría darwinista, su amigo y antiguo mentor, el botánico y pastor John S. Henslow, defendió al que fuera su pupilo diciendo que la temática estudiada por Darwin *era adecuada como objeto de investigación*. Aunque ya no tenían una trato frecuente como antes, no se había perdido entre Darwin y su maestro aquel vínculo que en el pasado tanto los había unido. Pero, como es evidente, la defensa de Henslow tenía un corto alcance, mientras que la de Kingsley era de una importancia y alcance mayor. A ellos habría que sumar, entre otros, al Rvdo. W. H. Fremantle, cercano a Huxley, que estuvo en el mitin de Oxford y expresó a éste la falta de fundamentos en la argumentación del obispo.

Darwin se había criado como creyente en la fe anglicana, y en distintos puntos de su autobiografía lo refleja así. Siempre se mostraba reticente en religión, y lo que escribió sobre ese tema no lo hizo con vistas a su publicación. Además, no hay que olvidarlo, había estudiado Teología en Cambridge para ser ordenado sacerdote o pastor de la Iglesia anglicana, propósito este que se fue al traste tras su viaje en el *Beagle*. Le repugnaba herir la sensibilidad de los demás en materia religiosa, y como buen científico rechazaba escribir sobre esa materia a la que no había dedicado una especial y continuada reflexión. En una carta en noviembre de 1871 al Dr. Abbot, de Cambridge (en Massachusetts, EE.UU.), decía que pensaba observar mucha cautela en materia de religión y afirmaba: *...nunca he meditado mucho, de una forma sistemática, sobre la religión en relación con la ciencia, ni sobre la moral en relación con la sociedad; y si no concentro de firme mi mente en tales temas durante un largo tiempo, soy incapaz de escribir...*

Pocos años después, en su autobiografía explicaba que, poco a poco, se fue inclinando hacia el agnosticismo, y en una carta fechada en 1879 escribía:

Cuáles eran mis propias opiniones, es una cuestión que no importa a nadie más que a mí. Sin embargo, puesto que me lo pide, puedo afirmar que mi criterio fluctúa a menudo [...] En mis fluctuaciones más extremas, jamás he sido ateo en el sentido de negar la existencia de un Dios. Creo que en términos generales, y cada vez más a medida que me voy haciendo más viejo, aunque no siempre, «agnóstico» sería la descripción más correcta de mi actitud espiritual.

Ese mismo año, un familiar suyo respondía —en su nombre— a un estudiante alemán que le había escrito una carta sobre el tema: *Él considera* que la teoría de la evolución es bastante compatible con la creencia en un Dios; pero usted debe recordar que cada persona tiene un concepto diferente de lo que entiende por Dios.

De todos modos, es evidente que tanto para su propia familia —su esposa e hijos— como para el resto de la gente y en actuaciones públicas, era muy respetuoso con la religión y con los planteamientos religiosos. Pero él diferenciaba siempre —como Descartes— el ámbito científico del ámbito religioso; e incluso, según afirma Bowler, esperaba que alguien llegase a encontrar la posibilidad de conciliar su teoría con la creencia general de un Creador providente. De hecho, piensa Bowler, la continua creencia de Darwin en el progreso era casi con certeza una consecuencia de su teísmo residual: su giro al agnosticismo se fue dando en las dos décadas siguientes a la publicación de su libro. Sin embargo, su correspondencia con el norteamericano Asa Gray refleja que no podía admitir que, de alguna manera, Dios jugase papel alguno en el control de la evolución.

Como ya se ha señalado antes, el Rvdo. William Paley había expuesto perfectamente el pensamiento creacionista en su *Teología Natural* de 1802, en donde se establecía que las especies habían sido planificadas y realizadas por un sabio Creador. Sin embargo, el pensamiento de Darwin era muy diferente:

El antiguo argumento en torno a la predestinación de la Naturaleza según lo expone Paley, que antaño me pareció tan concluyente, falla ahora que he descubierto la ley de la selección natural. No podemos sostener por más tiempo que, por ejemplo, la hermosa charnela de una concha bivalva tenga que haber sido creada por un ser inteligente [...] En la variabilidad de los seres orgánicos y en la acción de la selección natural no parece haber más predestinación que en la dirección en la que sopla el viento.

Señala Sarukhán que al famoso debate de Oxford asistió el norteamericano J. W. Drapper, un químico que luego se hizo historiador y acabó escribiendo un libro que se divulgó ampliamente: *La historia del conflicto entre la religión y la ciencia*. Afirmaba en él que la historia de la ciencia no es sólo un cúmulo o recopilación de descubrimientos aislados, sino una narración del conflicto entre dos poderes enfrentados: por un lado, la pujante expansión y desarrollo de la inteligencia humana y, por otro lado, la resistencia y repulsa a esa expansión ejercidas por la fe religiosa y otros intereses humanos. Esta tesis antinómica o de oposición entre fe y ciencia fue rápidamente adoptada por muchos autores y durante más de un siglo sirvió de idea dominante en muchos de los debates que surgieron entonces.

Pero en nuestros días esta idea ha sido totalmente abandonada, porque la verdad es que todo científico puede ser un creyente, o que los clérigos eran grandes científicos en su época —como ocurrió desde la Edad Media hasta el siglo XX—. Incluso ha aparecido recientemente la idea contraria: la religión ha sido más una promotora de ideas científicas que un freno o limitación para las mismas. Sobre este aspecto, un buen ejemplo sería el de Francisco-Antonio de Lorenzana y Butrón (1722-1804), quien primero fue arzobispo de Méjico (1766-1772) y después lo sería de Toledo y Cardenal Primado de España (1872-1800) durante los reinados de Carlos III (1759-1788) y Carlos IV (1788-1808); es bien sabido que, tras el invento de la vacuna contra la viruela, y cuando casi ningún Estado, rey, político o científico la aceptaba en Europa, el arzobispo Lorenzana hizo fletar dos barcos para traerla masivamente a su diócesis con el fin de evitar aquella enfermedad a sus feligreses mejicanos. Ese hombre inteligente y verdaderamente progresista, al volver a España, fue el Inquisidor General desde 1794 a 1797, lo que prueba una vez más la categoría y la seriedad de la Inquisición en España.

Al margen de las variaciones producidas en las convicciones religiosas de Darwin y de los problemas que había en su tiempo sobre si había o no compatibilidad entre «fe» y «ciencia», y como ya se ha dicho varias veces, es preciso reiterar una vez más que aquella Inglaterra de la reina Victoria era esencialmente cristiana y de moral intachable, al menos públicamente. La Inglaterra victoriana rechazaba el menor ataque a la Biblia, cualquier atentado a la moral y al orden, la revolución social y, en general, todo lo que pudiera romper la paz social y el bienestar logrado. Y el darwinismo parecía atentar contra todo ello; como ejemplo de esto, recuérdese el ya mencionado planteamiento de Disraeli: *La cuestión es ésta: ¿el hombre es un simio o un ángel? Yo estoy del lado de los ángeles.*

Por su parte, la Iglesia católica reaccionó ante aquellas noticias que le llegaban de Inglaterra con su actitud habitual: distinguiendo entre lo posiblemente verdadero (que ponía en cuarentena para ver si lo admitía después) y la mentira, que era condenada radicalmente. En este aspecto, el papa Pío IX (1846-1878) hizo publicar en 1864 el famoso *Syllabus*, o catálogo de «los principales errores de nuestra edad» —subtítulo de este documento papal—, en el que se condenaba como errores el liberalismo, el socialismo, el comunismo, las sociedades secretas (sobre todo, la masonería) y el cientifismo a ultranza. Entre todos aquellos errores, condenaba como falsas y contrarias a la fe algunas proposiciones, como *Debe negarse toda acción de Dios sobre los hombres y sobre el mundo*, o la que decía *No hay que reconocer otras fuerzas sino las que residen en la materia*...; como puede verse, y en relación con la teoría de Darwin, este documento adoptaba una clara postura «creacionista», como era lógico.

Por otro lado, años después se celebraba el Concilio Vaticano I (1868-70), en cuya «Constitución dogmática sobre la fe católica», fechada en 1870, decía:

> *La santa Iglesia Católica, Apostólica y Romana cree y confiesa que hay un solo Dios verdadero y vivo, creador y señor del cielo y de la tierra [...]* (Dz.1782). *Este solo verdadero Dios [...] para manifestar su perfección [...] juntamente desde el principio del tiempo, creó de la nada a una y otra criatura, la espiritual y la corporal, esto es, la angélica y la mundana, y luego la humana, como común, constituida de espíritu y cuerpo* (Dz.1783).

Pero, en realidad, esta proposición repetía lo ya afirmado en 1215 por el IV Concilio de Letrán (Dz.428). Como era antes la costumbre eclesiástica católica, hasta el último concilio ecuménico (el Vaticano II), esta «Constitución dogmática» concluía con diversos cánones. Los dos primeros expresan una clara condena a las teorías darwinistas sin mencionarla siquiera ni aludir al evolucionismo como doctrina científica:

1. *Si alguno negare al solo Dios verdadero, creador y señor de las cosas visibles e invisibles, sea anatema* (Dz.1801).

2. *Si alguno no se avergonzare de afirmar que nada existe fuera de la materia, sea anatema* (Dz.1802).

Por todo ello, a muchos cristianos se les planteaba un problema de conciencia grave: como científicos veían la veracidad y utilidad de la teoría de Darwin, pero como cristianos sabían que Dios no se podía equivocar en sus Escrituras. Y fue así como entre los cristianos surgió una distinción:

• Por un lado, situaban al «*darwinismo*» como un sistema materialista que defendía la evolución de la materia hacia la vida, desde las formas más inferiores hasta las más superiores, en las que situaban al hombre. Los darwinistas eran **materialistas** y decían que ese progresivo proceso de evolución se había realizado exclusivamente mediante el propio dinamismo de los elementos fisicoquímicos y las características de los componentes naturales, sin que en ningún momento hubiera intervenido la mano de Dios, por lo que no sólo rechazan el «creacionismo», sino que se mostraban claramente ateos: al igual que entonces ocurría con Marx y los marxistas, los discípulos de Darwin eran más extremistas que su maestro.

• Frente a ellos situaban a los «*evolucionistas*», ellos mismos —los cristianos—, que también aceptaban la evolución de la materia hacia la vida, y desde las formas inferiores a las superiores, pero admitiendo que la mano de Dios había intervenido en algunos momentos, como en el que un homínido fue convertido por Él en un hombre dotado de un alma inmortal y creado por Él a su imagen y semejanza, como decía la Biblia. A esta postura que permite concordar el evolucionismo con el creacionismo cristiano se la conoce con el nombre de «**concordismo**», y es la actualmente vigente en los escritos y planteamientos de la Pontificia Academia de Ciencias acerca de estos temas, a pesar de que —durante su vida— se le prohibió al jesuita francés Pierre Theilard de Chardin la publicación de sus obras, que defendían una visión cristiana del mundo como una evolución hacia Dios, el «punto Omega» de toda la creación.

Conectado con el tema de la evolución, rechazado al principio porque parecía oponerse al bíblico libro del *Génesis*, estaba también el problema de la interpretación de la Biblia, especialmente la referida a los primeros capítulos del *Génesis*: no se trataba de acomodar la Biblia al pensamiento de un momento concreto, sino de ver qué había querido decir Dios con lo contenido en la Biblia. La Iglesia católica se ocupó también de tan importante asunto como era el de la interpretación (literal o religiosa) de la Biblia, pero su magisterio se produciría a mediados del siglo XX: en efecto, Pío XII, en sus encíclicas *Divino afflante Spiritu* («La inspiración del Espíritu Santo», de 1943) y *Humani generis* («Sobre el género humano», de 1950) mostraba gran receptividad por parte de la Iglesia para los estudios bíblicos, pero pedía más seriedad y rigor en la interpretación de los textos bíblicos y una mayor precaución al adoptar sin sentido crítico las enseñanzas científicas modernas que se apartaran de las tradiciones de la Iglesia: esto último daba la aprobación papal al «concordismo» evolucionista.

Aquellas encíclicas dieron un increíble impulso a los estudios bíblicos, y en Jerusalén y Roma la Iglesia católica erigió sendas «Escuelas bíblicas» que han impulsado eficazmente el estudio y comprensión de la Biblia con todo rigor científico e histórico. En este sentido, y como fruto de su labor, es bien conocida la llamada *Biblia de Jerusalén*, una traducción anotada y comentada en sus detalles y coincidencia, que en nuestros días es de uso y difusión universal; de todas sus ediciones, muchos autores prefieren la primera, editada en España

111

en 1967. Desde entonces apenas han surgido conflictos entre fe y ciencia; tan sólo el lógico rechazo de la Santa Sede al llamado aborto «terapéutico», a la clonación de seres humanos y a investigación con tejidos humanos procedentes de fetos vivos, por considerar criminales y gravemente pecaminosas tales acciones. De la moral cristiana y de los dogmas teológicos se ocupa en nuestros días una Congregación o ministerio de la Curia Romana; como fruto del Concilio ecuménico Vaticano II, la hasta entonces *Congregación del Santo Oficio* —que había sucedido a la Inquisición Romana y estaba presidida por el temido cardenal Ottaviani— cambió su nombre y funciones por el de *Congregación para la Doctrina de la Fe,* cuyo «Prefecto» o director es todavía hoy el cardenal Ratzinger, un eminente teólogo y jesuita alemán.

Más recientemente, con motivo del vigésimo quinto aniversario del pontificado de Juan Pablo II —octubre de 2003—, hay voces que se han alzado para señalar que **el Papa ha derribado otro muro: el de la separación entre «fe» y «razón».** Con motivo de esta efemérides, el papa polaco fue atacado por el periodista británico Hywel Williams, articulista del diario inglés *Guardian:* en un artículo del 4 de octubre le describió como *«profundamente hostil contra la modernidad, castigando todo cuestionamiento como infidelidad».* En idéntico sentido se expresaba Dinesh D'Souza en el editorial del *Wall Street Journal* del 6 de octubre: recordando al filósofo Daniel Dennett, afirmaba que *como muchos ateos, está convencido de que los ateos están simplemente más iluminados —son más racionales—* que los creyentes religiosos. A su vez, el biólogo evolutivo británico Richard Dawkins afirma la superioridad de la investigación racional, defendiendo que la creencia en Dios es algo que se puede eliminar como la creencia de los niños en los Reyes Magos. De igual modo, la Economía proporciona también un amplio espacio para los pensadores que encuentran innecesario el papel de la religión en la sociedad, como advertía Robert Nelson en *Economics as Religion* (La Economía como Religión), un libro del año 2001: en él se lamentaba de que los economistas se hayan convertido en proselitistas de una forma de religión secular que basa sus esperanzas en el progreso material... como antes hacían los marxistas. Señalaba Nelson que uno de los fundadores del influyente departamento de economía de la Universidad de Chicago, Frank Knight, sostenía que la religión cristiana era una de las principales amenazas a la libertad.

Acusar a la Iglesia o caracterizar a Juan Pablo II como promotor de una visión *retrógrada* no es nada nuevo; pero quienes lo hacen desconocen las enseñanzas de Juan Pablo II en los últimos 25 años. El Papa actual profundizó en la relación entre razón humana y fe religiosa en la encíclica *Fides et Ratio*, publicada el 14 de septiembre de 1998: en ella afirmaba que el hombre es conducido al descubrimiento de la verdad, *que le permite comprenderse mejor y progresar en la realización de sí mismo*, y que *la Iglesia, por su parte, aprecia el esfuerzo de la razón por alcanzar los objetivos que hagan cada vez más digna la existencia personal.* Pero el Papa defendía el valor de la Revelación cristiana, explicando que es una «verdad suprema» que *a la vez que respeta la autonomía de la criatura y su libertad, la obliga a abrirse a la trascendencia.* Como tal no es producto de la razón humana, sino una anticipación de la visión última de Dios.

Juan Pablo II (y la Iglesia católica con él) defiende que la fe y la razón se complementan una a otra, y que dentro del orden natural de la inteligencia humana todo hombre desea saber la verdad sobre lo que nos rodea. *Éste es el motivo de tantas investigaciones, particularmente en el campo de las ciencias, que han llevado en los últimos siglos a resultados tan significativos, favoreciendo un auténtico progreso de toda la humanidad.* Y este proceso de investigación no se reduce sólo al ámbito científico: las personas buscan valores que puedan elegir y perseguir en sus vidas, *porque solamente los valores verdaderos pueden perfeccionar a la persona realizando su naturaleza.*

Sin embargo, dice el Papa que la filosofía moderna ha tendido a moverse más y más lejos de la revelación cristiana, y que se equivocan aquellas formas de ateísmo que *presentaron la fe como nociva y alienante para el desarrollo de la plena racionalidad*, a pesar de que en el campo de la investigación científica, *se ha ido imponiendo una mentalidad positivista que, no sólo se ha alejado de cualquier referencia a la visión cristiana del mundo, sino que, y principalmente, ha olvidado toda relación con la visión metafísica y moral.* Juan Pablo II expresaba su esperanza de que **la razón moderna y la verdad revelada se puedan reconciliar**. La Revelación no debería menospreciar los descubrimientos y la legítima autonomía de la razón. Por eso el Papa invitó a todos en su encíclica a *que fijen su atención en el hombre, que Cristo salvó en el misterio de su amor, y en su permanente búsqueda de verdad y de sentido* y a que entren dentro del «horizonte de la verdad», porque *solamente en este horizonte de la verdad comprenderá cada uno la realización plena de su libertad y su llamada al amor y al conocimiento de Dios como realización suprema de sí mismo.*

En conclusión, lejos de proponer una Iglesia retrógrada, lo que hace Juan Pablo II es invitar al diálogo entre fe y pensamiento moderno;

IV. DESARROLLO Y CONSECUENCIAS DEL DARWINISMO

La Botánica, una dedicación marginal

Aunque Darwin se dedicó inicialmente a todo tipo de estudios naturalistas, su primera etapa está marcada por el poderoso influjo de Charles Lyell, el gran geólogo británico. Él fue quien —sin saberlo— determinó los inicios del viaje en el *Beagle*, pues fue su libro *Principios de Geología* el que Darwin llevó consigo en aquella memorable aventura. Precisamente el período que va desde el final del viaje (1839) hasta la formulación de su teoría de la evolución de las especies (1859) es el tiempo en el que los escritos más importantes de Darwin tratan sobre Geología: *Diario de las investigaciones en Geología e Historia Natural de los distintos países visitados por el H.M.S.* Beagle (1839), *Escritos sobre las islas volcánicas* (1844) y *Observaciones geológicas sobre Sudamérica* (1846). Finalmente, y a raíz de la famosa sesión en la *Sociedad Linneana*, aparecería la formulación de la teoría de la evolución de las especies por selección natural sexual: *El origen de las especies* (1859).

A partir de ese momento, y en medio de la discusión en los círculos científicos y religiosos acerca de su teoría, Darwin inicia una serie de publicaciones en el campo de la Botánica. De todas ellas, las más importantes son *Sobre la fertilización de las orquídeas* (1862), *Las distintas formas de flores en plantas de una misma especie* (1877), *Los efectos del cruce y la autofecundación* (1876), *Las plantas insectívoras* (1875), *Las plantas trepadoras* (1875), *La facultad de movimiento en las plantas* (1880) y *La formación de la tierra vegetal por la acción de las lombrices* (1881). Ante la profusión y envergadura de investigaciones y libros sobre Botánica, podría pensarse que el prestigiado naturalista cambió su campo de dedicación por otro; pero no es así. Por otro lado, eran botánicos la mayor parte de sus amigos y colegas científicos a los que más frecuentaba: su maestro el Rvdo. John Henslow, el norteamericano Asa

Gray, Robert Brown, Joseph D. Hooker, e incluso su propio hijo Francis, que fue un botánico muy destacado en su tiempo.

A pesar de que los tres grandes ámbitos o campos de estudio de su vida científica fueron el geológico, el botánico y el de la evolución de los seres naturales, la Botánica fue una dedicación marginal en su estudio, pues —como puede verse en esas obras— sus investigaciones en ese campo no suponen una dedicación a otro ámbito, sino una confirmación de la teoría de la evolución de las especies y de la selección natural en las plantas. O dicho de otro modo: la Botánica no era sólo un campo científico que él utilizaba como ejemplo de su teoría, sino también donde probaba la validez y certeza de la teoría de la selección natural. Por oto lado, hay otra explicación de índole personal, y que su hijo Francis recoge en la Autobiografía: *Era notable su amplio interés por ramas de la ciencia que no fueran particularmente la suya. En las ciencias biológicas, su doctrina tenía tan gran influencia que en la mayoría de las secciones encontraba siempre algo interesante.*

En la década de los sesenta, Darwin seguía recibiendo críticas, adhesiones, alabanzas, condenas y cartas de mucha gente, a las que procuraba contestar con verdadera cortesía; cuando la multitud de cartas, o su propia enfermedad, se lo impedía, algún miembro de su familia lo hacía por él. En ese tiempo, el naturalista seguía con sus investigaciones, con sus trabajos de aplicación de su teoría al hombre (que plasmaría en su libro de 1871) y se dedicaba a sus labores sociales y jurídicas: recuérdese que, desde 1857, Darwin desempeñó durante algunos años el cargo de magistrado de su condado. También participaba el naturalista británico en la vida local de Down. A este respecto recordaba Mr. Brodie Innes: *Cuando en 1846 fui nombrado vicario* (anglicano) *de Down, nos hicimos amigos y seguimos siéndolo hasta su muerte. [...] Ayudaba activamente en todas las cuestiones de la parroquia; en cuestiones relacionadas con escuelas, caridad y otros asuntos, su generosa contribución estaba siempre dispuesta, y en las discrepancias que en ocasiones se presentaban en ésta, como en otras parroquias, yo contaba infaliblemente con su apoyo.*

Su trabajo era ordenado en su rutina, haciendo lo mismo todos los días y aprovechando su tiempo al máximo. Su método ordenado lo llevaba a perseverar en los asuntos que trataba: constantemente repetía a sus hijos su conocida máxima «*It´s dogget as does it*» (equivalente al español «El que la sigue, la consigue»). De igual modo, era un apasionado de la experimentación, huyendo de teorías sin contenido; como si lo empujara una fuerza exterior, decía constantemente: *No estaré tranquilo hasta que lo haya comprobado.* Esa metodología se completaba con una adecuada pedagogía: se tomaba mucho interés por las ilustraciones o grabados que había de llevar sus libros, hasta el punto de que su propio hijo creía que Darwin sobrestimaba el valor de esos grabados; pero el hecho es que las ilustraciones de sus primeros libros fueron dibujadas por artistas profesionales; posteriormente lo serían por sus propios hijos, especialmente los libros sobre Botánica.

Con todo, a pesar de la marginalidad de la Botánica en el amplio abanico de sus investigaciones, es preciso recordar que muchos de sus estudios y escritos versaban sobre la Botánica, cuyos experimentos podía realizar directamente él mismo en el invernadero que se hizo construir y en el jardín de su propia mansión. Entre todas aquellas obras es conveniente citar una serie de libros en los que aplicaba en las plantas su teoría evolutiva: así, en 1862 publicó uno sobre *Fertilización de las orquídeas*; en 1868 hizo editar *Variación de animales y plantas bajo domesticación*; en 1875 salieron *Las plantas insectívoras* y *Sobre los movimientos y costumbres de las plantas trepadoras* y al año siguiente *Los efectos de la autofertilización y de la fertilización cruzada en el reino vegetal* (1876); en 1877 aparecía *Las diferentes formas de las flores* y en 1880 *El poder del movimiento de las plantas*; por último, en 1881 publicó el utilísimo librito *La formación del mantillo vegetal por la acción de las lombrices*.

Como se puede apreciar, realizó una fructífera labor de escritor sobre temas de Historia Natural; desde la Geología a la Antropología, pasando por la Zoología y la Botánica: aunque ésta sólo era una ocupación singular de todo sus trabajos generales sobre biología y desarrollo de las especies, ocupó mucho del interés personal de Darwin.

Difusión de la teoría: llegada del darwinismo a España

La teoría de Darwin, al igual que su libro sobre el origen de las especies, se difundió rápidamente por los continentes europeo y americano. Y del mismo modo que en Inglaterra, suscitó adhesiones y rechazos, ambos muy vehementes a veces. Como se explicará en el último epígrafe, el darwinismo ha pasado desde entonces por diversas etapas; pero en aquellos años (1860-1900) se encontraba en la de expansión y consolidación tanto en el mundo de la ciencia como en el ámbito de las mentalidades sociales. A este propósito, es apropiado volver a recordar lo que en 1859 había escrito H. C. Watson a Darwin: *Es usted el mayor revolucionario de este siglo, si no de todos los siglos, en Historia Natural*. Y es bien sabido que al poco de su aparición, *El origen de las especies* de

Darwin adquirió un gran éxito científico en todo el mundo, donde pronto fue conocido y acogido. Era evidente que la mayoría de los biólogos se convirtieron en defensores de la idea de que las especies habían surgido de otras más antiguas mediante un proceso de transmutación; el novelista Samuel Butler († 1902) se quejaba a los pocos años de que los darwinistas habían tomado el control de la comunidad científica y habían establecido una nueva dogmática que suprimía y aplastaba cualquier intento de cuestionar sus principios básicos.

Sobre la difusión de la teoría darwinista por EE.UU. tenemos el caso de Asa Gray y su influjo en la América anglosajona; pero, respecto a su difusión por Europa, podemos tomar como exponente nuestro propio país. A España llegó también la noticia del libro y de la teoría evolucionista que sostenía. Sin embargo, y como ocurriera en otros países, quedó entonces circunscrita a los ambientes universitarios y científicos sin que se produjesen reacciones sociales de ningún tipo, ni tampoco religiosas ni oficiales. Por tanto, se podría decir con propiedad que la teoría darwinista no se divulgó mucho en su primer momento, pero no era ignorada: de hecho, el profesor Dr. Planelles, catedrático de Historia Natural en la Universidad de Santiago de Compostela, leía un discurso antidarwinista en su universidad aquel mismo año de 1859. Por lo mismo, en la Universidad compostelana las lecciones inaugurales de los cursos 1863-1864 y 1865-1866 contenían alusiones negativas a las «doctrinas materialistas». En Madrid, la *Sociedad Antropológica Española*, fundada en 1865 e impulsada por el famoso Dr. García Velasco, tocó también el tema en varias sesiones de trabajo.

Pero en España no causó ni el escándalo ni la conmoción científica que produjo en Inglaterra. El motivo de esa ausencia de conmoción no era el desconocimiento, pues Planelles y otros profesores lo conocían sobradamente; no era tampoco la ignorancia, porque —al igual que en las inauguraciones de curso de la Universidad de Compostela— en otras universidades era también conocida la teoría de Darwin y la trascendencia científica que supondría de ser cierta. Probablemente no resultó escandalosa en España porque aquí no se había editado ni divulgado ninguno de los folletos que Darwin publicara anteriormente en Inglaterra anunciando su teoría, y porque aquí no había una polémica tan virulenta como en Inglaterra, en donde los debates venían de antiguo (Lamarck, Erasmus Darwin, Chambers, etc.). Y no es que en España no hubiera polémica: la había, pero era sobre convicciones y mentalidades sociales, no sobre temas biológicos ni de Historia Natural.

En España, por aquellos años, declinaba el predominio político (ejercido desde 1858 a 1864) del general O´Donnell, líder del partido de la *Unión liberal*, que se había creado con el loable propósito de aglutinar sin traumas al partido liberal *«moderado»*, dirigido por el general Narváez, y al partido liberal *«progresista»*, liderado por el general Espartero. Evidentemente, en España era la época de la «preponderancia militar», como la denominó Jaime Balmes, el famoso sacerdote periodista y filósofo de orientación tradicionalista. Mientras que los partidarios de unos y otros discutían en los círculos políticos, en los universitarios e intelectuales se producía la conocida polémica de los «textos vivos». Se había ésta generado con la llegada del krausismo a la universidad española de la mano de Julián Sanz del Río (1814-1869), jurista español y discípulo de Karl Krause, y a su vuelta uno de los primeros profesores de Filosofía del Derecho de la Universidad Central de Madrid, donde ejerció gran influencia desde la publicación en 1860 de su obra *Ideal de humanidad para la vida*.

El contexto internacional en el que surgía la filosofía moral krausista era muy variado: religiosamente, aparecía a la vez que el *Syllabus* y la encíclica *Quanta cura* (ambos de 1864) de Pío IX; socialmente, coincidía con una nueva epidemia de cólera y de crisis de subsistencias en Europa; políticamente, era simultánea con la derrota de Austria ante Prusia y con las amenazas de la Italia de los Saboya contra los restos de los Estados Pontificios. El contexto español era el de una corrupción generalizada en la Administración, protestas ante la amenaza contra la libertad de cátedra, conspiraciones de los partidos liberales contra la dinastía Borbón, y debates universitarios entre «razón» y «fe» desde que en 1857 apareciera la polémica de aquellos que defendían los «textos vivos» (aquellos profesores modernos y preparados que, muchas veces, enseñaban doctrinas heterodoxas) sobre los «textos muertos» (los libros oficialmente aprobados para la enseñanza media y universitaria). En ese ambiente apareció en julio de 1866 una circular del ministro Orovio en la que se ordenaba a los catedráticos de universidad que en sus enseñanzas respetasen el dogma católico y la Monarquía. La circular fue protestada y rechazada por algunos catedráticos, como Sanz del Río, Castelar, Salmerón, Giner de los Ríos y otros varios, que fueron cesados en la docencia. Las protestas sociales e incidentes estudiantiles se conocen en la historiogafía española como la *«primera cuestión universitaria»*.

En ese ambiente, y tras la revolución que depuso a Isabel II del trono, fue en 1868 y a raíz del descubrimiento en Francia de los restos del *Hombre de Cro-Magnon* cuando se introdujo en España la polémica del "origen simiesco" del ser humano. No tiene, pues, nada de extraño que esa polémica se reforzara cuando pocos años después —en 1871— apareció *El origen del hombre* de Darwin: es entonces cuando las ideas evolucionistas empezaron a difundirse masivamente por aulas universitarias y ambientes intelectuales, especialmente desde que en 1876 salieron en Barcelona y Madrid las primeras ediciones de este nuevo libro. Al socaire del éxito logrado con él, en 1877 eran también editados *El origen de las especies* y el *Viaje de un naturalista alrededor del mundo*: aunque ambos libros fueron prontamente adquiridos por universidades e institutos de enseñanza media, con ellos llegaban también al gran público las ideas de Darwin.

Finalizado el Sexenio Revolucionario (1868-1874) y tras la restauración de Alfonso XII de Borbón en el trono español, durante el gobierno de Cánovas ocupó nuevamente Orovio la cartera ministerial de Fomento, encargada de la educación en España. Y, también, nuevamente promulgó en 1875 otra circular ordenando a los Rectores de universidades españolas que vigilasen para que en las aulas *no se enseñe nada contrario al dogma católico ni a la sana moral, procurando que los profesores se atengan estrictamente a la explicación de las asignaturas que les están confiadas, sin extraviar el espíritu dócil de la juventud por sendas que conduzcan a funestos errores sociales*. Esta nueva circular de Orovio produjo lo que se conoce como la «*segunda cuestión universitaria*»: produjo la protesta y rechazo de muchos catedráticos en toda España, que fueron separados nuevamente de sus cátedras. Parecía una repetición de la anterior, pero algo había cambiado: detrás de la circular de Orovio de 1875 está el impacto del darwinismo en España.

En efecto: como ha señalado Gómez Molleda, la juventud universitaria del Sexenio Revolucionario, donjuanesca, divertida y alborotadora, depuraba sus ideas en las aulas universitarias de Giner, los krausistas, los positivistas y los "demócratas de cátedra", en cuyas Facultades (Derecho, Ciencias, Medicina, Farmacia) encontraba muchos profesores de elevada talla intelectual. Entre éstos, unos se habían decantado decididamente por el darwinismo, otros lo harían más tímidamente, otros mostrarían serias reservas y otros lo combatirían con gran rigor intelectual. Entre los destacados propagandistas del darwinismo en España hay que recordar a Antonio Machado y Núñez (1812-1896), médico, naturalista y abuelo de los famosos poetas a los que acogió tras la muerte del padre, que ya en 1871 había escrito un importante artículo titulado *Apuntes sobre la teoría de Darwin*. En la misma línea, F. Tubino y R. Ariza publicaron en la *Revista de Antropología*, en 1874, sendos artículos sobre Darwin,

Haeckel y los antecedentes del evolucionismo; ya el programa de trabajo para 1869 de la Sociedad Antropológica Española había mostrado la aceptación del darwinismo y la discusión sobre sus doctrinas. E igual ocurría con muchos miembros de la Sociedad Española de Historia Natural, fundada en 1871.

Por el contrario, más objeciones y reticencias frente al evolucionismo darwinista presentaban otros autores y profesores de prestigio, como Juan Vilanova y Piera, el mejor geólogo español de su tiempo, o el también geólogo José-Joaquín Landerer. De idéntico modo se manifestaba Andrés del Busto en su discurso de ingreso en la R. Academia, o las reservas que M. Nieto Serrano mostraba —en 1874— en *El siglo médico*. Por el contrario, el darwinismo era rechazado enérgicamente por Sandalio Pereda, Joaquín Hysern, E. Moreno Caballero, Estanislao Vayreda y, en general, por los profesores de la Universidad de Barcelona, con la excepción de Odón de Buen y del Cos, quien acabaría excomulgado y trasladado a causa de sus doctrinas. Las discusiones y debates generados se producían en las universidades, las RR. Academias, los Ateneos, las sociedades y corporaciones científicas, etc. Pero muchas otras veces la polémica se trasladaba a las tertulias de los cafés, a los mercados, a la calle y, por ello, producía una publicidad y situación de confrontación que obligaba a la autoridad competente a intervenir.

Al igual que en 1860 se produjo en Oxford el famoso mitin de la *British Association*, que enfrentó al obispo Wilberforced con Huxley, también en España se produjo diez años después un acto similar en Santiago de Compostela, donde tuvo como protagonistas a unos jóvenes e idealistas profesores de su universidad. A aquella ciudad, entonces muy clerical y conservadora, llegó en 1872 Augusto González de Linares a tomar posesión de su cátedra de Historia Natural. Tras estudiar Derecho en Valladolid y Madrid, en ésta había conocido a Giner de los Ríos: éste, conociendo su afición por las ciencias naturales, lo orientó hacia ellas, y acabó doctorándose y opositando luego a una cátedra. En aquel conservador ambiente compostelano, las orientaciones darwinistas de González de Linares produjeron la admiración de unos y el rechazo de otros, y algunos lo acusaron de «exponer teorías irreligiosas». Cuando la estudiantil Academia de Medicina le ofreció dar una conferencia sobre el tema de la evolución, su intervención se esperó con cierta ansiedad y recelo, dada su fama. El día señalado, el salón del Palacio de Fonseca se caldeó entre los aplausos de unos y las protestas de otros; de aquel suceso fue testigo de excepción José Rodríguez Carracido (1856-1928), entonces un estudiante de Farmacia que en 1881 acabaría siendo un famoso catedrático de Química Orgánica en la Universidad Central de Madrid:

Murmullos de protesta y aplausos de contraprotesta interrumpieron con frecuencia al disertante quien, por su temperamento tribunicio, exponía con mayor empuje su revolucionaria doctrina a medida que los ánimos se iban caldeando, hasta el extremo de terminar su conferencia diciendo que el transformismo de las especies y la evolución cósmica, en general, no era una teoría científica, sino la ciencia misma, la única racionalmente admisible en el sistema novísimo de los conocimientos humanos.

Allí mismo le contradijo un catedrático de Medicina... con citas de Sto. Tomás de Aquino; pero, a partir de entonces, los estudiantes y muchas gentes de Santiago discutían sobre el origen simiesco del hombre, con la misma pasión y fuerza con que antes habían discutido la cuestión de régimen en España, las candidaturas al trono, o la separación entre Iglesia y Estado. Sin embargo, no parece que el Arzobispo de Santiago de Compostela protestase ante el gobierno amadeísta ni se tomase medida alguna. Peor suerte corrió Rafael García Álvarez, catedrático de Historia Natural en el Instituto de Granada, a quien su Arzobispo criticó enérgicamente en 1873 por una conferencia cuya doctrina condenó expresamente. Además, en el ya caldeado ambiente compostelano llegó Laureano Calderón y Arana, también amigo y seguidor de Giner, que había ganado en 1874 la cátedra de Química Orgánica en la Facultad de Farmacia; compañero y amigo de Linares, y darwinista como él, formaron ambos una poderosa corriente en aquella universidad que exasperó muchos ánimos y trascendió fuera de Galicia.

Por eso, como se ha señalado más arriba, cuando Cánovas organice la Restauración, su Ministro de Fomento tendrá que tomar cartas en el asunto: la circular de Orovio de 1875 iba claramente dirigida contra las enseñanzas de González de Linares y de Calderón y Arana, por haber expuesto doctrinas que entonces se consideraban antirreligiosas. El gobierno canovista, aun queriendo ampliar las bases sociopolíticas del nuevo régimen de la restauración, quería demostrar su encuadramiento dentro de la religión católica, que —además de ser la mayoritaria— sería proclamada en la Constitución de 1876 como «religión del Estado». En este sentido, el historiador Ricardo de la Cierva ha destacado esa paradoja de Cánovas: por un lado, buscaba una pacífica convivencia política; mas, por otro lado, admitía la intransigencia intelectual en la universidad. Y añadía: *Respondiendo con violencia sectaria a la violencia sectaria de los demó-*

Royal Garden.

cratas de cátedra, que, a raíz de su triunfo en 1869, habían excluido también de la universidad a sus enemigos ideológicos, el Gobierno [...] designa arbitrariamente profesores y cátedras.

De este modo, es más fácil entender la afirmación expuesta más atrás: detrás de la circular de Orovio de 1875 está el impacto del darwinismo en España. Y eso se evidencia en la circular misma, donde —sin aludir siquiera a Linares— se dice: *La enseñanza oficial debe obedecer a este principio, sujetándose a sus consecuencias. Partiendo de esta base, el Gobierno no puede consentir que en las cátedras sostenidas por el Estado se explique contra un dogma que es la verdad social de nuestra patria.* En esta ocasión, Linares y Calderón acusaron el golpe, pero mantuvieron sus posturas: como acertadamente reflejó Ruiz de Quevedo en su obra —citada en la bibliografía de este libro—, estos dos naturalistas y catedráticos de Santiago de Compostela fueron los primeros que alzaron en España su protesta contra la circular de Orovio y que se negaron a obedecer las órdenes del rector Antonio Casares. Linares se negó el día 5 de marzo, justo siete días después de aparecer la circular de Orovio en *La Gaceta de Madrid* (que es el nombre que antes tenía el actual *Boletín Oficial del Estado*), y poco después lo haría Laureano Calderón. Posteriormente, su postura sería seguida por el propio Giner de los Ríos, así como por Azcárate y muchos otros.

En la Real Academia de la Historia, situada en la calle del León —Madrid—, está depositado el archivo de la Fundación Giner; en él se encuentran lo documentos relativos a Augusto González de Linares, y entre ellos un par de cartas en las que se ve lo que ya anunciara el historiador Cacho Viu: los dos naturalistas fueron influidos y empujados por Giner de los Ríos, su amigo y mentor ideológico, para actuar así, por lo que el incidente debió ser una maniobra de alcance ya preparada de antemano.

Esta «segunda cuestión universitaria» produjo indirectamente la fundación de la Institución Libre de Enseñanza y, conectada con ella, la posterior creación de la Junta para la Ampliación de Estudios e Investigaciones Científicas. El problema personal generado en ella fue resuelto de modo lógico y pacífico cinco años después, cuando las sanciones del riojano Orovio fueron levantadas por otro riojano ilustre, como era Práxedes Mateo Sagasta, al suceder a Cánovas en el poder. En este otro período los darwinistas cercanos al poder se vengaron de sus enemigos intelectuales: un ejemplo fue la negación de la autenticidad de las pinturas de la cueva de Altamira, en la que, siguiendo dogmáticamente el planteamiento darwinista, afirmaban contra Vilanova y Piera y contra Sanz de Sautuola que un hombre primitivo de hace 17.000 años no podía

124

dibujar con una perspectiva y sensación de volumen que aún no poseían los artesanos pintores del románico y del gótico de hace 900 o 700 años. El tiempo daría la razón a Vilanova.

Años después, del «miedo al mono» de 1875 y del rechazo social a la teoría de la evolución diría Miguel de Unamuno con su habitual socarronería: *No es lo malo venir de él; lo malo es ir a él y, pensando de cierto modo, al mono se camina.*

El darwinismo social

Uno de los puntos más debatidos por científicos, eclesiásticos, novelistas, políticos y escritores durante los años siguientes a la aparición de *El origen de las especies* (1859) y —más aún— a los de *El origen del hombre* —1871— fue la aplicación del evolucionismo darwinista al ser humano, a su capacidad para crear valores morales o de conducta, y al grado o nivel de desarrollo alcanzado por esa evolución en diferentes lugares o ambientes de la Tierra. En este aspecto, Darwin se esforzó en tratar de averiguar cuáles eran las implicaciones de su teoría aplicada a la Humanidad, manteniendo —como es lógico— el origen animal de las facultades humanas, y la diferenciación entre unas y otras especies del género humano: no hay que olvidar que el propio naturalista era un miembro de la elite burguesa de la Inglaterra victoriana, y tenía sus bien conocidos prejuicios sobre la naturaleza humana.

Si bien es cierto que Darwin tenía una opinión positiva y bastante idílica de los negros de Sudamérica, no es menos cierto que menospreciaba a los «salvajes» de la Tierra del Fuego. Por el contrario, como Bowler señala acertadamente, Darwin creía que los hombres blancos representaban la forma humana más altamente desarrollada. Y esto se ve en algunos textos que se han incluido en este mismo libro. Esos prejuicios son importantes porque reflejaban la mentalidad social de los ingleses de aquel momento concreto y su actuación pública y, a la vez, determinaban las circunstancias en las que se recibía la idea de un origen animal del ser humano. El evolucionismo, de la naturaleza y del mismo ser humano, eran aceptados por una gran parte de público culto; pero, sobre el "cómo" había aparecido el hombre procedente de los homínidos, la mayoría de los ingleses de la época no seguía lo sugerido por Darwin.

El modelo descrito por el naturalista inglés en su teoría de la evolución de las especies por selección natural establecía que las especies inferiores evolucionan hacia formas superiores; aplicado a los seres humanos, a su desarrollo y a sus sociedades el **darwinismo social** viene a decir que las personas y grupos sociales (al igual que los animales y las plantas) compiten por la supervivencia, en la cual la selección natural es resultado de la «*ley del más fuerte*». Por lo cual, sólo sobreviven, se desarrollan y se expanden las razas y sociedades más fuertes y mejor dotadas. De ese modo, la especie humana estaría compuesta por razas o grupos sociales superiores y razas o grupos inferiores. Precisamente esa discriminación o diferenciación entre razas o grupos «superiores» o «inferiores» es denominada **racismo**; lo que, evidentemente, no es racismo el hablar de razas, de colores de piel, etc., porque eso es una realidad incuestionable que se evidencia a simple vista caminando por la calle. La *realidad* es lo que hay —razas diferentes—, mientras que el *racismo* es discriminar o favorecer a unos por razón de su raza y rechazar a otros por ese mismo motivo. Desdichadamente, esto es algo que se da en todo el mundo, como por ejemplo en Zimbawe —la antigua Rhodesia—, donde los seguidores del presidente Mugabe mataron o expulsaron a los terratenientes blancos de origen inglés para quedarse con sus tierras. En esta evolución, desarrollo o expansión de las razas o grupos sociales (organizados esos colectivos como pueblos o Estados), algunos autores rechazan que los gobiernos deban intervenir en los asuntos relacionados con la competencia entre las personas, y también en esto se muestran a favor del *laissez faire* como doctrina social, política y económica.

El darwinismo social se originó en Inglaterra durante la segunda mitad del siglo XIX, después de que Darwin aplicara su teoría de la selección natural a los seres humanos en su obra *La descendencia humana y la selección sexual* (1871). Sin embargo, fue el sociólogo inglés Herbert Spencer quien formuló el principio sobre la «*supervivencia de los más aptos*» seis años antes que Darwin. En su obra *La estática social* (1851) y en otros estudios, Spencer ya había defendido que a través de la competitividad la sociedad evolucionaría hacia la prosperidad y libertad individuales, una teoría que ofrecía la posibilidad de clasificar a los grupos sociales según su capacidad para dominar la naturaleza. Desde este punto de vista, las personas que alcanzaban riqueza y poder eran consideradas las más aptas, mientras que las clases socioeconómicas más bajas, las menos capacitadas. La teoría darwinista ha sido utilizada por algunos como base filosófica del racismo, del capitalismo a ultranza y del imperialismo.

• El racismo

En *ARBIL*, una revista digital, en el número correspondiente a julio de 2002 y en un razonado artículo sobre los orígenes anglosajones y protestantes del racismo y del darwinismo social, Martín Lozano afirmaba que *desde el apartheid hasta la eugenesia son aberraciones de «ingeniería social» inspiradas intelectualmente, desarrolladas legislativamente y aplicadas socialmente por gobiernos de sistema liberal-relativista.* En efecto: en lo que al concepto de «superioridad racial» se refiere, bastaría con recordar la filosofía y la praxis de la oligarquía rectora del Imperio Británico: en ellas se puede comprobar que dicho concepto estuvo profundamente arraigado en la mentalidad de su burguesía, prácticamente desde el mismo instante en que se convirtió en el grupo dominante con su correspondiente ideología. Además, cuando hizo falta, los procedimientos con que el sentido de la *superioridad racial* anglosajona se llevó a la práctica fueron drásticos y contundentes; por ejemplo, en el caso de la rebelión de los cipayos de la India, mencionado en otro epígrafe.

Lo que ocurre es que esa «*raza superior*» siempre tuvo la desvergüenza o el cinismo suficiente —así como los medios propagandísticos necesarios— para presentar sus exterminios genocidas como hazañas épicas: como también se mencionó antes, el caso de los aborígenes amerindios de Norteamérica no es más que una muestra. Además, esa autopercepción soberbia y prepotente de «*pueblo elegido*», propia de los judíos, o de «*civilización superior*», características del espurio mesianismo anglosajón, han sido en todo momento el sustento ideológico del imperialismo y la depredación de los ingleses, primero, y de los estadounidenses después y en nuestros días. Justamente las mismas ínfulas que se encuentran invariablemente en el meollo doctrinal de todos los cenáculos mundialistas de hoy: Comisión Trilateral, Grupo Bildelberg, CFR, etc.

En el siglo XIX, Cecil Rhodes escribía: *Sostengo que somos la primera raza del mundo y que, cuanta mayor porción del planeta esté habitada por nosotros, tanto más se beneficiará la Humanidad.* Al decir esto, Rodees expresaba con claridad meridiana una parte de esa filosofía racial. Pero hay un segundo aspecto de esta cuestión, más sórdido si cabe que el ya expuesto, y en el que la burguesía anglosajona también fue pionera. El *darwinismo social* fue una corriente ideológica que, si bien no llegó a cristalizar como programa político de forma explícita, mantuvo en todo momento un acusado arraigo entre los círculos dirigentes de la burguesía decimonónica anglosajona. Y no sólo allí: sus efectos también se dejaron sentir en la Europa continental. Dicha corriente no sólo sentaba la superioridad biológica de unas razas sobre otras, sino también **la de determinados individuos sobre los restantes dentro del propio cuerpo social** de esa «*civilización superior*». Eso establecía una nueva aristocracia (*aristós:* el mejor) en la sociedad, pero no sería la aristocracia basada en la sangre, como en la antigua Nobleza, sino la «aristocracia» basada en el dinero y el poder que éste conlleva. No tiene, pues, nada de extraño que esta burguesía prepotente fuese odiada por marxistas y bolcheviques.

Por otra parte, tales tesis fueron sostenidas indistintamente por elementos dirigentes tanto de la "derecha" como de la "izquierda" burguesa. Como un simple ejemplo, recuérdense las palabras pronunciadas por **Jules Ferry**, líder de la izquierda republicana francesa, en el Parlamento galo durante julio de 1885: *Señores, hay que hablar más alto y proclamar la verdad. Hay que decir abiertamente que las razas superiores tienen un derecho ante las razas inferiores; y hay un derecho para las razas superiores porque hay un deber para ellas, que es el de civilizar a las razas inferiores.*

• El capitalismo a ultranza

El mismo autor señalaba también que las tesis del darwinismo social, entre cuyos más conspicuos doctrinarios sobresalieron los ingleses Herbert Spencer y Walter Bagehot y el norteamericano W. Graham Summer, fueron ampliamente esgrimidas como soporte del *capitalismo liberal* basado en el *laissez faire*, así como para justificar la estratificación social en razón de las desigualdades biológicas existentes entre los individuos. De acuerdo con dichas tesis, **la riqueza y la posición social no eran sino el resultado de la adaptación al medio (capitalista) de los mejor dotados**, por lo que la competitividad debería mantenerse sin restricción alguna como medio para garantizar la selección natural. Un postulado tan duro recuerda las conocidas tesis de Max Weber sobre el origen calvinista del capitalismo moderno.

En este punto —comentaba con irónica malicia Martín Lozano— convendría preguntarse por qué razón los abanderados de tan ingeniosos planteamientos no propugnaron también, como hubiera sido lo lógico, la abolición de los derechos sucesorios, para que así, partiendo de cero, los herederos de las grandes fortunas pudieran demostrar su superioridad biológica en igualdad de condiciones con los más «inadaptados».

• El imperialismo

En el plano internacional, el darwinismo social fue esgrimido como argumento o soporte ideológico del *imperialismo* y del *colonialismo*, dos conceptos fundamentados sobre **la idea de la superioridad biológica y cultural de anglosajones y arios.** Conviene insistir una vez más en que todos estos planteamientos, tan brillantemente llevados a la práctica por el imperialismo anglo-norteamericano, formaban parte del catecismo ideológico burgués con muchas décadas de adelanto a la aparición del fascismo alemán, al que después se le adjudicaría su invención.

El darwinismo sirvió de base a los teóricos del imperialismo: la teoría evolutiva de que —en la lucha por la vida o la supervivencia— los organismos mejor dotados sobreviven y los peor dotados perecen fue la base científica sobre la que Lord Salisbury construyó su conocido *«discurso de las naciones moribundas»*. En efecto: con motivo de la guerra hispano-norteamericana de 1898 (más conocida en la Historia como «el desastre del 98», en el que la pérdida de Cuba, Puerto Rico y Filipinas puso fin a los últimos restos del Imperio español en América y Asia), el *premier* inglés hizo en su discurso del 4 de mayo de aquel año una comparación entre una joven y pujante nación —los EE.UU. de América— con otra vieja y en plena decadencia —España—, que estaba siendo vencida y arrollada por la más joven y fuerte. Y decía:

> *Podemos dividir las naciones del mundo,* grosso modo, *en vivas y moribundas. Por un lado, tenemos grandes países cuyo enorme poder crece de año en año, aumentando su riqueza, aumentando su poder, aumentando la perfección de su organización. Los ferrocarriles les han dado el poder de concentrar en su solo punto de totalidad de la fuerza militar de su población y de reunir ejércitos de un tamaño y poder nunca soñados por las generaciones que han existido. La ciencia ha colocado en manos de esos ejércitos armamentos que aumentan el poder, terrible poder, de aquellos que tienen la oportunidad de usarlos.*
>
> *Junto a estas espléndidas organizaciones, cuya fuerza nada parece capaz de disminuir y que sostienen ambiciones encontradas que únicamente el futuro podrá dirimir a través de un arbitraje sangriento, junto a éstas existen un número de comunidades que sólo puedo describir como «moribundas», aunque el epíteto indudablemente se les aplica en grado diferente y con diferente intensidad. Son principalmente comunidades no*

cristianas, aunque siento decir que no es éste exclusivamente el caso, y en esos Estados, la desorganización y la decadencia avanzan casi con tanta rapidez como la concentración y aumento de poder en las naciones vivas que se encuentran junto a ellos. Década tras década, cada vez son más débiles, más pobres y poseen menos hombres destacados o instituciones en que poder confiar, aparentemente se aproximan cada vez más a su destino aunque todavía se agarren con extraña tenacidad a la vida que tienen. En ellas no sólo no se pone remedio a la mala administración, sino que ésta aumenta constantemente.

Lord Salisbury posicionaba a los EE.UU. y a su Inglaterra victoriana, que en aquellos momentos era la primera potencia del mundo con tierras y colonias en los cinco continentes, como unas naciones «vivas» en contraposición con España, a la que calificaba de «moribunda». Pero aquel dirigente conservador y jefe de gobierno británico, usando la analogía científica del evolucionismo darwinista, advertía a sus compatriotas de esta realidad en las relaciones internacionales... con los ojos puestos al otro lado del Paso de Calais, donde el II Reich alemán —gobernado por el *kaiser* Guillermo II— iniciaba su rápida ascensión, sólidamente fundada en su prodigiosa industrialización y su temible rearme, tanto continental como marítimo. Y esto preocupaba demasiado a Inglaterra en aquellos momentos cruciales en los que ya no estaba Bismarck para mantener, aunque fuera en precario, el equilibrio europeo y alejar el fantasma de la guerra europea.

• La eugenesia

Sin embargo, si en un principio los doctrinarios del darwinismo social estimaron que las leyes de la competitividad capitalista bastarían para garantizar la debida selección biológica y para cribar a los individuos más débiles, no tardaron en surgir una serie de adelantados que consideraron oportuno ayudar activamente a que esa criba se acelerara. Fue así como comenzaron a tomar cuerpo las **tesis eugenésicas** en pro de la **esterilización de individuos considerados como un peligro para la salud de la raza**, tesis que se trasladaron a la práctica en la República de los EE.UU. de Norteamérica, patria pionera de la moderna filantropía y de los derechos humanos.

En efecto, fue en la colonia virginiana de Linchburg donde se puso en marcha por primera vez un concienzudo programa de esterilización, la mayor parte de cuyas víctimas no fueron precisamente deficientes mentales, como rezaba el proyecto oficial, que de esa forma pretendía adoptar una imagen más favorable, sino desarraigados sociales, indigentes, vagabundos y huérfanos, todos ellos de raza blanca. Sólo en la colonia de Lynchburg fueron esterilizados entre 1924 y 1932 alrededor de ocho mil personas, en su mayoría adolescentes sin taras de ningún tipo, pero pobres y sin domicilio fijo.

El término «*eugenesia*» había sido acuñado en 1883 por el científico británico sir Francis Galton, primo de Charles Darwin y acérrimo doctrinario del darwinismo social. El soporte de sus tesis fueron las *leyes de la herencia*, según las cuales los progenitores cretinos o deformes producían sucesores de idénticas características. Se hacía preciso por ello, concluyó Galton, que desde el Estado fueran adoptadas las medidas oportunas para impedir el declive de la raza británica. Por otro lado, no será ocioso significar que la esterilización eugenésica fue defendida desde principios de siglo por las más destacadas figuras del *socialismo fabiano* (H. G. Wells, George Bernard Shaw), así como por varios líderes del conservadurismo británico, Winston Churchill entre ellos.

En los Estados Unidos dichas tesis gozaron pronto de una favorable acogida, tanto por parte de la población (Hollywood se volcó en su apología), como de las autoridades políticas y judiciales. Aunque su puesta en práctica comenzó ya en la primera década del siglo XX, el espaldarazo definitivo no llegaría hasta 1926, con la aprobación en la Corte Suprema estadounidense de una *ley de esterilización*. El borrador de dicha ley había sido elaborado por un equipo de prestigiosos biólogos, e incluía a ciegos, sordos, deformes, alcohólicos, tuberculosos, sifilíticos, leprosos, criminales, idiotas, pobres y personas sin domicilio fijo. En cuanto al objetivo perseguido, el proyecto legal lo enunciaba sin ambages: «*preservar la pureza de la raza blanca*». La decisión de la Corte Suprema fue adoptada a raíz del caso Carrie Buck, una adolescente pobre y madre de una niña engendrada tras una violación, y a la que se consideró «imbécil moral» por tener un hijo sin estar casada, siendo condenada por ello a la esterilización. Igualmente digno de mención es el papel decisivo jugado en favor de la constitucionalidad de las prácticas eugenésicas por el juez Holmes, un miembro del Tribunal Supremo conocido por su ferviente militancia ideológica en la izquierda liberal norteamericana. A raíz de aquella disposición legal se abrió la veda, y 27 Estados de la Unión emprendieron una carrera de esterilizaciones masivas practicadas en un principio sobre residentes en establecimientos mentales, y aplicadas inmediatamente después a pobres y marginados sociales.

Las leyes y tesis eugenésicas estadounidenses sirvieron luego de base a la normativa racial del Tercer Reich, cuyas autoridades rindieron homenaje público al doctor Harry Laughlin, cerebro del programa eugenésico norteamericano, reconociéndole como a su gran inspirador. Por otro lado, durante la década de los treinta fueron numerosas las voces que, desde las más altas instancias científicas, académicas y políticas estadounidenses, elogiaron las medidas eugenésicas adoptadas por el régimen hitleriano, llegando incluso a lamentar el hecho de que aquél hubiera tomado la delantera en tan encomiable labor de profilaxis social. Es de señalar, por último, que después de la II Guerra Mundial las prácticas eugenésicas continuaron a buen ritmo en los Estados Unidos, donde todavía hoy gozan del estatuto de constitucionalidad.

En nuestros días se tolera, defiende e incluso se postula el **aborto libre**, que es el mismo tipo de crimen, pero ejecutado por otra causa social distinta aunque relacionada: se supone que el *nasciturus* asesinado complicaría la vida futura de su madre, o la podría crear un problema social. El fundamento racional del «aborto libre» es que toda mujer es libre y dueña de su cuerpo; pero el argumento de vida que el «nasciturus» es un ser humano, casi siempre formado aunque casi nunca madurado o acabado.

En conclusión, el darwinismo social tuvo una gran influencia a principios del siglo XX, aunque fue perdiendo popularidad después de la I Guerra Mundial. Como es sabido, y está reflejado incluso en la Enciclopedia Encarta (Microsoft), durante las décadas de 1920 y 1930 fue duramente criticado por contribuir al auge de las prácticas eugenésicas de mejora y selección de la raza aria llevadas a cabo por el nazismo. En esa misma época, los avances en la Antropología desacreditaron esta teoría: los antropólogos Franz Boas, Margaret Mead y Ruth Benedict mostraron que la cultura es intrínseca a los seres humanos. La eugenesia fue también desacreditada después de que sus argumentos fueran utilizados por Adolf Hitler para justificar la existencia de una «raza superior»; por ello la Genética profundizó todavía más en sus planteamientos científicos. Hoy, sin embargo, la Sociobiología defiende el determinismo genético —que algunos consideran una nueva versión de darwinismo social— e intenta explicar el cambio social y cultural en términos evolutivos.

El «eslabón perdido»

Además de revolucionar la Historia Natural —las ciencias de la Naturaleza—, la publicación de *El origen de las especies* había producido en 1859 una gran conmoción social; pero la aparición en 1871 de *El origen del hombre* produjo otra bastante menor desde el punto de vista social: esta nueva obra era la consecuencia lógica de la primera. En su nuevo libro, Darwin aplicaba la teoría de la evolución a la especie humana; pero, a diferencia de su primera obra, el nuevo libro no reflejaba una teoría, sino hechos ya conocidos y admitidos por los científicos, como se verá a continuación. El mismo Darwin se sorprendía de que la aparición de esta obra no hubiese generado el escándalo ni las controversias de la anterior: los historiadores lo achacan a que en 1871 las teorías evolucionistas ya habían penetrado no sólo en los científicos sino en muchos sectores de la sociedad occidental. No obstante, también hubo escándalo y controversia, por lo que nuevamente se encrespó la polémica *«fe-ciencia»*.

Por otro lado, en la mente de los especialistas estaban los avances y hallazgos de la Antropología y la Paleontología; ya quedó dicho que a principios del siglo XIX había surgido y comenzado a crecer la Paleontología Estratigráfica: dentro de esa nueva disciplina, los geólogos que trabajaban en la apertura de carreteras más modernas, así como en empresas mineras o en nuevas vías para empresas de ferrocarril, empezaron a diferenciar entre «terrenos primitivos» (sin fósiles) y «terrenos secundarios» fosilíferos. La época de florecimiento de estas nuevas ciencias abarcó desde 1820 a 1860. Naturalmente, junto a fósiles vegetales o animales, también fueron apareciendo fósiles de animales más avanzados que podrían ser humanos o antecesores de los humanos. En plena polémica darwinista y a la vez que la Antropología Física (la ciencia sobre la morfología humana y su origen), nacía la Prehistoria gracias a los múltiples hallazgos y descubrimientos que inicialmente pertenecían al ámbito de la Geología, pero que paulatinamente fueron pasando a los de estas dos nuevas disciplinas. Todo ello había propiciado la discusión académica y científica sobre el origen y antigüedad del hombre, así como la clasificación de sus industrias líticas y la interpretación de las primeras muestras del arte primitivo.

De ese modo, la polémica sobre el **hombre fósil** se desarrolló entre 1801 y 1868. La investigación en cavernas, sobre todo en Francia y Alemania, proporcionaba pistas para descubrimientos más importantes: así, los de las hachas paleolíticas halladas alrededor de 1800 por John Frere en una cantera de Sufolk (más tarde reconocidas como del período achelense), F. Jouannet en 1815, A. Boué en 1823, P. Schmerling en 1829, Mac Enery y R. Godwin-Austen en 1840, por poner algunos ejemplos destacados y conocidos. Pero el verdadero iniciador fue el francés

Jacques Boucher Crèvecoeur de Perthes (1786-1869), quien realizó su primer descubrimiento en 1830.

Boucher de Perthes, arqueólogo de Amiens, suponía que los restos del hombre primitivo debían hallarse en bancos sedimentarios diluviales, por lo que empezó a excavar en el río Somme: en ocho años encontró gran cantidad de sílex, un diente de elefante, hachas de mano y diversos instrumentos, pero su mayor descubrimiento fue encontrar en Moulin-Quignon media mandíbula humana en 1833. Tras estudiar los restos conseguidos, escribió en 1846 *Antigüedades célticas y antediluvianas* y comunicó sus conclusiones a la *Academia de Ciencias* de París en 1846. Como ocurre muchas veces, la Academia rechazó de plano el informe y las conclusiones del investigador; pero, a pesar de ello, desde 1853 varios científicos lo admitieron, entre ellos el mismo Gaudry y muchos británicos, como Prestwick (en 1859 declaraba en la *Royal Society* que los sílex del Somme eran productos del hombre), Lyell, Evans, Falconer y otros.

Mientras en 1860 Eduardo Lartet exploraba Aurignac y Elie de Beaumont seguía negando la contemporaneidad del hombre con el mamut, Fuhlrot describía en 1865 unos restos humanos encontrados en el barranco de Neanderthal: ese mismo tipo humano se había encontrado ya en varios puntos de Europa. A su vez, ya decididamente entregado a su labor prehistórica, Lartet hallaba en 1868 cinco esqueletos del tipo Cro-Magnon, que serían también estudiados por Hamy y Quatrefagues; casi al mismo tiempo, en 1872 E. Rivière encontraba otros esqueletos similares en la cueva de Grimaldi y en 1888 Feaux y Hardy hallaban otro en Chancelade: a finales de siglo, pues, ya se conocían tres razas o tipos de restos humanos fósiles (neanderthal, cromagnon y chancelade). En este punto es preciso destacar y explicar la importancia de estos hallazgos.

En el dialecto de Dordoña, el término «*Cro-Magnon*» designa una «cueva grande», y se refiere a un abrigo rocoso que había en Les Eyzies, (departamento de Dordoña, en la región francesa de Aquitania); ese término se utilizó para señalar al hombre fósil más representativo del *homo sapiens*, que data de finales de la última glaciación (la de Würm) y al que se atribuyó alrededor de 30.000 años. Fue descubierto en 1868, junto con otros esqueletos humanos: en Europa se han encontrado más de 100 esqueletos o restos fósiles de este tipo. Su capacidad craneana era de 1.800 cm^3, usaban herramientas y vestidos, encendían fuego, eran grandes cazadores y vivían en comunidades más o menos estables y fijas. Otros hallazgos modernos en Uzbekistán (Rusia asiática) permiten suponer que el hombre de Cromagnon vivió también en el Asia Central hace 40 o 50.000 años.

Ese clima de estudios y hallazgos de restos fósiles de hombres primitivos es el medio o entorno científico en el que en 1871 vino a incidir el nuevo libro de Darwin: el tema que se trataba en *El origen del hombre* era algo actual y vivo, y su contenido era la consecuencia lógica de *El origen de las especies* (1859). En efecto: con arreglo a la teoría de la evolución por selección natural desde seres inferiores a seres superiores en una línea continua, era preciso establecer la cadena o secuencia de seres que habían dado origen al género humano. Y ése era justamente el espíritu que empujaba a muchos de los primeros descubridores del «hombre fósil»: encontrar los eslabones de aquella **cadena evolutiva**.

Así, en los años anteriores se habían ido descubriendo restos antropomorfos: Lartet había encontrado en 1854 restos del *Plyopithecus* y en 1856 los del *Dryopithecus*, lo que lo llevó a él y a otros a enfrentarse no con las ideas religiosas «creacionistas», sino con las teorías científicas del «catastrofismo» mediante el diluvio universal u otros cataclismos, de los que ya se ha hablado en el capítulo primero de este libro: sospechaban que los cambios en la cadena evolutiva humana se habían producido por transformación o evolución, no por catástrofes. Por último, en 1891 Eugenio Dubois encontraría en la isla de Java (Indonesia), en una capa de arcilla de 2 m de espesor en la cuenca del río Trinil, los restos del *Pithecanthropus erectus*, con unas características semejantes a las que Haeckel había previsto ya en 1874. Luego aparecieron cuatro cráneos más.

También al llegar a este punto es conveniente precisar y matizar algunos conceptos que ayuden a entender mejor el proceso de evolución o cadena evolutiva que lleva a la aparición del género humano sobre la Tierra, la especie más elevada y superior en esa cadena evolutiva de la vida, puesto que el hombre —además de la vida vegetativa y animal— posee el entendimiento o razón, que le permite tener libertad, así como crear y entender conceptos abstractos e ideas religiosas, artísticas, científicas, políticas, etc. Para ubicar en el tiempo y en el espacio a los fósiles que se mencionarán a continuación, debe el lector recordar ciertos datos universalmente admitidos.

• Se acepta que el Universo tiene cerca de 40.000 millones de años, y que nuestro **planeta Tierra** tiene 4.000 millones de años, desde que se originó o fue creado mediante aquella explosión de gases y elementos conocido como «*Big-bang*».

• Respecto a las **Eras y períodos** geológicos de nuestro planeta, los científicos han dividido la existencia de la tierra en varias eras:

135

— *Arcaica* (Arqueozoica o precámbrica): 4.000-600 millones de años, subdividida en los períodos *Arcaico y Algonquino*.

— *Primaria* (Paleozoica): 600-225 mill.; períodos *Cámbrico, Ordovícico, Silúrico, Devónico, Carbonífero y Pérmico*.

— *Secundaria* (Mesozoica): 225-72 mill.; períodos *Triásico, Jurásico y Cretácico*.

— *Terciaria* (Cenozoica): 72-2 millones; *Eoceno, Oligoceno, Mioceno y Plioceno*.

— *Cuaternaria* (Neozoica): 2.000.000–hoy; *Pleistoceno* (glaciaciones) y *Holoceno*.

• Una tercera cuestión sería la clasificación o división de los restos fósiles de animales que, a través de la cadena evolutiva, llevarán a la aparición del hombre. Y ahí no hay que olvidar que **el hombre actual aparece en el Cuaternario**, por lo que no coexistió con los dinosaurios del Secundario. Teniendo en cuenta que la terminología está tomada del idioma griego, en el que *piteco* significa "mono" y *anthropos* significa "hombre", se establece que en el Terciario aparecieron los mamíferos y que fue en esa Era cuando se produjo la división de los *antropomorfos* (animales con forma de hombre o «simios» primitivos) en dos ramas:

— **póngidos** (o antropoides), subdivididos en «extinguidos» (*Pliopiteco, Dryopiteco, Ramapiteco,* etc.) y vivos (gibón, chimpancé, orangután, gorila) y

— **homínidos,** subdivididos en no humánidos (*Oreopiteco* y los diferentes *Australopitecos*) y humánidos: «Homo habilis», «Homo erectus» (*Pitecántropus, Sinántropus pekinensis, Atlántropus* y *Hombre de Heildelberg*) y «Homo sapiens» (*Hombre de Swanscombe, H. de Font-Chevade, H. sapiens Neandelthalensis* y *H. sapiens sapiens*» [Cro-Magnon, Grimaldi, Chancelade]).

Teniendo en cuenta estos datos relativos al origen fósil o primitivo del hombre actual, aquellos geólogos-prehistoriadores-arqueólogos estudiaban no sólo los restos humanos fosilizados sino también las industrias o instrumentos de los primitivos seres humanos que iban encontrando. En todos los nuevos hallazgos y descubrimientos de restos y útiles humanos, la Geología iba cediendo terreno a la naciente Prehistoria. Fue así como un arqueólogo antropológico, el danés Christian Thomsen, clasificó en 1836 el pasado del hombre en tres edades (Piedra, Bronce y Hierro), clasificación que fue seguida por el sueco Montelius, el inglés J. Evans y el francés Gabriel de Mortillet, a la que el español Juan Vilanova y Piera añadió la del Cobre puro, a la que denominó Calcolítico y que vino a ser la intermedia entre la Edad de Piedra y la de los Metales.

El asunto estriba en que casi todos aquellos prehistoriadores y arqueólogos estaban imbuidos de la doctrina evolucionista de Darwin, por lo que en sus excavaciones partían de la idea de que los animales o antropomorfos inferiores daban origen por evolución a otros animales u homínidos superiores. Por ello, al partir de la idea errónea de un proceso evolutivo continuo en el que supuestamente unos eran antepasados y causa de la aparición de los otros, inscribían sus descubrimientos en un punto (o eslabón) de la cadena evolutiva, ya fuese entre los seres «inferiores» o entre los «superiores». El problema se empezó a plantear cuando no se veía el nexo o hilo conductor entre un "inferior" y otro "superior": entonces suponían que faltaba por descubrir un espécimen o eslabón de esa cadena evolutiva que sirviera de punto de unión entre el interior y el superior. Por eso al principio había muchos «eslabones perdidos», que se daban a conocer como tales (la mayor de las veces erróneamente) conforme iban apareciendo.

Sin embargo, en 1969 la UNESCO organizó en París un Coloquio Internacional sobre el «Homo sapiens», presidido por Jean Piveteau, en el que se examinaron diversas hipótesis y se llegó a interesantes conclusiones. Por ejemplo, una de ellas fue la aceptación de una evidencia que contradecía la «imagen continua de una cadena evolutiva»: el hombre de Cromagnon no era descendiente del hombre de Neanderthal, al que se excluyó de la genealogía directa del hombre actual, y ni siquiera estaba emparentado con él, sino que «cromagnones» y «neanderthales» coexistieron durante un tiempo hasta la total extinción de este último; nadie sabe por qué, aunque se aventuraron muchas hipótesis. La mayor parte de aquellos estudios y conclusiones aparecieron en 1972, pero todo eso echó por tierra la imagen de continuidad (causa-efecto) de la cadena evolutiva, lo que implicaba que **no hay ningún eslabón perdido**.

Eso supone un nuevo problema. Si no hay «eslabón perdido», es que no hay una «cadena» evolutiva; entonces, ¿hay realmente evolución en el sentido en que la entendía Darwin y los darwinistas, que suponían que desde formas inferiores se llega a formas superiores, pero pasando a través de formas intermedias? ¿O es que el darwinismo es uno de tantos mitos como se han elaborado a lo largo de la Historia de la Humanidad? Esta última postura es seguida hoy por muchos autores, aunque sostienen esa opinión no por «creacionistas» que piensen que el darwinismo atenta contra la Biblia, sino por motivos científicos y de lógica: si la teoría de Darwin no ha sido probada de forma irrefutable, no puede considerarse

137

como una doctrina dentro del campo de la ciencia, sino como una especulación o hipótesis.

En nuestros días hay autores que sostienen esto; así, por ejemplo, en España, Paulino Canto Díaz editó a sus expensas un libro en 1995, en el que concluía que la teoría de la *evolución de las especies* (vista desde el punto de vista de Darwin, de los transformistas o de los neodarwinistas) carece de fundamento científico, y sólo podría ser admitida como un mito o construcción mental. También hay otros autores que, pensando así, no se atreven a declararlo abiertamente para no caer en las censuras y rechazos de colegas científicos, que podrían considerarlos "retrógrados" o «creacionistas», lo cual está rotundamente descalificado en los ámbitos científicos, en incluso en los religiosos o eclesiásticos, como ya hemos visto en un capítulo anterior.

A título anecdótico debe también recordarse que aquel escándalo que en 1844 había desatado en Inglaterra Robert Chambers con su un libro *Vestigios de la Historia Natural de la Creación* sobre el origen del hombre, así como el producido por Darwin en 1859 con la aparición de *El origen de las especies*, desató una fiebre por la notoriedad y la fama de científico descubridor que llegó hasta extremos grotescos, como el conocido «fraude de Piltdown». En 1912, el geólogo y anticuario inglés Charles Dawson informó que había descubierto en una gravera de Piltdown, al sur de Inglaterra, fragmentos de un cráneo; posteriormente dijo haber encontrado una mandíbula. Una vez que fueron reconstituidos, resultó que el cráneo pertenecía a un hombre actual mientras que la mandíbula adosada era la de un animal inferior de tipo simiesco, con lo que el «*hombre de Piltdown*» (como se lo conoció entonces) vendría a ser el «eslabón perdido» entre el hombre y los antropoides, un intermedio entre el hombre y el simio. Pero aquel descubrimiento desató una enconada y duradera polémica prehistórica, en la que inicialmente los fósiles fueron aceptados como auténticos por algunas autoridades en la materia. Pero cada vez resultaba más difícil relacionar al «H. de Piltdown» con los restos aparecidos y los nuevos que iban apareciendo; por fin, en 1953 se demostró irrefutablemente el engaño de aquellos restos, que habían sido tratados químicamente para resistir las pruebas de laboratorio.

A pesar de todo esto, la realidad es que —en su libro *El origen del hombre*— Darwin no trata nada de esto, ni de Antropología Física, ni sistematiza los hallazgos de fósiles hasta entonces conocidos: el objeto de estudio de ese libro es estrictamente biológico, no paleontológico. Aunque establece en sus conclusiones que *el hombre desciende de un tipo de organización inferior*, se limita a estudiar al hombre actual dentro de sus características biológicas y en consonancia con el entorno natural en el que se mueve. En el libro, especialmente en su segunda parte, trata más extensamente la selección sexual, mostrando que *ha desempeñado una parte importante en la historia del mundo orgánico*. Sin embargo, en las últimas líneas de esta obra expone Darwin consideraciones y conceptos propios del «darwinismo social», unos conceptos que, en nuestros días, muchos tildarían frívolamente de "racistas" sin pararse a pensar si lo que dicen es cierto o no: *[...] que el hombre desciende de alguna forma inferiormente organizada será, según me temo, muy desagradable para muchos. Pero difícilmente habrá la menor duda en reconocer que descendemos de bárbaros. [...] El que haya visto un salvaje en su país natal, no sentirá mucha vergüenza en reconocer que la sangre de alguna criatura mucho más inferior corre por sus venas.*

Sin embargo, la polémica sobre el hombre, su creación por Dios y su dignidad moral, venía de antiguo, desde la aparición en 1859 de *El origen de las especies*. Nada tenía de extraño, pues, que esa polémica se reavivase con la publicación del nuevo libro: en la sociedad inglesa, a pesar de que era la época del ascenso del imperialismo, todavía seguían muy presentes las condenas eclesiásticas a Darwin y la conocida frase de Disraeli: *La cuestión es ésta: ¿el hombre es un simio o un ángel? Yo estoy del lado de los ángeles.*

Darwin se sintió también satisfecho de esta obra, de la que dijo en sus mismas páginas:

Podemos excusar al hombre de sentir cierto orgullo de haber ascendido, aunque no sea precisamente por sus propios esfuerzos, a la cima de la escala orgánica; el mismo hecho de haber ascendido, en vez de haber sido colocado por causas externas en ese lugar, puede darle esperanzas de un destino aún superior en el futuro distante. Pero en este caso no estamos interesados en esperanzas o en angustias, sino solamente en la verdad, en la medida en que nuestra razón nos permita descubrirla. He proporcionado la mejor prueba que me ha sido posible; debemos reconocer, o al menos así me parece, que el hombre, con todas sus nobles cualidades, con la compasión por los más desamparados, con una benevolencia que se extiende más allá de su especie a las criaturas más humildes, con su intelecto casi divino que le ha permitido penetrar en la mecánica y la constitución del sistema solar, en suma, con todos esos poderes sublimes, aún lleva en su estructura corpórea la huella indeleble de su humilde origen.

V. MADUREZ Y ANCIANIDAD
DE DARWIN

Un retiro honorable, entre honores y burlas

Tras la publicación del *El origen de las especies* (1859) y de *El origen del hombre* (1871), y por su formulación de la teoría de la evolución por selección natural y herencia de las variaciones, Darwin recibía premios y distinciones: los círculos científicos se dieron cuenta muy pronto de la importancia de la teoría y de que era una explicación coherente y lógica de la Naturaleza. De todos los rincones de la propia Inglaterra, de Francia, Alemania, EE.UU., e incluso de España, le llegaban a Darwin parabienes y reconocimientos por su magistral y trascendental labor en la Biología y en la Historia Natural. A pesar de algunas críticas y rechazos, ya quedó dicho que en 1871 Huxley podía declarar con justicia que *El origen de las especies* había producido en la Biología una revolución comparable a la de los *Principios* de Newton en la Astronomía; y el éxito de la teoría fue tal que alcanzó a la Filosofía, en cuyas Facultades se volvió a hablar de los jonios, cuya doctrina se basaba en el cambio y era expresada con el famoso παντα ρει («*Todo fluye*») de Heráclito.

Darwin tenía ese agudo sentido de la honradez que debería existir en todos los autores de libros y estudios, y le aterrorizaba cometer errores al citar. Por el contrario, despreciaba la afición al honor y la gloria, tan típica y frecuente de la Inglaterra victoriana en que vivía, y en sus cartas se lamentaba del placer que le proporcionaban los éxitos de sus libros, autoacusándose de desviarse de su ideal (el amor a la verdad) y de caer en la vanidad absurda de apreciar la fama. Ciertamente, él se sentía orgulloso de que su teoría hubiera sido acogida y aceptada por hombres como Lyell, Hooker, Huxley, Lubbock o Asa Gray, pero no lo satisfizo el alcanzar la extensa fama que había conseguido: de ahí su molestia al ser reconocido por varias personas en una visita que hizo al Acuario de *Cristal Palace*.

A pesar de todo, a Darwin se le concedieron muchos honores. Fue elegido «Socio Honorario» de muchas sociedades científicas, tanto inglesas como extranjeras, y se le otorgaron importantes distinciones. A este respecto, el chileno Manuel Tamayo, de la Universidad Católica del Maule (Talca), señala que en 1874 John Tyndall pronunció un brillante discurso en la Asociación Británica para el Progreso de la Ciencia, en el que reconocía los éxitos obtenidos por Darwin con sus teorías evolucionistas. Ese mismo año, la Sociedad Zoológica Argentina lo nombraba miembro honorario y al año siguiente haría lo mismo la Academia Nacional de Ciencias de Argentina. En 1877 fue nombrado «Doctor *Honoris Causa*» en Derecho por la Universidad de Cambridge. Gladstone le ofreció hacerlo miembro del patronato del *British Museum*, pero el naturalista declinó este honorífico ofrecimiento por su mala salud. En España, concretamente, también en 1877 fue nombrado profesor honorario de la Institución Libre de la Enseñanza, en Madrid. Distinciones semejantes le fueron otorgadas por la Academia Imperial de Ciencias, de Rusia, y por las sociedades de naturalistas de la Universidad Imperial de Kazán y otras de Moscú.

Además, algunos autores dicen que Karl Marx ofreció a Darwin dedicarle un volumen de *El capital*, pero —como sabemos— esto es sólo el resultado de una interpretación errónea de la correspondencia entre ambos. Uno de los más importantes galardones lo recibió en 1864, cuando la *Royal Society* le otorgó la medalla de Copley, al igual que el doctorado *Honoris causa* de Cambridge en 1877.

Por lo que se refiere a su vida personal, y como es lógico, durante su época de madurez y al entrar en la ancianidad, Darwin empezó a mirar hacia atrás y a recordar el pasado. Una persona joven, que no ha vivido, mira hacia delante porque espera tener vivencias y aventuras que le permitan crecer y mejorar; por el contrario, una persona mayor recuerda sus vivencias, y reflexionando sobre ellas llega a conclusiones, que a veces parecen extrañas a los demás, que no las han vivido; con eso alcanza la experiencia: ésta no es fruto de los años, sino de la reflexión. Por eso, a partir de mayo de 1876, cuando ya había cumplido los 67 años, fue cuando Darwin empezó a escribir su autobiografía o memorias; pero no lo hizo por voluntad propia, sino por sugerencia de un editor alemán. Darwin lo titularía *Memorias del desarrollo de mi pensamiento y mi carácter;* sin embargo su hijo Francis lo ayudó en este trabajo haciendo una labor de selección y recopilación de textos y cartas que mediatizó mucho el resultado final. Por eso, los historiadores no están seguros si la

Autobiografía de Darwin es toda ella obra de Darwin y refleja su pensamiento y planteamientos personales, o los de su hijo Francis.

Darwin pasó los últimos años de su vida desarrollando diferentes aspectos de los problemas surgidos a raíz de la publicación de *El origen de las especies*. Sus libros posteriores, incluyendo *La variación de los animales y plantas bajo domesticación* (1868), *El descendiente del hombre* (1879) y *La expresión de las emociones en los animales y en el hombre* (1872), vinieron a ser exposiciones detalladas de temas que en aquel libro habían sido limitadas a pequeñas secciones o a formulaciones más simplificadas, por lo que luego las desarrollaría más ampliamente. La importancia de su trabajo fue reconocida por sus contemporáneos: así, aunque ya en 1839 había sido Darwin elegido por la *Royal Society* como miembro, en 1864 esta misma corporación le otorgó la distinción de la medalla de Copley; de igual modo, la Academia Francesa de Ciencias lo hizo miembro de tan prestigiosa institución en 1878.

Por otro lado, la huella de un hombre se nota en primer lugar en su propia familia. La impronta que Darwin dejó en sus propios hijos (e incluso en sus nietos) que día tras día vivían con el influjo y ejemplo de su padre, fue muy grande. Nada tiene, pues, de extraño que acabasen siendo científicos de primera línea, aunque no tan famosos o innovadores como su famoso padre:

— **Francis** (1848-1925). Hijo mayor de Darwin, botánico y profesor de Botánica en la Universidad de Cambridge, fue colaborador de su padre y se dedicó al estudio de la fisiología vegetal. Escribió *La vida y correspondencia de Charles Darwin* (1887) y *Fisiología práctica de las plantas* (1894).

— **George Howard** (1845-1912). Hijo segundo de Charles R. Darwin y profesor de Astronomía en la Universidad de Cambridge, miembro de la Sociedad Real, Presidente de la Asociación Británica (1905) y del Consejo Internacional de Matemáticas (1912). Sus obras más sobresalientes son *Las mareas y otros fenómenos similares en el Sistema Solar* (1898) y *Papeles científicos* (1906-16).

— **Charles Galton** (1887-1963). Nieto de Charles R. Darwin. Fue profesor en la Universidad escocesa de Edimburgo, director del Laboratorio Nacional de Física desde 1939, pasando luego a la Oficina central británica de Ciencias en Washington, EE.UU.

Durante la ancianidad del naturalista, a aquellas alturas de su vida biológica, se hacían ya muchas aplicaciones e interpretaciones de su teoría

143

evolutiva, y el público empezaba a conocer la profunda revolución que ésta había causado en el área de conocimiento de las ciencias de la Naturaleza. Su éxito fue tan grande y su contribución tan capital que el reputado genetista ruso-ucraniano Theodosius Dobzhansky (1900-1975) afirmaba a mediados del siglo XX que *nada tiene sentido en la Biología si no se analiza a la luz de la evolución.*

A pesar de esta afirmación, un tanto triunfalista y exagerada, en lo que respecta a su teoría de la evolución de las especies por selección natural de tipo sexual no se debe olvidar ni se puede negar que han existido posturas en defensa de la tradición bíblica (el «creacionismo») que podrían calificarse de "fundamentalistas" desde que fue formulada en 1859 (y aplicada al hombre en 1871). Y se han dado más entre los cristianos protestantes que entre los cristianos católicos que siguen las doctrinas de la Iglesia de Roma. Así, según unas encuestas relativamente recientes (1982 y 1988) hechas en EE.UU., el 44 % de los estadounidenses dijo ser partidario de la afirmación: *Dios creó al hombre muy parecido a su forma actual en algún momento de los últimos diez mil años.* Solamente el 9 % era partidario de la afirmación: *El hombre se ha desarrollado durante millones de años a partir de formas de vida menos avanzadas.* En otra encuesta, pero ésta realizada entre 43 diputados del Congreso de los EE.UU., el 88 % pensaba que la teoría moderna de la evolución tenía una base científica válida, pero menos de la mitad fue incapaz de decir, ni siquiera aproximadamente, cuál podría ser la *idea básica* de la evolución.

Pero lo más extremista es que, todavía en 1980, dos estados de EE.UU. (Arkansas y Louisiana) promulgaron leyes que obligaba a enseñar el «creacionismo» en las escuelas públicas donde se enseñara el «darwinismo». Es cierto que, en 1987, la Corte Suprema de Justicia de los EE.UU. declaró inconstitucionales ambas leyes, pero a pesar de este revés los creacionistas extremistas distan mucho de ser una especie extinguida y continúan presionando para que el creacionismo se enseñe en las escuelas públicas. Sobre las escuelas privadas no hay encuestas fiables: cada grupo, empresa o religión hace la suya, y a menudo el resultado es tendencioso.

Charles Darwin, por su parte, en los años posteriores a la publicación de sus dos más famosos libros, vivió en su retiro familiar. Ya quedó dicho que el naturalista había nacido y crecido en Shrewsbury, en los *Midlands* cercanos a la frontera de Gales; pero cuando formó su propia familia y se casó en enero de 1839 con su prima Emma Wedgwood, su abnegada esposa durante el resto de su vida, y tras pasar algo más de un par de años

144

en Londres, se trasladó a Kent, a la aldea de Down. También se ha señalado en otro capítulo anterior que, en septiembre de 1842, los Darwin habían ido a vivir en *Down House*, la casa que le comprara su padre y que él había estrenado con la tragedia de la muerte de su hija Mary Eleanor a los pocos días de nacer. En Down (hoy Downe), Bromley, crecieron y jugaron sus hijos; en aquella aldea recoleta y tranquila, pero cercana a Londres (16 km) y bien comunicada por ferrocarril, había escrito sus mejores páginas, sus libros magistrales de Historia Natural, bien fuesen de Botánica, Geología o de la que décadas después sería llamada Ecología.

En aquel apacible lugar, trabajando, estudiando, experimentando, y viendo jugar a los niños del pueblo en los mismos arenales donde años atrás habían correteado sus propios hijos, transcurrió la vida de Darwin aquejada por su débil salud. Y allí, también, había de morir. Es conocido que en diciembre de 1881 viajó a Londres a visitar a una de sus hijas y sufrió un desvanecimiento en la calle. En el invierno de 1882, escribió a un amigo: «*Mi carrera está casi concluida*». Posteriormente los desmayos se hicieron más frecuentes; sin embargo, no dejó de trabajar. Decía: *Cuando me vea obligado a renunciar a la observación y a la experimentación, moriré*. Y así fue, en efecto: trabajó hasta el 17 de abril de 1882. Tras un colapso agudo que sufrió en la noche del 18 de abril, la gravedad de su estado se hizo irreversible, produciéndose su muerte a las tres y media de la tarde del día 19 de abril de 1882, cuando contaba 73 años de edad.

Relación entre Darwin y Marx

La influencia de Darwin en los pensadores e intelectuales del siglo XIX fue muy grande, por lo que sus teorías tenían de ruptura con el saber y la ciencia anteriores, y queda expuesta en las sentencia de René Taton: *La evolución fue el tema capital de la Biología en la segunda mitad del siglo XIX*. Como es lógico, ese poderoso influjo fue también recibido por su contemporáneo Carlos Marx, y así lo mostraron tanto Marx como Engels.

Existe una leyenda popular, muy difundida incluso entre algunos historiadores, en la que se dice que Marx ofreció a Darwin dedicarle un volumen de *El capital*. Este error se debe a una mala interpretación de la correspondencia entre ambos, que sí se dio y es bien conocida. Ciertamente, tal y como señaló el propio Marx en uno de sus pasajes más citados, a mediados del XIX la obra del naturalista produjo un poderoso

145

impacto en el pensador alemán, pues vino a ser el aval científico necesario para los primeros seguidores del «materialismo histórico», quienes (en aquellos años de auge del cientifismo) pomposamente autocalificaron el marxismo como «*socialismo científico*» para darle un fundamento indiscutible e intelectual. El mismo Marx, en el conocido prólogo de su obra *El capital*, presentó su teoría de la «lucha de clases» como un hecho histórico-natural: *En esta obra, las figuras del capitalista y del terrateniente no aparecen pintadas, ni mucho menos, de color de rosa; pero adviértase que aquí sólo nos referimos a las personas en cuanto personificación de categorías económicas. Quien como yo concibe **el desarrollo de la formación económica de la sociedad como un proceso histórico-natural**, no puede hacer al individuo responsable de la existencia de relaciones de las que él es socialmente criatura...*

Inicialmente, Marx y Darwin se leyeron entre sí a través de sus respectivos libros magistrales: *El origen de las especies* y *El capital*. Fue a partir de ahí cuando se estableció una breve correspondencia entre ambos. Carlos Marx alude en varias partes de *El capital* a las hipótesis evolucionistas de Darwin, pues había leído *El origen de las especies* en Londres, al año siguiente de su publicación, cuando vivía en la madurez de sus 42 años y ya tenía formadas y formuladas sus principales ideas sobre la concepción materialista de la Historia, así como el proceso de la lucha de clases y su teoría económico-social de la plusvalía. El libro de Darwin le produjo una honda impresión, que se confirmó al escuchar a Huxley en 1862: Marx asistió a seis conferencias que Thomas Huxley dio a los obreros en 1862 para explicarles las ideas de Darwin.

Por otro lado y a través de su correspondencia, Marx se muestra como un seguidor de la darwinista teoría de la evolución orgánica y se identifica con sus argumentos racionales y materialistas, así como con el rechazo al providencialismo creacionista aplicado a la Naturaleza; sólo critica a Darwin por su apoyo a Malthus al explicar la formación de nuevas especies. Esta coincidencia de criterios se evidencia en una carta de Marx a Engels, en la que escribía a su compañero diciéndole que *el libro de Darwin es muy importante y me sirve de base científico-natural de la lucha de clases*. Como vimos en la página anterior, esa base a la que Marx alude consistía en tomar el desarrollo de las formas económicas como un proceso histórico-natural.

Sin embargo, y al contrario que muchos darwinistas de su tiempo, Marx se mostró en desacuerdo (como también el mismo Darwin) en aplicar el darwinismo a los problemas sociales, como ya hacían algunos radicales y muchos imperialistas, y luego harían los anarquistas, aunque éstos

146

con un signo diferente: la supervivencia de la más fuerte clase trabajadora —hasta entonces oprimida y explotada— acabaría con la existencia improductiva de la clase rica y empresarial, más blanda o degradada y socialmente innecesaria; recuérdese que en esta apreciación coincidían con el famoso folleto *¿Qué es el Tercer Estado?*, que el abate Siéyès escribió en 1788.

Sin embargo, y con arreglo a la mentalidad cientifista de la época, en la que se buscaban las leyes que regían diferentes fenómenos de la realidad, ya fuese la natural, ya fuese la humana, Darwin y Marx tenían semejanzas o coincidencias: ambos seguían una postura materialista y habían fijado unas «leyes» en sus respectivas disciplinas científicas, la Historia Natural y la Historia Social, respectivamente. Así lo formuló Engels en París durante el entierro de Marx en 1883, al año siguiente de morir Darwin. Ante la tumba abierta de su amigo, hizo un conocido discurso en el que decía:

Así como Darwin descubrió la ley del desarrollo de la naturaleza orgánica, así Marx descubrió la ley del desarrollo de la historia humana: *el hecho sencillo, hasta ahora enmascarado bajo una proliferación de ideologías, de que el hombre tiene que comer, beber, cobijarse y vestirse antes de poder dedicarse a la política, la ciencia, el arte, la religión, etc.; de que, por consiguiente, la producción de los medios materiales inmediatos de subsistencia y —consecuentemente— el grado de desarrollo alcanzado por un pueblo concreto o durante una época determinada forman la base de la que emanan las instituciones políticas, los conceptos legales, las ideas sobre el arte e incluso las religiosas de ese pueblo, debiendo por tanto explicar esto último a la luz de aquella base y no a la inversa, como se ha venido haciendo hasta la fecha.*

No obstante, junto a esas coincidencias había también grandes diferencias; y no sólo en la aceptación científica de sus postulados respectivos, sino incluso en la actitud social hacia sus personas. Así, en el momento de sus respectivos fallecimientos (en 1882 Darwin y en 1883 Marx), Darwin fue ensalzado públicamente mientras que Marx era recusado, excepto por sus partidarios, como revolucionario y agitador contra la ley y el orden vigentes entonces. Por eso Darwin fue enterrado con honores públicos en la abadía de Westminster; mientras que Marx, entre el fervor de sus seguidores, lo fue en el cementerio de *Père Lachaisse*, en París, el mismo cementerio en cuyas tapias habían sido fusilados y allí enterrados veinte años antes los «héroes» populares de la Comuna de París.

147

Por último, sólo queda resaltar un pequeño detalle anecdótico que muestra el poderoso influjo que uno tuvo sobre el otro, y viceversa. Y es un trozo de los escritos de ambos en el que se imitan entre sí, y hacen lo que en español se denomina «**parafrasear**», en su segunda acepción como imitación o repetición de una frase o esquema lingüístico, aunque con distinto contenido. Véanse las similitudes semánticas y sintácticas que se dan en sendos escritos de estos autores:

• En 1867 y en el prólogo de su obra *El capital*, Carlos Marx escribía: *[...] aquí sólo nos referimos a las personas en cuanto personificación de categorías económicas. **Quien como yo concibe el desarrollo de la formación económica de la sociedad como un proceso histórico-natural, no puede** hacer al individuo responsable de la existencia de relaciones de las que él es socialmente criatura, aunque subjetivamente se considere muy por encima de ellas.*

• En 1879, Charles Darwin escribía a un joven estudiante alemán y le transcribía algunos pasajes de su *Autobiografía*, escrita en 1876. Uno de ellos decía:

***Quien, como yo crea que los órganos corpóreos y mentales [...]** de todos los seres se han desarrollado por medio de la selección natural o supervivencia de los más aptos, así como con el uso o hábito, admitirá que estos órganos han sido concebidos con el fin de que sus poseedores puedan prevalecer en la competencia con otros seres, y de esta forma crecer en número (Autobiografía, vol. I, p. 113).*

Es evidente que la similitud entre ambos pasajes es demasiado grande para atribuirla a la mera casualidad, por lo que parece lógico que Darwin hubiese leído a Marx, al menos ese prólogo de *El capital* (el libro en sí es denso y se hace tan aburrido que muy poca gente lo ha leído, aunque sean muchos los que dicen lo contrario), y que hubiese quedado impresionado por la fuerza y la rotundidad de ese párrafo en el que, en el fondo e indirectamente, Marx aludía a él y a su teoría evolucionista cuando definía la formación económica de la sociedad, la Historia y la lucha de clases como un «proceso histórico-natural».

El legado de Darwin

Al margen de esto, Darwin pudo ver cómo su teoría de la evolución se extendía e implantaba en la comunidad científica dominante en su época. Por eso Huxley había llegado a decir que en pocos años la teoría darwiniana de la evolución se había vuelto una doctrina consolidada entre los naturalistas. Y de este hecho no sólo eran testigos los amigos de Darwin o los científicos de la época, sino también sus propios adversarios: el novelista inglés Samuel Butler (1835-1902), con unos planteamientos radicalmente opuestos a los de Darwin, se quejaba de que en menos de veinte años los darwinistas habían tomado el control de la comunidad científica y habían establecido una nueva ortodoxia científica, que suprimía y aplastaba cualquier intento de cuestionar sus principios básicos.

Pero la aceptación de la teoría evolucionista de Charles R. Darwin no ha sido siempre tan plausible —aplaudida o aceptada—, sino que a lo largo del tiempo ha sufrido altibajos dentro del seno de la comunidad científica internacional. En este sentido, Faustino Cordón, el reconocido maestro de biólogos españoles, en 1983 y en el prólogo de una edición española de *El origen de las especies* establecía una periodización sobre la hegemonía del darwinismo en la Biología:

— *Período inicial de expansión del darwinismo* (1860-1900)

Durante estos primeros cuarenta años de difusión de la teoría evolucionista de Darwin, y gracias al apoyo que le prestaron los importantes biólogos que se adhirieron a ella, el darwinismo se fue imponiendo como la verdad científica de su época, como una doctrina integradora de conocimientos y verdadera en sus postulados. Tal hecho llevó consigo, por un lado, que el darwinismo estimulase el pensamiento biológico y abriese campos nuevos a la investigación; pero, por otro lado, supuso la aparición de una nueva forma de dogmatismo intolerante: el *cientifismo*. Éste, para muchos científicos extremistas y demasiado superficiales o frívolos, se fue convirtiendo en una forma nueva de religión, hasta el punto de contraponer la nueva teoría (el darwinismo) al tradicional cristianismo: es la famosa oposición entre «*fe*» y «*ciencia*», que tanta importancia tuvo en el siglo XIX y que fue la causa remota y original de que todos los que despectivamente atacaban a los conservadores o «tradicionalistas» se considerasen a sí mismos «progresistas» o vanguardia del conocimiento y la ciencia, como si el progreso perteneciera exclusivamente a su bando.

Al margen de estas aberrantes posturas, el evolucionismo proporcionó la clave de todos los conocimientos biológicos anteriores, pues tan sólo admitiendo la comunidad de origen y la gradación de parentesco de todas las especies vegetales y animales se podía explicar el hecho de la *taxonomía*, esto es: la clasificación de las especies en un sistema de ramas que entroncaban en otras ramas de un mismo tronco, sistema que iba de las especies al género, de éstos a la tribu, y así hacia la familia, orden, clase y tipo. Pongamos un ejemplo para entenderlo mejor: con arreglo al sistema de clasificación (o *Taxonomía*) establecido por Linneo en 1758, el ser humano (la especie *homo sapiens*) debería clasificarse en el *reino* animal; dentro de éste, en el *tipo* (*phylum*) cordados y vertebrados; entre éstos, en la *clase* de los mamíferos; dentro de ellos, en el *orden* de los primates; y entre éstos, a la *familia* de los homínidos, que entre sus *géneros* comprende al género humano; por último, dentro de él habría que inscribir a la *especie* «*homo sapiens*».

En segundo lugar, la evolución de las especies formulada por Darwin explicaría los restos fósiles de animales y plantas como antepasados de los actualmente existentes, con lo que daría la razón a Lamarck y se la negaría a Cuvier; también permitiría entender la evolución misma del planeta Tierra, tal como lo había planteado Lyell, y a la vez establecer —con los restos fósiles descubiertos y por descubrir— una cadena evolutiva desde los fósiles más antiguos a las especies vivas actuales. En tercer lugar, que la teoría de la evolución biológica permitió interpretar de forma satisfactoria afirmaciones importantes de la Embriología comparada, como las que había expuesto Von Baer: los embriones de distintas clases de vertebrados se parecen tanto más entre sí cuanto más corta sea la edad de esos embriones. Cordón apunta que Darwin explicaría eso por la existencia de antepasados comunes a todos ellos y recuerda que el darwinista Esnst Haeckel dio un paso más al enunciar su famosa «*ley de la recapitulación*»: el desarrollo embrionario de todo ser vivo (su ontogénesis) recapitula toda la historia evolutiva de sus antepasados (su filogénesis).

— *Período de repulsa del darwinismo desde la genética clásica* **(1900-1930)**

Como una reacción a la fecundidad científica de la teoría evolucionista, durante esta época se fue propagando entre los biólogos un descrédito del darwinismo, probablemente por la superficialidad con que todavía se entendía la teoría de Darwin. La teoría de la evolución de las especies por selección natural fue —según Cordón— osadamente negada por los primeros genetistas debido a dos causas, una circunstancial y otra más profunda. La causa circunstancial de su rechazo al darwinismo era una incoherencia del mismo Darwin, quien no fue consecuente con su propia teoría. En su libro *La variación de los animales y plantas bajo domesticación*, de 1868, Darwin exponía una teoría de la herencia biológica en la que sacrificaba su teoría de la selección natural: con eso se acercaba a la idea de Lamarck de que las especies se van modelando porque los padres transmiten a sus hijos los caracteres adquiridos en el transcurso de su vida. Sin embargo, no hay tal error: Darwin expuso esa teoría de la herencia biológica como una mera hipótesis provisional.

La segunda causa, más profunda y que permaneció durante muchas décadas en la Biología porque los científicos dejaron de dominar el progreso teórico y práctico de la ciencia, es que la exagerada especialización ha apartado al naturalista y al biólogo de la corriente del pensamiento genuinamente científico y lo ha llevado al pragmatismo y la aplicación de la ciencia. El científico «especializado» concentra su esfuerzo en la pequeña parcela de conocimientos que es su campo específico, y se esfuerza en atesorar los últimos descubrimientos y las novísimas técnicas relativas a su campo de experimentación; pero, por el contrario, rehúsan estudiar la tradición científica de su área de conocimiento, algo que es indispensable para entender sus propias investigaciones y resultados porque supone una integración del pensamiento que, sin embargo, es contraria a su exagerada superespecialización. Y así, mientras que Darwin consideraba a la especie animal en términos de medio o ambiente, los biólogos «especializados» la estudian en términos de célula germinal, fijándose en sus cromosomas y ácidos nucleicos; por ello, no relacionan coherentemente sus conclusiones y resultados con el resto de la realidad, por lo que no pueden expresar en sus estudios el orden natural (de la célula al animal) ni el orden de ideas iniciado por el darwinismo.

— *Contemporización ecléctica entre darwinismo y teoría genética* **(1930-1950)**

Si en la fase anterior había hostilidad al darwinismo, en este período hubo darwinistas en ciertos campos cuyo objeto específico es la evolución biológica: la Paleontología y la Antropología. Ambas estudian, respectivamente, los restos fósiles de animales y hombres, y ambas constituyeron la cabeza de puente desde la que el darwinismo volvió a reconquistar su lugar perdido en la ciencia durante las décadas de los años treinta y cuarenta del siglo XX. De este modo fue recuperando el darwinismo el primer plano de la atención de los biólogos, pero como una modalidad especial que se llamó «*neodarwinismo*»: pretendía compatibilizar la teoría de la evolución por selección natural con la teoría genética de la herencia desarrollada en el período anterior. En la opinión de F. Cordón, ese intento de armonizar dos teorías antitéticas u opuestas fue tan sólo un ensamblaje artificial y ecléctico, a pesar del esfuerzo del principal neodarwinista, que entonces era Julian Huxley.

Esta conciliación ecléctica entre la darwinista teoría de la evolución de las especies por selección natural y la genetista teoría cromosómica de

151

la herencia animal se inicia en 1930, con la aparición en Oxford del libro de R. A. Fisher titulado *The Genetical Theory of Natural Selection*: en él se reivindicaba el darwinismo con su supuesto nuevo elemento. A esta opinión su sumaron un número creciente de afamados biólogos, entre los que se puede citar a J. B. S. Haldane, C. D. Darlington, Sewall Wrigth, Julian S. Huxley, Th. Dobzhansky y E. Mayr. Su gran prestigio hizo del «neodarwinismo» la verdad oficial de la ciencia, creando así otra nueva forma cuasi-religiosa de dogmatismo científico. Fisher partía de la evolución biológica como un hecho confirmado, y sentía la necesidad de combinar el darwinismo con la teoría cromosómica de la herencia animal, demostrando que no había contradicción entre ambas.

Pero Fisher no supo realizar la integración que también había faltado en el período anterior, y no fue fiel a la concepción monista de la ciencia que establece que el universo está sometido a un proceso conjunto de evolución en el que cada elemento se explica en función de todo lo demás. En consecuencia, y conforme al espíritu dominante en la comunidad científica del momento, el darwinismo se subordinó a la teoría cromosómica de la herencia; el resultado de este error de base fue polarizar o dirigir la investigación científica hacia la herencia y hacia el hallazgo del genoma humano.

— *Período de paulatino abandono del darwinismo* (**desde 1950 en adelante**)

La artificial fusión realizada en el período anterior tuvo como consecuencia el que la teoría de la evolución por selección natural se mantuviera como la verdad científica oficial, pero quedando reducida poco menos que a un recuerdo o referente en los nuevos campos biológicos más cultivados en ese tiempo: la Genética molecular, la Bioquímica, la Biofísica, la Fisiología, la Patología y la Citología. El dato concreto es que en 1959 se celebró en todo el mundo el centenario de la publicación de *El origen de las especies*, analizando en multitud de congresos y seminarios el impacto que en la ciencia y en las mentalidades sociales produjo la aportación de Darwin a la Biología y la Historia Natural, pero sin que eso estimulase a tomar su pensamiento para llevarlo desde dentro a resolver los problemas evolucionistas que el naturalista inglés no pudo resolver en su tiempo, y que los cien años de progresos y avance transcurridos desde entonces permitirían plantear en términos más profundos y concretos.

Y así, mientras que Darwin era situado en los altares de la ciencia, su teoría quedaba fuera de la reflexión científica de la mayoría de los bió-

Exposición Universal de Londres, grabado de 1851.

logos, pues ni la aplican para plantear problemas concretos en el progreso del pensamiento biológico general, ni la utilizan para interpretar los descubrimientos concretos que se van produciendo en los campos de la Biología. Y el divorcio entre ciencia actual y darwinismo se ve en el campo de la Genética.

Éstos son, a grandes rasgos, los períodos o fases de expansión, desarrollo y decadencia de la teoría evolucionista por selección natural que formulara Darwin en su tiempo, a pesar de que en la mentalidad del público culto no especializado y en la de las gentes sencillas sea algo vigente y operativo en nuestros días. No obstante, es preciso recordar que ni en la Historia ni en la ciencia hay dogmas intocables, sino una gran carga de subjetividad que ponen quienes pertenecen en cada momento a la comunidad científica dominante en un área de conocimiento. Por eso, también hoy, hay discrepancias respecto a la mayor o escasa vigencia del darwinismo en la ciencia de nuestros días.

Por lo que respecta a Darwin, los últimos años de su vida fueron transcurriendo lentamente en medio de sus ya conocidos achaques crónicos, del reconocimiento del mundo científico, de la amistad de sus colegas científicos y del afecto de su esposa, hijos y familiares. A pesar de las controversias de tipo religioso que había suscitado en aquella Inglaterra victoriana en la que desarrolló su labor personal y científica, era respetado, conocido y señalado. Pero sus achaques le permitían salir poco y lo forzaban a hacer una vida retirada. Sus últimos años transcurrieron en medio de la paz del campo y del reconocimiento a su labor como naturalista. En su vida, ordenada y precisa, la muerte lo sorprendió en su domicilio de Down House, el miércoles 19 de abril de 1882: el mes de febrero anterior había cumplido 73 años.

Su fama, sus amigos científicos y sus valedores políticos hicieron que desde la Cámara de los Comunes se pidieran para él no sólo unas solemnes exequias, sino una sepultura en la abadía nacional de Westminster, cerca de las tumbas de otros sabios británicos de renombre universal por sus decisivas contribuciones al avance de las ciencias y al progreso de la humanidad. En contra de lo que dice la gente vulgar, ni siquiera la muerte nos hace a todos iguales.

CRONOLOGÍA

1809	— Nace Darwin en la casa familiar de Shrewsbury.
	— Inglaterra: Guerra contra Napoleón.
	— *La España:* José Bonaparte.
	— Guerra de la Independencia.
	— Sublevación en virreinatos españoles de América: independencia.
	— Cultura francesa: sistema métrico, código napoleónico, liberalismo, etc.; Fichte: *Discursos a la nación alemana.*
1815	— Napoleón es vencido en Waterloo; apresado, es enviado a la isla de Sta. Elena.
	— Restauración del absolutismo en Europa.
	— *Santa Alianza* (Rusia, Austria, Prusia) y *Cuádruple Alianza.*
	— España: Fernando VII.
	— Primeros momentos del espíritu del Romanticismo: gusto por la Edad Media.
	— *Cuentos* de los Hermanos Grimm.
1817	— Con 8 años Darwin va al colegio de la Sra. Case en Shrewsbury. Ese mismo año muere su madre.
	— Abolición de la esclavitud en Inglaterra.
	— David Ricardo: *Principios de Economía.*
	— La *Antropogeografía*: Ritter.
1818	— Con 9 años Darwin va a la escuela del Dr. Butler, conocida por *Shrewsbury School.*
1820	— Jorge IV, rey de Inglaterra.
	— Keats: *Endimión.*
	— Beethoven: *9.ª Sinfonía,* 1823.
1825	— A los 16 años Darwin ingresa en la Universidad de Edimburgo para estudiar Medicina.
	— Revoluciones liberales, 1820-1825. Revolución liberal en Rusia (*decabristas*): Nicolás I.

	— Haití independiente.
	— A. Pushkin: *Boris Goudunov.*
1826	— El geólogo Grant inicia a Darwin en las teorías de Lamarck. Diserta en la *Plinean Society* e ingresa en *Royal Medical S.*
	— Inglaterra reconoce a las nuevas repúblicas de Sudamérica.
	— Ampère: Electrodinámica.
	— Manzoni: *Los novios.*
	— F. Cooper: *El último mohicano.*
1828	— Darwin entra en el *King´s College*, de la Universidad de Cambridge, para estudiar Teología anglicana.
	— Guizot: *Historia de la civilización en Francia.*
1829	— Locomotora *Stephenson.*
	— Revoluciones liberales en Europa: Luis Felipe de Orleáns en Francia.
	— Levantamiento de Polonia.
	— Martínez de la Rosa: *Aben Humeya.* V. Hugo: *Hernani.*
	— Berlioz: *Sinfonía fantástica.*
	— Lyell: *Principios de Geología.*
1830	— Darwin publica ejemplares colectados en *Ilustractions of British Insects*, de Stephen.
1831	— Darwin: *Bachelor of Arts* y titulado en Teología. Carta del Revdo. Henslow: embarque en el BEAGLE.
	— Pedro II, emperador de Brasil.
	— McCormick inventa la segadora mecánica.
	— Stendhal: *Rojo y negro.*
1832	— Darwin visita Tenerife, Cabo Verde, Brasil (Salvador, Rio de Janeiro), Uruguay (Montevideo) y Argentina (Tierra del Fuego).
	— Otón I de Baviera, rey Grecia.
	— Mazzini: la *Joven Italia.*
	— Larra: *El pobrecito hablador.*
1833	— Darwin visita Argentina (Malvinas, Río Negro, Río Colorado, Bahía Blanca, Buenos Aires, Santa Fe, Paraná, Rosario).
	— Inglaterra se apodera de las islas Malvinas.
	— España: Isabel II, reina.
	— Ampliación del Zollverein.
	— Gauss y Weber inventan el telégrafo eléctrico.

156

1834	— Darwin visita Argentina (Puerto Deseado, Patagonia, Puerto S. Julián, etc.), E. Magallanes, Chile (Valparaíso, Chiloé).
	— L. Ranke: *Historia de los Papas.* D´Orbigny: *Viaje a la América del Sur.*
	— Schumann: *Carnaval.*
1835	— Darwin visita Perú (Valdivia, Talcahuano, Andes, Coquimbo, Copiapó, Callao), Galápagos, Tahití, Nueva Zelanda.
	— Argentina: Dictadura de Rosas.
	— EE.UU.: *New York Herald.*
1836	— Darwin visita Australia (Sydney, Tasmania, Estr. Rey Jorge), Isla Cocos, Mauricio, Sta. Elena, Brasil, Cabo V., Inglaterra.
	— Inglaterra: Los caroristas piden sufragio universal.
	— Texas: independencia de México.
1837	— Darwin descansa, piensa y escribe.
	— Victoria, Reina de Inglaterra.
	— Hannover se separa de Inglaterra.
1838	— Darwin: *Cuadernos de la Transmutación de las Especies.*
	— Los ingleses en Aden, Sur de Arabia.
	— Inglaterra: «Liga de Manchester», por el librecambismo.
	— Bessel mide el paralaje de las estrellas.
1839	— Darwin: *Viaje de un naturalista alrededor del mundo.* Casa con Emma Wedgwood (tendrían 10 hijos).
	— China: primera guerra del opio.
	— Chopin: *Preludios.*
1840	— Darwin: *Zoología del viaje del Beagle.*
	— Federico Guillermo IV, rey de Prusia.
	— Proudhom: *¿Qué es la propiedad?*
	— Cabet: *Viaje a Icaria.*
	— Espronceda: *El diablo mundo.*
1841	— Darwin deja Londres y marcha a vivir a Down, en el condado de Kent.
	— *Convención de los estrechos*: el Bósforo y los Dardanelos, cerrados a buques de guerra de todas las naciones.
	— Carlyle: *Los héroes.*
	— Boucher de Perthes: primeros descubrimientos líticos.
	— Feuerbach: *La esencia del Cristianismo.*
1842	— Darwin: *Sobre la estructura y distribución de los arrecifes de coral; Observaciones geológicas sobre las islas volcán.*

	— Hong Kong para Inglaterra.
	— Tratado de Nankín: fin de la guerra del opio y Hong Kong inglés.
1844	— Darwin: *Observaciones geológicas sobre las islas volcánicas.*
	— Inglaterra: Guerra de conquista en India.
1845	— Guerra entre México y EE.UU.
	— Irlanda: gran hambruna.
	— Dumas: *Los tres mosqueteros.*
	— Kirkegaard: *El concepto de la angustia.*
1846	— Darwin: *Observaciones geológicas sobre la América del Sur.*
	— Tratado de Washington: límites entre EE.UU. y Canadá.
	— Galle descubre el planeta Neptuno.
	— Von Mohl: el protoplasma.
1848	— Guerra anglo-bóer.
	— Francia: II República de L. Napoleón.
	— Fco. José I, emperador Austria.
	— EE.UU.: Tejas, Calif., N. México.
	— Revoluciones: triunfo del liberalismo en toda Europa.
	— *Manifiesto comunista* de Carlos Marx.
1851	— Darwin: *Monografía sobre los cirrípedos.* Volumen I.
	— Primera Exposición Universal en Londres.
	— II Imperio francés: Napoleón III.
	— Mariette: descubre el Serapeum en Egipto.
	— Melville: *Moby Dick.*
	— Dumas: *La dama de las camelias.*
1853-56	— Guerra de Crimea.
	— Estado libre de Orange en Sudáfrica.
	— Primeros tratados comerciales de Japón con Occidente.
	— Mommsen: *Historia de Roma.*
1854	— Darwin: *Monografía sobre los cirrípedos.* Volumen II.
1855	— Alejando II, zar de Rusia.
1856	— Guerra anglo-persa.
	— Paz de París (guerra de Crimea).
	— Proceso Bessemer para la fabricación del acero.
1857	— Sublevación de mahometanos en Delhi.
1858	— Darwin protagoniza la famosa sesión en la *Royal Society*: la doctrina de la evolución.
	— Virchow: Patología celular.

1859   — Darwin: *El origen de las especies*.
           — Batallas de Magenta y Solferino.
           — Se inicia la construcción del Canal de Suez.
           — Gounod: *Fausto*.
1860   — Darwin: 2.ª edición de *El viaje del Beagle*.
           — Campaña franco-inglesa contra China.
           — Acción de Cavour en Italia.
           — Lincoln, presidente de EE.UU.
           — Garibaldi en Nápoles-Dos Sicilias.
           — Se descubren las fuentes del Nilo.
1861   — Prusia: Guillermo I, rey de Prusia.
           — Victor Manuel II, rey de Italia.
           — EE.UU.: Guerra de Secesión.
           — Bachofen: *El matriarcado*.
           — F. Nightingale: Londres, 1.ª escuela de enfermeras.
1862   — Darwin: *Fecundación de las orquídeas por los insectos*.
           — Inglaterra en México, junto a Francia y España: cobro de préstamos.
           — Bismarck, primer ministro de Prusia.
           — Fracaso de Garibaldi en Roma.
           — Francia en Cochinchina y en México: Maximiliano I.
           — V. Hugo: *Los miserables*.
           — I. Turgueniev: *Padres e hijos*.
1863   — Cristian IX, rey de Dinamarca.
           — Jorge I, rey de Grecia.
           — Camboya, protectorado francés.
           — Juárez derrotado en México.
           — Abolición de la esclavitud en EE.UU.
           — Huxley: *El lugar del hombre en la Naturaleza*.
1864   — Guerra de los ducados: Prusia y Austria contra Dinamarca.
           — Maximiliano, Emperador de México.
           — H. Dunant: Convención de Ginebra y fundación de la Cruz Roja internacional.
1865   — Fin de la guerra en EE.UU. Asesinato de Lincoln.
           — Otto Peters: Asociac. Gral. de mujeres alemanas: feminismo.
           — Broca: *Investigaciones y observaciones antropológicas*.
           — Wagner: *Tristán e Isolda*.
1866   — Guerra austro-prusiana.
           — Venecia para Italia.

- Rusia en Turquestán.
- España: roces con Chile.

1868
- Darwin: *La variación de los animales y plantas bajo domesticación.*
- La «gloriosa» echa de España a Isabel II. *«Sexenio revolucionario»*: en 6 años hubo 5 regímenes y 3 guerras.
- Alfred Nobel inventa la dinamita: se hace muy rico.

1869
- Darwin visita Shrewsbury con su hija: nostalgia y recuerdos.
- Inauguración del Canal de Suez.
- Ferrocarril transcontinental en EE.UU.
- Mendeleiev: Tabla elementos.

1871
- Darwin: *El origen del hombre y la selección sexual.*
- Guerra franco-prusiana: nace el *II Reich* alemán y la III República francesa.
- Unificación de Italia y Alemania. Europa bismarckiana.
- La Comuna de París.
- Stanley encuentra en Tanganica a Livingstone.
- Tylor: *Culturas primitivas.*

1872
- Darwin: *La expresión de las emociones en los animales y en el hombre.*
- España: Amadeo I de Saboya y II guerra carlista.

1873
- *Expresión en las emociones en el hombre y en los animales.*
- España: I República.
- Mac Mahon, presidente III República.
- Maxwell: electricidad.
- Pérez Galdós: *Episodios Nacionales.*
- Wundt: *Psicología fisiológica.*

1874
- Francia: República ducal.
- España, República ducal: Serrano.
- México: Porfirio Díaz.
- Haeckel: *Antropogenia.*
- Unión Postal Universal.
- J. Valera: *Pepita Jiménez.*

1875
- Darwin: *Las plantas insectívoras.* También *Sobre los movimientos y costumbres de las plantas trepadoras.*
- Inglaterra compra a Egipto las acciones del Canal de Suez.
- Restauración en España: Alfonso XII de Borbón.
- Bizet: *Carmen.*

1876	— Darwin inicia la *Autobiografía*.
	— *Los efectos de la fecundación cruzada y de la autofecundación en el reino vegetal*.
	— España: fin II guerra carlista.
	— Turquía: revolución.
	— Disolución por Marx de la I Internacional (1864-76); pero pervive como anarquista.
1877	— Darwin: *Las diferentes formas de las flores*.
	— La reina Victoria, emperatriz de la India.
	— Inglaterra anexiona Transvaal.
	— Guerra ruso-turca.
1878	— Congreso de Berlín: Independencia de Rumania, Serbia, Montenegro.
	— Edison inventa el fonógrafo.
	— Brahms: *Primera sinfonía*.
	— Saint-Saëns: *Sansón y Dalila*.
1879	— Darwin: *Vida de Erasmus Darwin*.
	— Irlanda: agitado *Home Rule*.
	— República de Transvaal.
	— Paz de Inglaterra con Afganistán.
	— Guerra del Pacífico: Chile contra Perú y Bolivia.
	— Edison inventa la bombilla.
	— Oliveira Martins: *Historia de la civilización ibérica*.
	— Ibsen: *Casa de muñecas*.
1880	— Darwin: *El poder del movimiento de las plantas*.
	— Francia ocupa Tahití.
	— Se crea la Compañía del Canal de Panamá.
	— Rodin: *El pensador*.
	— Túnel de San Gotardo.
1881	— Darwin: Concluye su *Autobiografía* y *La formación del mantillo vegetal por la acción de las lombrices*.
	— Los boers, independientes bajo supremacía británica.
	— Alejando III, zar de Rusia.
	— Túnez, protectorado francés.
	— Comienza la construcción del Canal de Panamá.
	— Menéndez Pelayo: *Heterodoxos españoles*.
1882	— Muere Charles R. Darwin y es enterrado en la Abadía de Westminster, en Londres.
	— Inglaterra ocupa Egipto.
	— Triple Alianza: Alemania, Austria, Italia.
	— Primera ley restringiendo a inmigración en EE.UU.

161

TEXTOS

Lucubraciones de Charles Darwin reflexionando sobre los cambios y extinción de las especies antiguas

Imposible es reflexionar sobre los cambios que se han verificado en el continente americano sin sentir la más profunda admiración. Este continente ha debido vomitar en lo antiguo monstruos inmensos; hoy no encontramos más que pigmeos, si comparamos los animales que lo habitan con las razas madres extinguidas. Si Buffon hubiera conocido la existencia del perezoso gigantesco, de los animales colosales parecidos al armadillo y de los paquidermos desaparecidos, hubiera podido decir con mayores apariencias de verdad que la fuerza creadora había perdido su potencia en América, en vez de decir que nunca había tenido allí gran vigor. El mayor número de estos cuadrúpedos extinguidos, si no todos, vivían en época reciente, puesto que eran contemporáneos de las conchas marinas de hoy. Desde esa época no ha podido producirse ningún cambio de consideración en la forma de la Tierra. ¿Cuál es, pues, la causa de la desaparición de tantas especies y hasta de géneros enteros? Al principio, la mente se apresura irresistiblemente a creer en alguna gran catástrofe; pero para destruir de tal manera todos los animales, grandes y pequeños, de la Patagonia meridional, del Brasil, de la Cordillera, del Perú y de la América del Norte hasta el estrecho de Bering, habría sido preciso conmover nuestro globo en sus fundamentos. Además, el estudio de la geología de La Plata y de la Patagonia nos lleva a concluir que todas las formas que afectan las tierras provienen de cambios lentos y graduales. Por el carácter de los fósiles de Europa, Asia, Australia y las dos Américas parece que las condiciones que favorecen la existencia de los cuadrúpedos más grandes existían realmente en todo el mundo. Cuáles fueron esas condiciones, hasta ahora nadie lo ha siquiera conjeturado. Casi no puede pretenderse que sea un cambio de temperatura lo que haya destruido hacia la misma época los habitantes de las latitudes tropicales, templadas y árticas de las dos partes del globo.

163

Por las investigaciones de Mr. Lyell sabemos con certeza que, en la América septentrional, los grandes cuadrúpedos vivieron después del período durante el cual los hielos transportaban bloques de roca a latitudes en que los icebergs no llegan hoy. Razones concluyentes, aunque indirectas, nos permiten afirmar que en el hemisferio meridional vivían también los *Macrauchenia* en una época muy posterior a aquella en que los hielos transportaban rocas. ¿Ha destruido el hombre, como ha querido hacerse creer, al inmenso *Megaterio* y a los otros desdentados, después de haber penetrado en la América Meridional? Por lo menos, hay que atribuir a otra causa la destrucción del pequeño tucutuco en Bahía Blanca y la de los numerosos ratones fósiles y otros pequeños cuadrúpedos del Brasil. Nadie se atrevería a sostener que una sequía, aún más terrible que las que tantos estragos causan en las provincias del Plata, haya podido traer la destrucción de todos los individuos, de todas las especies desde la Patagonia meridional hasta el estrecho de Bering. ¿Cómo explicar la extinción del caballo? ¿Han faltado los pastos en esas llanuras recorridas después por millones de caballos descendientes de los animales importados por los españoles? ¿Han acaparado las especies nuevamente introducidas el alimento de las grandes razas anteriores? ¿Podemos creer que el capibara haya monopolizado los alimentos del *Toxodon*, el guanaco, los del *Macrauchenia*, los pequeños desdentados actuales los de sus numerosos prototipos gigantescos? No hay de seguro, en la larga historia del mundo, fenómeno más extraño que las inmensas exterminaciones, tan a menudo repetidas, de sus habitantes.

Si examinamos, no obstante, este problema bajo otro punto de vista, parecerá tal vez menos oscuro. Olvidamos demasiado lo poco que conocemos las condiciones de existencia de cada animal; no pensamos que algún freno trabaja constantemente para impedir la multiplicación demasiado rápida de todos los seres organizados que viven en estado natural. Por término medio, la cantidad de alimentos permanece constante; pero cada animal tiende a aumentar en proporción geométrica. Pueden demostrarse los sorprendentes efectos de esta rapidez de propagación por lo que sucede con los animales europeos que han recobrado la vida salvaje en América. Todo animal en estado natural se reproduce con regularidad; sin embargo, en una especie establecida por largo tiempo es obviamente imposible un gran crecimiento en número y debe frenarse de una u otra manera. Sin embargo, es muy raro que podamos decir con certeza, hablando de tal o cual especie, en qué período de la vida o en qué época del año, o en qué intervalos cortos o largos desaparece el freno, o cuál es su exacta naturaleza. De ahí proviene, sin duda, que tampoco nos sorprenda en ver que, de dos especies muy semejantes por sus costumbres, una sea muy rara y la otra abundante en la misma región; o que una especie abunde en tal región y otra que ocupa la misma posición en la economía de la naturaleza abunde en una región próxima cuyas condiciones generales se diferencian muy poco de la otra región. Si se pregunta la causa de estas modificaciones, inmediatamente se contesta que provienen de ligeras diferencias en el clima, en la alimentación o en el número de enemigos. Pero rara vez podemos, aun admitiendo que podamos alguna, indicar la causa precisa y el modo de acción del freno. Estamos, pues, obligados a confesar que causas que de ordinario escapan a nuestros medios de apreciación determinan la abundancia o la rareza de una especie cualquiera...

[Párrafos del final del capítulo 8 de su libro *El viaje del Beagle*.
Véase la Bibliografía]

Documento n.º 2

Charles Darwin habla de los mineros chilenos

[...] Nos dirigimos a Los Hornos, otro distrito minero, en el cual está la colina principal perforada por tantos agujeros como un gran hormiguero. Los mineros chilenos tienen costumbres muy originales. Como viven semanas enteras en los lugares más desolados, no hay exceso ni extravagancia que no cometan cuando bajan a las poblaciones los días de fiesta. A veces ganan una cantidad importante y entonces, lo mismo que los marinos con su parte del botín, se ingenian para derrocharla. Beben con exceso, compran muchos trajes y al cabo de pocos días vuelven sin un cuarto a sus miserables chozas para trabajar de nuevo como bestias de carga. Esa inconsciencia, como la de los marinos, procede obviamente de su género de vida análogo. Se les da el alimento cotidiano, y por lo tanto no tienen previsión ninguna; además, se reúnen al mismo tiempo en su poder la tentación y los medios de ceder a ella. En Cornualles y otros puntos de Inglaterra, en que se adopta —por el contrario— el sistema de venderles una parte de la vena, obligados los mineros a obrar y pensar por sí mismos, son hombres muy inteligentes y de excelente conducta.

Tiene el minero chileno un traje original y harto pintoresco. Lleva una camisa larga de bayeta oscura y un delantal de cuero, sujeto todo ello con una faja de colores vistosos. Sus pantalones son muy anchos y cubren sus cabezas con una ajustada gorra de tela encarnada. Encontramos numerosos grupos de estos mineros en traje de fiesta: llevaban al cementerio el cadáver de uno de sus compañeros. Cuatro hombres llevaban el cuerpo trotando muy deprisa; cuando habían corrido a toda velocidad unos 200 m, otros cuatro —que les precedían a caballo— los reemplazaban. De ese modo marchan animándose unos a otros con gritos salvajes, lo cual constituye unos extraños funerales.

[Párrafos del capítulo 16 de *El viaje del Beagle*, correspondientes al 4 de mayo de 1835]

> ### Documento n.º 3

Darwin abomina de la esclavitud

El 19 de agosto abandonamos definitivamente las costas del Brasil, dando yo gracias a Dios por no tener que volver a visitar países de esclavos. Todavía hoy, cuando oigo un lamento lejano, me acuerdo de que al pasar por delante de una casa de Pernambuco oí quejarse; en el acto se me representó en la imaginación, y así era en efecto, que atormentaban a un pobre esclavo; pero al mismo tiempo comprendí que yo no debía intervenir. En Rio de Janeiro vivía yo frente a la casa de una señora vieja que tenía tornillos para estrujar los dedos de sus esclavas. He vivido también en una casa en la que un joven mulato era sin cesar insultado, perseguido y apaleado como si fuera el más ínfimo animal. Un día vi, antes de que pudiera interponerme, dar a un niño de seis o siete años tres porrazos en la cabeza con el mango del látigo, por haberme traído un vaso que no estaba limpio; vi a su padre temblar ante la sola mirada del amo. Pues bien, estas crueldades las presencié en una colonia española de la cual siempre se ha dicho que trata a los esclavos mejor que los portugueses, los ingleses y las demás naciones de Europa.

En Rio de Janeiro vi a un vigoroso negro no atreverse a levantar el brazo para desviar el golpe que creía dirigido contra su cara. Estuve presente cuando un hombre bondadoso estuvo a punto de separar para siempre a los hombres, las mujeres y los niños de numerosas familias que habían vivido juntos largo tiempo. No aludiría a estas atrocidades de las que he oído hablar, y que por desgracia son muy verdaderas, ni hubiera citado los hechos que acabo de referir, si no hubiera visto personas que, engañadas por la natural alegría del negro, hablan de la esclavitud como un mal soportable. Esas personas no han visitado, sin duda, más que las casas de las clases más elevadas, donde por lo común se trata bien a los esclavos domésticos; pero no han tenido ocasión, como yo, de vivir entre las clases inferiores. Estas gentes preguntan por regla general a los mismos esclavos para saber su condición; pero se olvidan de que sería muy insensato el esclavo que al contestar no pensase en que tarde o temprano llegará su respuesta a oídos del amo.

Se asegura, es verdad, que basta el propio interés para impedir las crueldades excesivas; pero, pregunto yo, ¿han protegido alguna vez el interés a nuestros animales domésticos, que mucho menos degradados que los esclavos, tienen ocasión, sin embargo, de provocar el furor de sus amos? Contra ese argumento ha protestado con gran energía el ilustre Humboldt. También se ha tratado de excusar muchas veces la esclavitud comparando la condición de los esclavos con la de nuestros campesinos más pobres. Grande es, en verdad, nuestra falta si la miseria de nuestros pobres resulta no de las leyes naturales, sino de nuestras instituciones; pero casi no puedo comprender qué relación tiene esto con la esclavitud. ¿Se podrá perdonar que en un país se empleen, por ejemplo, instrumentos a propósito para triturar los dedos de los esclavos, fundándose en que en otros países los hombres están sujetos a enfermedades tanto o más dolorosas?

Los que excusan a los dueños de esclavos y permanecen indiferentes ante la posición de sus víctimas, no se han puesto nunca jamás en el lugar de esos infelices: ¡qué porvenir tan terrible, sin esperanza del cambio más ligero! ¡Figuraos cuál sería vuestra vida si tuvieseis constantemente presente la idea de que vuestra mujer y vuestros hijos —esos seres que las leyes naturales hacen tan queridos hasta a los esclavos— os han de ser arrancados del hogar para ser vendidos, como bestias de carga, al mejor postor! Pues bien, hombres que profesan gran amor al prójimo, que creen en Dios, que piden todos los días que se haga su voluntad sobre la tierra, son los que toleran, ¿qué digo?, ¡realizan estos actos! ¡Se me enciende la sangre cuando pienso que nosotros, ingleses, que nuestros descendientes, norteamericanos, que todos cuantos en una palabra proclamamos tan alto nuestras libertades, nos hemos hecho culpables de actos de ese género! ...

[Párrafos del capítulo 21 de *El viaje del Beagle*, correspondientes al 19 de agosto de 1836]

167

Carta de Darwin a su esposa Emma

Down, 5 de julio de 1844

... Acabo de concluir el esquema de mi trabajo sobre la teoría de las especies. Si, como pienso, llega un momento en que la acepten incluso aquellos que están capacitados para juzgarla, será un paso considerable en la ciencia. Por eso escribo esto, por si muriera repentinamente, como mi último y solemnísimo ruego, que estoy seguro atenderás como si estuviera legalmente incluido en mi testamento: que dedicarás 400 libras a su publicación, y además te ocuparás tú misma, o por medio de Hensleigh (Mr. H. Wedgwood), de darle publicidad. Deseo que se entregue mi esquema a una persona competente, junto con esta suma, para inducirla a que trabaje en su ampliación y mejora. Le dejo todos mis libros de Historia Natural, que están acotados, o bien tienen al final referencias a las páginas, con el ruego de que repase cuidadosamente y considere los pasajes que de hecho tengan relación, o que pudieran tenerla, con el tema. Quiero que hagas una lista de los libros que presenten algún atractivo para un editor. También deseo que le entregues todos los papeles que están distribuidos aproximadamente en ocho o diez carpetas de varias obras, y que son los que pueden servir al que realice la edición de la mía. También te pido que ayudes tú, o algún amanuense, a descifrar cualquier apunte de aquel que pudiera juzgar de utilidad.

Dejo al criterio del autor de la edición la decisión de interpolar estos datos en el texto, o incluirlos como notas, o con apéndices. Como el repaso de las referencias o apuntes constituirá una larga tarea, y como además exigirá bastante tiempo la *corrección*, ampliación y modificación de mi esquema, dejo esta suma de 400 libras como remuneración, y también los beneficios del libro. Considero que a cambio de esto el autor de la edición ha de publicar el esquema, bajo su propia responsabilidad, o bajo la de un editor. Muchos de los papeles que hay en las carpetas sólo contienen anotaciones preliminares y opiniones prematuras que ahora mismo no representan ningún valor, y muchos de los datos probablemente resultarán sin relación con mi teoría.

Respecto de los que se ocupen de la edición, si Mr. Lyell pudiera hacerlo, sería el mejor; creo que encontraría agradable el trabajo y descubriría algunos datos que son nuevos para él. Como el autor de la edición ha de ser geólogo además de naturalista, el ideal después de Lyell sería el profesor Forbes de Londres. El que le sigue (y aún sería mejor en muchos aspectos) es el profesor Henslow. El doctor Hooker sería *muy* bueno. Después de él Mr. Strickland. [A continuación aparecía una frase que fue borrada, en la que se podía leer: «El profesor Owen lo haría muy bien; pero supongo que no querrá emprender una tarea como ésta»]. Si ninguno de ellos quiere encargarse, te ruego consultes a Mr. Lyell o a cualquier otra persona capacitada, para que busque a un geólogo y naturalista. Si fueran necesarias otras cien libras para conseguir un buen autor, te suplico encarecidamente que aumentes hasta 500.

Puedes ceder el resto de mis colecciones de historia natural a cualquier museo donde las acepten...

La idea de que en caso de que él muriera quedara el esquema de 1844 como único testimonio escrito de su obra lo preocupó al parecer durante mucho tiempo, pues en agosto de 1854, cuando había terminado con su obra sobre los cirrípedos y pensaba iniciar su famosa obra sobre la evolución de las especies, añadió en el reverso de la carta citada: «*Hooker es, con mucho, el más adecuado para editar mi volumen sobre las especies. Agosto de 1854*».

[**DARWIN, Ch. R.:** *Autobiografía* (2 vols.), Madrid, Alianza Editorial, 1977. Volumen II]

Documento n.º 5

Cartas de Darwin a su amigo John Dalton Hooker

Lunes por la noche [2 de julio de 1860]

Querido Hooker:

He estado muy mal, con dolor de cabeza casi continuo durante cuarenta y ocho horas; estaba bastante débil y pensaba en la carga inútil que soy para mí y para los demás cuando llegó su carta, y me ha animado mucho; su amabilidad y afecto me llenaron los ojos de lágrimas. Lo que dice de la fama, el honor, las diversiones, el dinero, todo eso es basura comparado con el afecto; y éste es un pensamiento con el que, según deduzco de su carta, estará de acuerdo en lo más íntimo de su corazón...

... Cuánto me hubiera gustado pasear por Oxford con ustedes si hubiera estado bien; y aún más me hubiera gustado escuchar cómo triunfaban sobre el obispo. Estoy asombrado de su éxito y su audacia. Para mí es ininteligible cómo puede nadie discutir en público de la manera que lo hacen los oradores. No imaginaba que usted fuera capaz.

He leído últimamente tantas opiniones hostiles que empezaba a pensar que quizá estaba equivocado por completo, y que llevaba razón cuando decía que el tema estaría olvidado dentro de diez años; pero ahora que sé que usted y Huxley lucharán públicamente (cosa que estoy seguro yo nunca podría hacer) tengo la total convicción de que nuestra causa prevalecerá a la larga. Me alegro de no haber estado en Oxford, pues me hubieran visto abrumado, con mi [salud] tal como está ahora.

[Julio de 1860]

... Acabo de leer el *Quarterly* *. Es muy bueno; discierne hábilmente todos los puntos más conjeturables y presenta bien todas las dificultades. Se burla de mí espléndidamente citando el *Ànti-Jacobin* ** contra mi abuelo. No le alude a usted, ni, extrañamente, tampoco a Huxley; y veo claramente aquí y allá la mano de ____. Las páginas finales van a hacer a Lyell dar saltos de rabia. Por Júpiter, si sigue fiel a nosotros es que es un verdadero héroe. Buenas noches. Su bien burlado, pero no afligido, y afectuoso amigo.
C.D.

[**DARWIN, Ch. R.:** *Autobiografía* (2 vols.), Madrid, Alianza Editorial, 1977. Volumen II, p. 358]

---

* *Quarterly Review*, julio 1860. El artículo en cuestión era obra de **Wilberforce**, obispo de Oxford, y fue publicado después en sus *Essays Contributed te the Quarterly Review*, 1874. Mr. Huxley se refiere brevemente a este artículo: «*Desde que lord Brougham atacó al doctor Young, el mundo no ha vuelto a presenciar semejante prueba de la insolencia de un tipo superficial con ínfulas de maestro de las ciencias hasta esta notable representación en la que uno de los observadores más exactos, uno de los pensadores que ponen más prudencia en sus especulaciones y más sinceridad en sus escritos fue expuesto al desprecio, calificado de persona "frívola" que se esfuerza "por apuntalar su podrida edificación de conjeturas y especulaciones", y su "modo de tratar la naturaleza" desautorizado como "totalmente deshonroso para la ciencia natural".*»

** El párrafo del *Ànti-Jacobin*, a que se refiere la carta, relata la historia de la evolución del espacio desde el «momento primero o *punctum saliens* del universo» que, según su concepción, avanzó «en línea recta *ad infinitum*, hasta que se cansó; después de lo cual, la línea recta que este movimiento ha generado se pondría en movimiento, en dirección lateral, describiendo un área de infinita extensión. Esta área, tan pronto como adquirió conciencia de su propia existencia, empezaría a ascender o descender, según determinara su gravedad específica, formando un inmenso espacio sólido, ocupado por el vacío, y capaz de contener el universo que conocemos.

Últimos párrafos de «El origen del hombre» (1871)

[...] El hombre, como cualquier otro animal, ha llegado, sin duda alguna, a su condición elevada actual mediante la lucha por la existencia, consiguiente a su rápida multiplicación; y si ha de avanzar aún más, puede temerse que deberá seguir sujeto a una lucha rigurosa. De otra manera caería en la indolencia, y los mejor dotados no alcanzarían mayores triunfos en la lucha por la existencia que los más desprovistos. De aquí que nuestra proporción o incremento, aunque nos conduce a muchos y positivos males, no debe disminuirse en alto grado por ninguna clase de medios. Debía haber una amplia competencia para todos los hombres, y los más capaces no debían hallar trabas en las leyes ni en las costumbres para alcanzar mayor éxito y criar el mayor número de descendientes. A pesar de lo importante que ha sido y aún es la lucha por la existencia, hay, sin embargo, en cuanto se refiere a la parte más elevada de la naturaleza humana otros agentes aún más importantes.

Así, pues, las facultades morales se perfeccionan mucho más, bien directa o indirectamente, mediante los efectos del hábito, de las facultades razonadoras, la instrucción, la religión, etc., que mediante la selección natural; por más que puedan atribuirse con seguridad a este último agente los instintos sociales que suministran las bases para el desarrollo del sentido moral.

La principal conclusión a que llegamos en esta obra, es decir, que el hombre desciende de alguna forma inferiormente organizada, será, según me temo, muy desagradable para muchos. Pero difícilmente habrá la menor duda en reconocer que descendemos de bárbaros. El asombro que experimenté en presencia de la primera partida de fueguinos que vi en mi vida en una ribera silvestre y árida, nunca lo olvidaré, por la reflexión que inmediatamente cruzó mi imaginación: tales eran nuestros antecesores. Estos hombres estaban completamente desnudos y pintarrajeados, su largo cabello estaba enmarañado, sus bocas espumosas por la excitación y su expresión era salvaje, medrosa y desconfiada.

Apenas poseían arte alguno, y como los animales salvajes, vivían de lo que podían cazar; no tenían gobierno y eran implacables para todo el que no fuese de su propia reducida tribu. El que haya visto un salvaje en su país natal, no sentirá mucha vergüenza en reconocer que la sangre de alguna criatura mucho más inferior corre por sus venas. Por mi parte, preferiría descender de aquel heroico y pequeño mono que afrontaba a su temido enemigo con el fin de salvar la vida de su guardián, o de aquel viejo cinocéfalo que, descendiendo de las montañas, se llevó en triunfo sus pequeños camaradas librándolos de una manada de atónitos perros, que de un salvaje que se complace en torturar a sus enemigos, ofrece sangrientos sacrificios, practica el infanticidio sin remordimiento, trata a sus mujeres como esclavas, desconoce la decencia y es juguete de las más groseras supersticiones.

Puede excusarse al hombre de sentir cierto orgullo por haberse elevado, aunque no mediante sus propios actos, a la verdadera cúspide de la escala orgánica; y el hecho de haberse elevado así, en lugar de colocarse primitivamente en ella, debe darle esperanzas de un destino aún más elevado en un remoto porvenir. Pero aquí no debemos ocuparnos de las esperanzas ni de los temores, sino solamente de la verdad, en tanto cuanto nos permita descubrir nuestra razón; y yo he dado la prueba de la mejor manera que he podido.

Debemos, sin embargo, reconocer que el hombre, según me parece, con todas sus nobles cualidades, con la simpatía que siente por los más degradados de sus semejantes, con la benevolencia que hace extensiva, no ya a los otros hombres, sino hasta a las criaturas inferiores, con su inteligencia semejante a la de Dios, con cuyo auxilio ha penetrado los movimientos y constitución del sistema solar —con todas estas exaltadas facultades— lleva en su hechura corpórea el sello indeleble de su ínfimo origen.

[**DARWIN, Ch. R.:** *El origen del hombre* (2 vols.), Madrid, Edimat, 1998. Volumen II, pp. 588-589]

Documento n.º 7

¿Qué ideas tiene el hombre de hoy?¿Qué les llega a nuestros hijos sobre la teoría de Darwin?

Acerca del mundo de la comunicación y la lectura, según los expertos, todavía los libros y revistas tienen prioridad sobre Internet, la red. Pero mientras que **libros y revistas** fueron y son el fruto de la cultura anterior, generada en el Renacimiento, **Internet** es una realidad actual, generada en el siglo XX, que aceleradamente se extiende en nuestros días y que está al alcance de quienes poseen un ordenador en casa o en el trabajo, o de quienes han adquirido un teléfono de última generación. Como ejemplo de las ideas y conceptos asequibles a cualquier *internauta*, y nuestros hijos y jóvenes lo son cada vez más, se ha recogido aquí la correspondiente a la página **http://www.elmistico.com.ar/evolucion.htm**

En esta página se encuentra una lista de personajes con biografía disponible; al «pinchar» en Darwin sale esto que se incluye a continuación:

El Hombre como factor evolutivo

PROBLEMAS

1.   ¿Qué quiere decir Charles **Darwin** con que el hombre se origina de otras especies? ¿Qué se piensa actualmente sobre el origen del hombre de las demás especies?

2.   Construya árboles evolutivos del hombre a través de la historia humana. Nombre y características de esos tipos humanos.

3.   ¿Qué hombres vinieron primeros: los recolectores, los de la Edad de Piedra, los de la Edad de las herramientas y armas o fundición de metales? ¿Qué fabricaban para su supervivencia y qué características humanas tenían?

4.   ¿Qué es hominización y qué características tiene el hombre actual *homo sapiens sapiens?*

5.   Explique qué diferencias evolutivas tienen las procariotas y eucariotas con respecto a la atmósfera primitiva o «caldo de cultivo» (teoría de Oparin).

INVESTIGACIÓN

Charles **Darwin,** al decir esto, hace referencia al proceso mediante el cual el hombre fue evolucionando a través del tiempo. «En el siglo XIX, surgió la otra idea perturbadora. **Darwin** nos dice que el hombre es el resultado de la evolución de la vida en la Tierra. Un ser íntimamente emparentado con los primates y no el producto de una creación especial. Todavía se escuchan, a veces, los ecos del encendido debate que sus ideas generaron a mediados del siglo pasado.» (*Los Caminos de la Evolución, Biología* II, página 148).

EVOLUCIÓN DE LOS PRIMATES (Villésalomon – *Biología Gral.*, Editorial Interamericana, página 450)

Muchas personas se interesan por conocer sus raíces. Para muchos, esto significa conocer los antecesores inmediatos de los abuelos. En este

173

capítulo se estudia las que podrían llamarse «raíces profundas», rastreando los ancestros de la raza humana hasta la aparición de los primates, hace 65 millones de años. Aun después de un año de la publicación de *Origen of species*, de Charles **Darwin**, las pruebas fosilíferas de la raza humana eran escasas y poco satisfactorias. Sin embargo, en los últimos 40 o 50 años, la investigación ha encontrado datos importantes acerca del origen del hombre, sobre todo en África oriental.

Los seres humanos y otros primates son mamíferos, miembros de la clase *Mamalia*. El lector recordará que los mamíferos son animales *homeotérmicos* (de sangre caliente) que poseen polos, y alimentan a sus crías con leche producida en las glándulas mamarias. Casi todos los mamíferos son vivíparos, es decir que paren a sus crías vivas, a diferencia de los animales que ponen huevos. Aunque los mamíferos se originaron de los reptiles hace unos 210 millones de años, su importancia era secundaria. Fue la «época de los reptiles», y éstos eran los animales dominantes en toda la Tierra.

En la era Mesozoica hubo tres líneas importantes de mamíferos:

1) *multituberculados*, que dieron lugar a monotremas con pico de pato como el ornitorrinco;

2) *marsupiales*, ancestros del conocido canguro y de la zarigüeya;

3) *mamíferos placentarios*, semejantes a la musaraña, que ingerían insectos y vivían un a existencia nocturna en los árboles. Estos mamíferos permanecieron como un componente de la vida en la Tierra, por casi 150 millones de años.

Los dinosaurios y muchos reptiles se extinguieron hace cerca de 65 millones de años. Esto condujo al «vaciamiento» de muchos nichos que los mamíferos pudieron ocupar. Por otro lado, las angiospermas, incluso algunos árboles, sufrieron radiación adaptativa y dieron origen a nuevas condiciones ambientales, fuentes de alimento y protección contra depredadores. A principios de la era Cenozoica, los mamíferos sufrieron radiación adaptativa. Los primeros primates evolucionaron de mamíferos arborícolas, semejantes a la musaraña, originados en la «época de los reptiles». El organismo vivo más parecido a estos ancestros tan antiguos es la musaraña de los árboles de Sudamérica.

Por sus ancestros, la mayoría de los primates posee adaptaciones para una existencia arborícola. Una de las características más importantes de los primates es la presencia de cinco dígitos en manos y pies: cuatro dígitos y un pulgar oponible. Esto permite a los primates agarrase de objetos, como las ramas de los árboles. Las uñas proporcionan una cubierta protectora a las puntas de los dedos. Las yemas de los dedos son sensibles y diestras. Otra características de la vida arborícola está dada por las extremidades, que rotan con libertad a nivel de caderas y de hombros. Esto da a los primates una movilidad completa para trepar y alcanzar los alimentos de los árboles. La localización de los ojos al frente de la cabeza y el hocico corto es una adaptación que proporciona una visión estereoscópica o tridimensional. Tal característica es esencial para los animales arborícolas, ya que un error en la percepción de la profundidad puede provocar una caída fatal. Además de la visión aguda, la audición en los primates también lo es, no así el sentido del olfato.

Los primates comparten muchas otras características; entre ellas, un comportamiento social complejo. Algunos biólogos consideran que el aprendizaje, asociado con interacciones en las sociedades de los primates, pudo ser un factor importante en la evolución de una masa encefálica más voluminosa y compleja. Al reproducirse, los primates dan origen a un descendiente indefenso, que requiere de protección y nutrición por un período prolongado.

Hay dos subórdenes en el orden de los *primates*:

— Los **prosimios** (que significa antes de los simios): incluyen *lemures*, *lorises* y *tarseros*.

— Los **antropoides:** comprenden *monos, simios* y *seres humanos*, que son los primates con masa encefálica más grande, en particular, el cerebro.

EL HOMBRE: UN PRIMATE (Los caminos de la Evolución, *Biología II*)

Tal como sostuvimos en el capítulo anterior, los mamíferos se diversificaron a lo largo de los últimos 65 millones de años. Dentro de este grupo surgieron y se diversificaron, a su vez, los primates. *Los fósiles nos muestran que los primeros primates eran organismos de pequeño tamaño, vivían en las copas de los árboles y, probablemente, se alimentaban de insectos.*

Dentro de los primates actuales encontramos dos grandes grupos, que se distribuyen en zonas geográficas bien diferenciadas: por una parte el mono araña, el mono aullador y el tití son primates característicos del

175

Nuevo Mundo (América); por otra parte, los «grandes monos» como los chimpancés, gorilas y mandriles, son característicos del Viejo Mundo (Asia y África). El ser humano es un primate que, a diferencia del resto, se ha expandido por todo el planeta.

A nadie escapa la semejanza entre el hombre y los primates. Este parecido se hace más evidente cuando se compara al ser humano con los grandes monos, que por esa razón son llamados antropoides (o simios): chimpancés, gorilas, gibones y orangutanes, todos ellos del Viejo Mundo. De hecho, el término orangután significa en lenguaje malayo hombre de los bosques. Pero más allá de aquellas características que resaltan a simple vista, las investigaciones biológicas refuerzan y confirman la validez de esta impresión: el hombre comparte con el chimpancé el 99 % de la información genética contenida en el ADN. De esta forma, resulta evidente que la especie *Homo sapiens* a la que pertenecemos está emparentada con los antropoides, en particular con gorilas y chimpancés.

EL HOMBRE: ¿DESCIENDE DEL MONO?

Las consideraciones respecto de la historia evolutiva del género *Homo* presentan algunas confusiones que impiden comprender el tema. Una de las más habituales se refiere a la frase «el hombre desciende del mono», expresada como una conclusión obligada de la teoría darwinista de la evolución. Ocurre que el concepto de «mono» utilizado aquí es tan difuso que no queda claro a qué se refiere. El término «mono» bien puede referir a los simios actuales como el chimpancé y el gorila, o bien a alguna de las formas fósiles que se han descubierto y que se extinguieron hace millones de años atrás.

Actualmente, está claramente establecido que el hombre no desciende del gorila o el chimpancé. No obstante, si retrocedemos lo suficiente en el tiempo, podemos encontrar un antepasado común entre el chimpancé y el hombre. De esta forma, estos primates actuales podrían, tal vez, ser considerados nuestros «primos» dentro de la historia evolutiva.

La tan mentada frase «el hombre desciende del mono» no tiene sentido si se consideran como tales a los primates vivientes.

EL ESLABÓN PERDIDO

La idea de que existe un fósil intermedio que conecta los antepasados del hombre con el hombre actual, responde a una visión ingenua y errada de la teoría evolutiva.

Sobre los **restos fósiles** encontrados, que han cimentado la ciencia de la **Antropogénesis** o *Antropología Física* (véase *El Hombre*, Vol. 3, *Geografía Universal* MARIN, Ed. MARIN).

Todo lo que sabemos de aquellos remotos seres que vivieron en tan lejanas épocas, debemos estudiarlo en sus restos fósiles. Los hallazgos que se han producido en los últimos 120 años, aproximadamente, han sido numerosos, casi todos ellos desperdigados por los continentes del Viejo Mundo y, naturalmente, han aportado noticias de seres muy distintos y de antigüedad muy diversa.

Del escepticismo de Voltaire, hombre de espíritu escéptico e irónico, sabemos que negaba en redondo la existencia de fósiles, y aunque Juan Jacobo Scheuchzer creía, a principios del siglo XVIII, en la existencia del hombre anterior al Diluvio, la mayor parte de los hombres de ciencia opinaban que los fósiles no eran sino una «*vis plástica*», una especie de broma de la Naturaleza. Cuando Messerschmidt descubrió en tierras de Siberia el cadáver completo de un mamut enterrado en la nieve, la atención por los tiempos que entonces se llamaban «antediluvianos» se acrecentó. Este hecho ocurría en 1724, fecha que señala un despertar del interés científico hacia el hombre prehistórico y las investigaciones paleontológicas. Los hallazgos de restos humanos fósiles arrancan en la segunda mitad del siglo pasado. La Paleontología es, pues, una ciencia muy joven.

Se describen a continuación, por orden cronológico de descubrimientos, los restos encontrados en poco más del último siglo, y se reserva para otros puntos la explicación de las teorías esbozadas sobre estos hallazgos, así como la reconstrucción de la vida de nuestros antepasados prehistóricos, y la enumeración de los restos materiales que nos han legado.

* Descubrimiento del cráneo de **Gibraltar**. En 1848 se descubrió en las brechas cuaternarias de Forbes Quarry, en Gibraltar, un cráneo con la faz y gran parte de la caja craneana intactas. Este hallazgo causó gran sensación por la forma no común de la frente y por la existencia de prominentes arcos superciliares, datos indicadores de un acentuado primitivismo de un ejemplar humano al que pertenecían los huesos.

177

* En 1856, se hallaron los famosos restos de **Neanderthal** (valle de Neander) en una gruta situada en las cercanías de la ciudad alemana de Düsseldorf, que suministraron el cráneo típico de la raza que ha recibido este nombre. Dicho cráneo es voluminoso y desproporcionado a la exigua estatura (1,50 metros) de su poseedor. Mide 208 mm de diámetro anteroposterior, por 156 mm de diámetro transversal, lo que le proporciona acentuada doliococefalia, de carácter ovoide, presentando su mayor diámetro transversal en el tercio posterior. Su frente es pequeña y huidiza, el hueso frontal termina en su parte delantera con robustos arcos superciliatonianos. La capacidad craneal es, por término medio, de 1.400 cm^3. El torso de este hombre debía de ser robusto; los brazos, de mayor longitud que los del hombre actual y llegándole casi a las rodillas. Las piernas, en cambio, eran cortas, con los fémures arqueados. En suma, el hombre Neanderthal presenta caracteres mixtos de hombre y de mono, con ligero predominio de los segundos.

* En 1868, con motivo del establecimiento de una línea de ferrocarril entre Périgueux y Agen, se descubrieron cinco esqueletos humanos en un abrigo situado en un lugar llamado Cro-Magnon. Con ellos, y con numerosos restos encontrados en otros lugares, se ha reconstruido el tipo llamado de **Cro-Magnon** o también *Homo sapiens*. Era de elevada estatura (superior a 1,80 metros) y su cabeza, grande de cara ortógnata. Habían desaparecido los arcos superciliares y presentaba, en cambio, el reborde mentoniano. En este tipo humano los miembros son largos y robustos, el cráneo es dolicocéfalo y su contorno oval. Todo indica ya la existencia de una gran inteligencia.

* En 1886 se hallaron en **Spy** (Bélgica) unos esqueletos de tipo neanderthaloide que, pese a su estado fragmentario, fueron los mejores documentos de este tipo humano.

* En 1887 se encontró la famosa **mandíbula de Bañolas** (Gerona, España), poderosa y neanderthaloide. Y al año siguiente, en Chancellade, cerca de Périgueux (Dordogne, Francia) unos restos prototipos de otra raza que se ha denominado con el nombre del lugar geográfico del hallazgo.

* El **hombre de Chancellade**, contemporáneo del de Cro-Magnon, ofrece notables variantes con respecto a éste. En primer lugar su talla no rebasa 1,55 metros. El cráneo es muy voluminoso, dolicocéfalo, y con una elevadísima capacidad, que llega a los 1.700 cm^3. La cara, alta y ancha, ofrece unos pómulos muy salientes, nariz larga y estrecha y mandíbula inferior fuerte y con reborde mentoniano. Su tipo recuerda bastante a los esquimales de Groendalia.

* En 1891-92, Eugène Dubois halló en la isla de Java unos restos humanos que denominó *Pithecanthropus erectus* (hombre-mono que va de pie). Complementados estos hallazgos con otros posteriores, se ha formado un nuevo tipo primitivo cuyo cráneo es de dimensiones mucho más reducidas que las del hombre de Neanderthal, midiendo 185 mm de diámetro anteroposterior por 130 mm de diámetro transversal. En consecuencia, la capacidad endocraneana era inferior, de 835 a 914 cm^3; la frente huidiza, y marcadísimos los arcos superciliares. La mandíbula inferior es más robusta que la del hombre de Neanderthal, los dientes presentan caracteres pitecoides, y los huesos de los miembros son parecidos a los del hombre actual por lo que es difícil relacionarlos con el cráneo primitivo que se ha reseñado. Dubois creyó, desde luego, haber hallado el eslabón entre el mono y el hombre, lo que originó su denominación.

* La primitiva **mandíbula de Mauer**. El siguiente hallazgo tuvo efecto en 1907, en un arenal cerca de Mauer, Heidelberg, donde se halló una mandíbula inferior. El fósil se encontraba a 24 metros de profundidad, en unos depósitos aluviales correspondientes a uno de los niveles más antiguos del Cuaternario. Por su antigüedad parece corresponder a la época del Pithecantropus antes citado y parece ser el resto más antiguo hallado en Europa. Con esta mandíbula se formó, quizá precipitadamente, un nuevo tipo humano llamado *Homo Heidelbergensis*, cuyos caracteres se han deducido de la extraña asociación entre la mandíbula, de aspecto claramente pitecoide, y la dentición, totalmente humana.

* Otro descubrimiento, éste ocurrido en tierras francesas en 1908, estuvo constituido por varios esqueletos de neanderthales encontrados en **La Chapelle-aux-Saints**. Su buen estado de conservación ha permitido presentarlos como prototipos de esta raza, cuyos caracteres se explicaron anteriormente. Nuevos hallazgos en La Ferraise, el año siguiente, y en La Quinta (Charente), en 1911, incrementaron los conocimientos sobre este tipo humano prehistórico.

* Diez años hubieron de pasar hasta que se hallara en una mina de **Broken Hill** (Rhodesia) un cráneo en buen estado de conservación, acompañando de diversos huesos pertenecientes, con toda verosimilitud, a varios individuos. Los caracteres de este cráneo son neanderthaloides, con gran aplastamiento del cráneo y dolicefalia, así como casi carencia de frente. Las condiciones del yacimiento y de la fauna hallada *in situ* permitieron a los antropólogos fechar los restos dándoles una mayor antigüedad que la de su posible tipo similar europeo.

* En la misma África austral se halló, en 1924, por el paleontólogo Dart, en una brecha cercana a una caverna, una porción de cráneo con un

molde endocraneano natural. La caverna se hallaba cerca del poblado de Taugns, y las señales inequívocas de tratarse de un niño han determinado la denominación de *Niño de Taugns* con que se conoce este hallazgo. Nuevos descubrimientos que se citarán en su lugar cronológico han permitido formar un nuevo tipo al que se denomina *Austrolopithecus africanus*. Se trata de un simio con caracteres humanos. El cráneo de Taugns parece pertenecer a una niña de 5 o 6 años con dentición de leche. La cara es hocicuda, de abertura nasal aplastada, pero con menos prognatismo que los monos. La capacidad craneana es de 500 cm^3, que podría elevarse a 600 o 700 en un individuo adulto del mismo tipo, capacidad semejante a la de los gorilas actuales, aunque superior a la de los chimpancés (450 cm^3). Los lóbulos frontales y parietales están más desarrollados que los de los antropoides, lo que indica una superioridad intelectual sobre éstos. La dentición aparece mixta antropoide y hombre, aunque destaca por su macrodoncia. En suma, parece tratarse de otro tipo mixto de hombre y mono, en el que los caracteres humanos predominan sobre los simiescos.

* En 1925, un nuevo hallazgo en Weimar-Ehringsdorf (Alemania) de un cráneo bien conservado enriquecía el conocimiento del tipo de Neanderthal y permitía a los prehistoriadores ampliar el área hábitat de esta raza.

* De 1925 a 1931 datan los hallazgos sensacionales de estos restos fósiles en Palestina, llamados de **Monte Carmelo**. Después del cráneo de Tabgha o de Galilea, encontrado cerca del lago de Genezaret, se descubrieron en varias grutas un cráneo infantil y los restos de nueve esqueletos, seis de los cuales eran adultos. Más tarde, nuevos hallazgos —un esqueleto femenino joven, una mandíbula y dos cráneos con fragmentos de esqueletos— completaron los descubrimientos. Aun conservando los toros supraorbitales, la platicefalia y la proyección del cuerpo hacia adelante, propia de los neanderthales, una serie de caracteres suavizan la brutalidad de rasgos de aquéllos y han permitido a los antropólogos pensar en un tipo intermedio entre las «razas» de Neanderthal y la de Cro-Magnon: su frente es más abombada, la cara posee menos prognatismo, la talla es mayor (de 1,68 a 1,78 m en los hombres, y 1,51 a 1,57 en las mujeres). Mientras la columna vertebral es todavía neanderthaloide, los fémures son ya totalmente humanos. Por todos estos caracteres, muchos antropólogos se sienten inclinados a creer que el gran vacío existente entre el hombre de Neanderthal y el de Cro-Magnon podría ser rellenado por estos palestinianos, así como por los del hombre de Steinheim, del que se hablará posteriormente.

* En 1927 tuvo lugar un descubrimiento, en la depresión lacustre de Asselar, en pleno desierto sahariano, a 400 km al noroeste de Tomboctú, de un esqueleto que se ha emparentado con los cromagnones europeos, lo que demostraría la expansión de esta raza.

* Ese mismo año 1927, Davidson Black estableció, a base de una serie de descubrimientos que había comenzado en 1921, un nuevo tipo humano primitivo conocido con el nombre de **Sinanthropus pekinensis** por haberse hallado en los alrededores de Pekín, en la localidad de Chu-ku-Tien. Primero fueron unos molares de aspecto humano, seguidos de un cráneo y, con posterioridad, multitud de huesos enteros y fragmentados. Con todos ellos se ha reconstruido la figura de este hombre, que parece emparentado con el *Pithecantropus* de Java. Su cráneo es dolicocéfalo, con salientes órbitas superciliares y la frente huidiza, pero ligeramente abombada. El occipital es deprimido, y la sección transversal del cráneo aparece fuertemente pitecoide. La capacidad media de estos cráneos es de 1.000 cm^3, lo que la sitúa entre la del *Pithecanthropus* y la de los hombres modernos. El cerebro sería deprimido y sencillo, recordando el del chimpancé. El maxilar presenta un fuerte prognatismo y su nariz se parece a la de los monos platirrinos. Carece, naturalmente, de reborde mentoniano. Por la dentición parece un ser intermedio entre los hombre y los antropoides. Los restos hallados permiten deducir que su posición era erecta, que los huesos de las piernas son humanos y que su estatura oscilaría entre 1,50 y 1,60 m los varones.

En la misma famosa colina de Chu-ku-Tien se encontraron posteriormente los restos fósiles de 7 individuos (4 adultos, un adolescente y 2 niños), que parecen haber sido sepultados intencionadamente, y cuyos caracteres están emparentados con la raza de Cro-Magnon.

* Italia ha contribuido también a los hallazgos de restos humanos fósiles con los descubrimientos realizados en 1929 y 1935, por Sergio Sergi, de dos cráneos de caracteres claramente neanderthaloides, en **Saccopastore**, cerca de Roma.

* **Hombres de Neanderthal en Java.** El área de dispersión del tipo Neanderthal se amplió con los descubrimientos realizados en 1931 por Oppernoorth, en la localidad de Ngandong (Java), donde halló diez cráneos de adultos y uno de un niño, de uno 10 años. Estos cráneos son más primitivos que los hallados en Europa y se acercan, en cuanto a cronología, a los encontrados en África. Sus proporciones rebasan las mayores conocidas, llegando a tener 221 mm de diámetro anteposterior por 157 mm de diámetro transversal. Los caracteres neanderthaloides aparecen tremendamente acentuados, indicando un mayor primitivismo del tipo.

* Sensacional fue el hallazgo realizado por Berkhemer en 1933 en un arenal de **Steinheim-an-Murr,** cerca de Stuttgart, de un cráneo femenino, cuyos caracteres neanderthaloides suavizados determinaron que se creyera precipitadamente que se trataba de un tipo intermedio entre el hombre de Neanderthal y el de Cro-Magnon. Un estudio más atento del cráneo de Steinheim parece demostrar que las variantes que en él se observan con respecto a los demás cráneos neanderthalianos descritos, han de atribuirse a variaciones sexuales, que se encuentran también entre las hembras de los antropoides, especialmente de chimpancés y gorilas.

* Importantísimo fue el hallazgo, en 1935, cerca del **lago Njarasa**, en África oriental, por Kohl Larsen, de restos fragmentarios de dos o tres cráneos, uno de los cuales ha podido ser reconstruido. Se trata de un tipo humanoide evidentemente emparentado con el Pithecanthropus de Java y con el Sinanthropus de Pekín, es decir, dolicocéfalo, con toros supraorbitales muy salientes, región occipital prominente y terminada no de una forma redondeada, sino en punta, con capacidad inferior a los 1.100 cm^3, y dentición de tipo mixto entre humana y pitecoide.

* Este mismo año de 1935 presenció otro descubrimiento de gran valor. Se trata del cráneo de **Swanscombe**, del nombre de esta localidad situada en el condado de Sussex, en una terraza del Támesis. Junto con el llamado cráneo de Piltdown, hallado años antes, pero que relacionamos con éste, constituyen quizá los documentos más discutidos del hombre fósil.

* El caso del llamado *hombre del Piltdown* demuestra hasta qué punto es necesario extremar las precauciones cuando se trata de un tema delicado como es la Antropología. En 1912, Charles Dawson afirmó haber encontrado los restos de un nuevo tipo humano que denominó *Eoanthropus Dawsonii*. Se trataba de un cráneo que podía pertenecer a un Cro-Magnon, acompañado de una mandíbula claramente simiesca provista de dientes. La contradicción entre cráneo y mandíbula llenó de preocupación a los investigadores, pues mientras unos admitían que, en efecto, se encontraban ante un nuevo tipo, otros se inclinaban por suponer un error. En 1953 se sometieron los restos a la prueba de la fluorina y se demostró que se trataba de una clara superchería. El hueso moderno contiene poco flúor y mucho nitrógeno, al contrario que los huesos antiguos, y fue fácil demostrar que el cráneo databa de unos 50.000 años, mientras que la mandíbula había pertenecido a un chimpancé reciente. Los dientes habían sido colocados con el objeto de provocar mayor desorientación. El descubrimiento del fraude no fue un golpe para la investi-

gación antropológica, sino un alivio ya que el fósil de Piltdown no encajaba dentro del concepto de evolución y aparición del hombre.

* La ya copiosa serie de primates hallados en Java se enriqueció en 1936 con el descubrimiento de un cráneo infantil, perteneciente a un individuo de una edad entre los 2 y los 5 años, que fue encontrado en **Modjokerto**. El interés de este descubrimiento ha quedado atenuado hasta ahora por la falta de otros cráneos infantiles (de Sinanthropus o Pithecanthropus) con los que establecer la debida comparación. Su capacidad craneal, de 700 cm³, supone para un adulto del mismo tipo la de 1.100 centímetros cúbicos, es decir, la que se asigna a las variantes citadas.

* Sobre la base del descubrimiento del «Niño de Taugns», citado anteriormente, se comenzó a trabajar en África del Sur para hallar nuevos ejemplares de este tipo que calificamos entonces de *Australopithecus africanus*. Las excavaciones fueron coronadas por el éxito entre los años 1936 y 1938, y posteriormente, en 1946 y 1947. Primero fue un cráneo de adulto encontrado en julio de 1936 en una gruta de Sterkfontein, cerca de Pretoria. Después, el arqueólogo Broomm, que había efectuado este hallazgo, logró encontrar en el mismo yacimiento dientes aislados, así como un fragmento de mandíbula.

* En 1938, cerca del mismo lugar, en Kromdrai, se hallaba otro cráneo de un tipo ligeramente distinto; el primero fue denominado *Plesianthropus* y el segundo *Paranthropus robustus*. Los dos componen el grupo de los *Australopithecus,* relacionados con el niño de Taugns. Su descubridor supone que vivieron al final del Plioceno o comienzos del Pleistoceno, es decir, en la frontera entre las Edades Terciaria y Cuaternaria, con lo que la antigüedad de estos individuos retrocedería hasta más de un millón de años.

Ambos presentan un aspecto claramente antropoide, con un cráneo alargado dotado de salientes arcos superciliares. La capacidad craneana oscila entre los 500 y los 600 cm³, siempre superior a la del chimpancé, que varía entre los 400 y 450 cm³, pero inferior a la del *Pithecanthropus* (entre 850 y 1.220 cm³). La dentición en ambos tipos mixta de caracteres humanos y antropoides. Las diferencias entre ambos son solamente de detalle: la cara del *Plesianthropus* es más alargada que la del *Paranthropus,* y todo parece indicar que nos encontramos ante un individuo intermedio entre los Antropoides y los Pithecanthrópidos.

* Recientes hallazgos de fósiles han vuelto a ofrecer esqueletos neanderthaloides en diferentes lugares; así en Kiik-Koba (Crimea, Rusia)

y en Baisun (Siberia), probando una vez más la extensa área habitada por el tipo de Neanderthal.

* En 1958 se encontró en una mina de carbón de Grosseto (Toscana, Italia) el esqueleto de un homínido semejante a otro hallado en 1872. Hürzeler ha estudiado estos fósiles, que han recibido el nombre de *Oreopithecus*, y ha creído ver en ellos rasgos humanos, situándolos entre diez y doce millones de años atrás.

* En 1959, el antropólogo inglés Luis S. B. Leaky descubrió numerosos fósiles en el valle del Oldoway, en Tanganica, África. Después de largos estudios, llegó a la conclusión de que pertenecían a un hombre de talla inferior a 1,50 m, de anchas espaldas, piernas arqueadas, de unos 18 años, dolicocéfalo y con una capacidad craneana casi igual a la mitad del hombre de hoy. Este nuevo tipo fue calificado con el nombre de *Zinjanthropus*. El número de hallazgos se amplió, y si bien su edad fue fijada primeramente en 500.000 años, determinaciones más precisas la elevan, en la actualidad, a más de 1.750.000 años, es decir, ya en el Terciario.

* En 1962, el profesor Leaky anunció que había descubierto en Kenia los restos de un homínido cuya edad se cifraba en 14.000.000 de años. El **Hombre de Fort Tenan**, como se lo denominó, se encontraría, pues, a mitad de camino entre el Zijanthropus y el Procónsul, también descubierto por Leaky y que se sitúa a unos 25.000.000 de años de nosotros. El descubrimiento de un *Pre-Zinjanthropus*, y la discusión que estos hallazgos han promovido entre los hombres de ciencia, aconsejan que, de momento, se tomen estas noticias y estas fechas con una considerable dosis de prudencia. Posiblemente estos tipos a que nos referimos correspondan a determinadas formas más o menos primitivas al Australopithecus.

Es muy posible que éstos, originarios de África, dieran lugar a dos ramas, una que terminaría con los **Paranthropus**, carnívoros y muy primitivos, y otra de alimentación omnívora, que daría origen a formas humanas o prehumanas, las cuales utilizarían ya la porra, los huesos y mandíbulas de otros animales, y otros objetos de ataque y defensa, primera manifestación de inteligencia que no poseen los simios, y que ya prefiguran los utensilios prehistóricos que posiblemente utilizara el hombre de Neanderthal.

Nos encontramos, pues, con una cuna del hombre primitivo en África: los **Australopithecus**, llamados así por aparecer en un continente austral. Otra se halla en Indonesia y Asia oriental, formada por los Pithecanthropus, los Sinanthropus de China y los Atlathropus del Norte de África

(Marruecos y Argelia). En ellos se da claramente la posición erecta, la marcha bípeda y la cerebralización. La frente es muy pequeña, el ángulo facial muy débil y la capacidad craneana muy exigua. Éstos serían estadios muy primitivos del desarrollo humano.

En Europa aparece el hombre de Neanderthal, mucho más perfeccionado respecto a los tipos anteriormente citados, que vivió entre los 150.000 y los 50.000 años. Existe luego un período claramente estudiado de transición que se sitúa entre los 50.000 y los 45.000 años, durante los cuales el hombre de Neanderthal se extingue y predomina claramente el hombre de Cro-Magnon, del cual descendemos.

Sobre un mapa del Viejo Continente puede dibujarse una enorme T, llamada *T de Vallois*. El trazo vertical se prolonga hasta Sudáfrica (Austrolopithecus) y el horizontal abarca desde Europa (Neanderthaloides y Atlanthropus de África) hasta la Indonesia (Pithecanthropus). La cruz de esta T coincide con el Fértil Creciente, la ancestral cuna de la civilización y del hombre. (Véase mapa en «diseño experimental».)

HOMÍNIDOS (Tomo 8, *Enciclopedia Hispánica*, Editorial Británica)

Los primates experimentaron un proceso de adaptación que tuvo su inicio en el paleoceno hace unos 70 millones de años. Muchos de ellos conformaron líneas evolutivas que perduraron y entre todos se distinguieron aquellos que pueden considerarse ancestros del género humano. Así, durante el mioceno y el principio del plioceno, entre 30 y 10 millones de años atrás, se diferenciaron los homínidos, grupo que presentaba múltiples caracteres evolutivos que los distinguían de los antropoides.

Ramapitecos. En 1932 el paleontólogo británico G. E. Lewis descubrió en las colinas indias de Siwalik restos mandibulares y dentales de un primate que presentaban caracteres evolutivos diferenciadores. El *Ramapithecus*, como dio en llamársele, fue considerado el eslabón entre los antropoides y los homínidos evolucionados, aunque algunas modernas teorías disienten de tal principio y asocian este género con la evolución del orangután.

Australopitecos. En 1924, al hacer saltar con dinamita una cantera en Taung, en Sudáfrica, se obtuvo por casualidad un cráneo que ofrecía algunos rasgos de chimpancé, aunque prevalecían otros en clara línea de hominización. Este homínido, el *Australopithecus africanus*, conocido como *Baby Dart* por los estudios que le dedicó el paleontólogo británico

Raymond Arthur Dart, carecía de la visera frontal propia de los antropoides, tenía una capacidad craneana de 500 cm³ (que habría dado en la edad adulta unos 600 o 700 cm³) y una dentadura con sólo dos caracteres goriloides, ninguno propio del chimpancé y 20 comunes con el hombre. Poco tiempo después, el profesor Dart encontró otros restos adultos parecidos, con pelvis que se acercaban a un 95 % de caracteres humanos, a los que dio el nombre de *Australopithecus prometheus* por haber encontrado a su alrededor restos de fuego y unas piedras talladas esferoidales.

A pesar de la apariencia de simios de estos restos, el análisis anatómico disuadió de considerarlos como evolución de los antropoides y los presentó como una evolución de los homínidos. Posteriores hallazgos permitieron establecer dos ramas: una más robusta, vegetariana, que se mantuvo en el bosque; otra más grácil, de menor tamaño, bípeda, erecta y omnívora. Otros autores explican estas diferencias como restos pertenecientes al macho o a la hembra, o bien incluyen la rama grácil en el género *Homo*.

Homo habilis. En 1960 se descubrió en Olduvai, Tanzania, una mandíbula infantil junto con los otros parietales, una clavícula, y algunos huesos de la mano y los pies, rodeados de objetos de la cultura de los guijarros. Aunque estos restos se hallaban en un nivel del suelo más bajo que el de otros restos de austrolipiteco robusto, los rasgos anatómicos obligaron a adscribirlo a un nuevo grupo más evolucionado: el *Homo habilis*, denominación asignada en 1964.

Homo erectus. Según las teorías de **Darwin**, el naturalista alemán Ernst Haeckel auguró que tendría que haber existido un ser mitad mono (*pithecus*) y mitad hombre (*anthrópos*). El investigador holandés Eugène Dubois buscó y encontró en Trinil, en la Isla de Java, el tipo que denominó *Pithecanthropus erectus*. Se trataba de un ser totalmente bípedo, con una capacidad craneana de 900 cm³, casi dos veces mayor que su ancestro el *Australopithecus*, pero con la frente, órbitas y mandíbulas semejantes a los antropoides. De él se encontraron con posterioridad restos semejantes en China (*Sinanthropus*), en Europa (Hombre de Heidelberg) y en África (*Atlanthropus*). Estas variedades de la especie genéricamente denominada *Homo erectus* cubrieron, según las diversas hipótesis paleontológicas, un período de duración variable que concluyó hace unos 130.000 años.

Homo sapiens. Cerca de la aldea alemana de Neanderthal se descubrió en 1856 un extraño cráneo de aspecto simiesco pero de una capacidad craneana de 1.600 a 2.000 cm³. El hallazgo supuso la transición hacia una especie más evolucionada, el *Homo sapiens*, de la que el espécimen hallado en Alemania constituyó la subespecie *Homo sapiens neanderthalensis*. Se trataba de individuos de baja estatura de caja craneana y rostro grandes, que ocupaban hace unos 50.000 años el sur y el centro de Europa. Restos fósiles han permitido aportar la hipótesis de que se produjera la desaparición del hombre de Neanderthal como consecuencia del predominio de la otra subespecie, *Homo sapiens sapiens*, el hombre de Cro-Magnon que procedía del oriente. Los primeros restos del Cro-Magnon datan de hace 32.000 años, aunque se cree que es probable que hubiera penetrado en Europa con anterioridad.

La hipótesis de la aniquilación del Neanderthal tiene su contrapartida en otra teoría paleontológica, en función de la cual la desaparición de aquél se produjo por la fusión de ambas subespecies. Tal planteamiento se basa en el hallazgo de los dos tipos de esqueletos prácticamente juntos en el monte Carmelo de Israel.

El pleistoceno, período que abarca el último millón de años, se caracterizó por las cinco sucesivas glaciaciones que se produjeron sobre la Tierra. El hombre actual, que apareció en las dos últimas, pudo, a raíz de su evolución desde los homínidos, afrontar las dificultades y amenazas que la naturaleza planteaba y llegar a fabricar los instrumentos que permitirían que un ser físicamente débil alcanzase el dominio del hábitat natural.

[...]

LA HOMINIZACIÓN (*El hombre*, Volumen III, ya citado)

La postura de la Iglesia católica respecto de la teoría evolucionista fijada por S. S. Pío XII en 1950 en su encíclica *Humani Generis*, sentando el criterio de que podría admitirse incluso para el género humano, dejando a salvo la creación del alma espiritual e inmortal que, en un momento determinado del proceso de hominización, habría sido difundida por Dios al hombre.

La aparición del *Homo sapiens sapiens* en el mundo significa el triunfo y el predominio del sistema nervioso y de las funciones cerebrales, si se estudia la evolución de las especies desde un punto de vista puramente anatómico. Si se considera la marcha progresiva y ascendente de los seres vivos desde la *euglena* (especie de protozoo clasificable entre el mundo vegetal y animal), cuya irritabilidad y simples movimientos son ya una manifestación nerviosa, hasta el desenvolvimiento craneal y encefálico de los mamíferos, se advierte un gran camino recorrido en sentido de complicación y especialización.

La boca, la garra y la mano serían, al mismo tiempo, distintas fases de utilización de instrumentos, por así decirlo, obedientes a órdenes emanadas de un centro superior. La existencia de la mano, con un dedo oponible a los demás, es condición necesaria para que el homínido pueda agarrar instrumentos, armas o trabajar la madera, el hueso, la piedra, etc. La posición bípeda sitúa los órganos de los sentidos en un punto elevado que permite dominar el ambiente, advertir los peligros y, por tanto, actuar con rapidez.

El comienzo de la hominización debe fijarse, prácticamente, a un millón de años de nuestros días. Para conseguir la evolución positiva de un antropoide era necesario aumentar la capacidad craneal. Es curioso constatar que los simios con los huesos del cráneo totalmente soldados, y si bien éste crece, no puede llegar a adquirir el desarrollo considerable que se observa en la especie humana. El hecho se debe a que en el hombre los huesos craneales no están soldados, sino que poseen fontanelas, es decir, espacios sólo recubiertos por la piel, es decir, islas de solidificación y expansión.

La utilización de objetos contundentes a modo de armas revela la aparición de la inteligencia, pues no existen simios que utilicen garrotes o piedras para la defensa y el ataque. En cambio en los yacimientos de fósiles de Australopithecus se encuentran huesos de cérvidos, algunos de los cuales demuestran que fueron utilizados a modo de porras, especialmente algunos fémures. Resulta notable, por ejemplo, comprobar que los cóndilos de estos fémures coinciden con los aplastamientos de ciertos cráneos de simios encontrados en el lugar. Demostrarían que los homínidos usaron los huesos de ciervo a modo de garrote para matar a los simios, de cuya carne se alimentaron. El primer instrumento utilizado no fue pues, la piedra, sino el garrote, probablemente óseo.

OPARIN Y HALDANE (*Los caminos de la evolución*)

LA «SOPA» DE LA VIDA

Tal como destacamos en *Biología I. La vida en la Tierra,* el hecho de que el Universo esté formado por un número determinado de elementos es uno de los descubrimientos más importantes de la ciencia moderna. Los nombres de algunos de ellos nos resultan muy familiares: carbono, oxígeno, hidrógeno, oro, plata, sodio, potasio, cloro.

Cada uno de ellos está formado por un tipo diferente de partículas llamadas **átomos**. Así encontramos que hay átomos de oxígeno, átomos de oro, etc. Los átomos se unen para formar **moléculas**, como por ejemplo la de agua, que está constituida por la unión de dos átomos de hidrógeno y uno de oxígeno.

Resulta evidente que los seres vivos no están formados por ninguna sustancia «particular»: **la autoorganización de los seres vivos y su capacidad para reproducirse dependen de una complejísima combinación de algunos de los 92 elementos naturales conocidos.**

Aunque hay una gran variedad de moléculas, las que caracterizan a los seres vivos están constituidas básicamente por seis diferentes clases de átomos: carbono, oxígeno, hidrógeno, fósforo, nitrógeno, azufre.

Sin embargo, los átomos de estos seis elementos se combinan de a miles o millones para formar las enormes macromoléculas: el ácido desoxirribonucleico (*ADN*).

A su vez, estas macromoléculas pueden unirse e interactuar formando estructuras muy complejas como las **células**. Las células son las estructuras básicas que manifiestan las propiedades de la vida. Este conocimiento nos permite afirmar que:

Las propiedades de los sistemas vivos son consecuencia de las complejas interacciones entre las grandes moléculas.

BIBLIOGRAFÍA

Este tipo de libros de «alta divulgación» está diseñado para aquellas personas no especialistas en la materia que se trata en ellos, cuya cultura e inquietudes por saber más las empuja a leer y seguir aprendiendo. También se destinan al público culto que haya cultivado otros ámbitos del conocimiento, pero que desea profundizar aún más en el saber forjado a lo largo de varios milenios de historia cultural de la Humanidad. Para conocer más sobre el personaje y los temas relacionados con él, es conveniente leer algunos de los libros utilizados por el autor para elaborar la biografía cultural y social de Darwin en este breve trabajo histórico de divulgación cultural. De todos ellos, el historiador y autor de este libro ha seguido como base de su trabajo la *Autobiografía* construida por el mismo Darwin mediante sus recuerdos y correspondencia, pero cuyos textos fueron luego seleccionados por su hijo Francis.

Un dato importante a tener en cuenta: la forma de las **citas bibliográficas** aquí expuesta no es un capricho del autor, que no sigue la forma norteamericana, tan usada por algunos científicos que gustan de imitar lo que consideran una cultura superior y creerse así «progresistas». Por el contrario, ha seguido las normas sobre citas bibliográficas establecidas por la UNESCO en 1985 y fijadas como obligatorias en 1995 por la Dirección General de Archivos y Bibliotecas, del Ministerio de Cultura (hoy Ministerio de Educación y Ciencia) español, en la obra titulada *Reglas de Catalogación* (Madrid, 1995).

Obras de Darwin más asequibles en España

DARWIN, Ch. R.: *Autobiografía* (2 vols.), Madrid, Alianza Editorial, 1977.
DARWIN, Ch. R.: *El origen de las especies*. Madrid, SARPE, 1983.
DARWIN, Ch. R.: *Viaje de un naturalista alrededor del mundo*. Madrid, Anjana Ediciones, 1982. Reproduce la traducción publicada en Madrid en 1899, con los mismos grabados que tenía entonces.

DARWIN, Ch. R.: *El viaje en el Beagle,* Barcelona, Labor, 1984, 2.ª ed., Es el mismo libro anterior, editado con otro título y variando algunas palabras.

DARWIN, Ch. R.: *El origen del hombre* (2 vols.), Madrid, Edimat, 1998.

Obras asequibles en España sobre Darwin ciencias relacionadas

BARREIRO A. J.: *Historia de la Comisión Científica del Pacífico,* Madrid, 1926.

BERNAL, J.: *Historia social de la ciencia* (2 vols.), Barcelona, Península, 1968.

BOWLER, P. J.: *Charles Darwin. El hombre y su influencia,* Madrid, Alianza, 1995.

CALATAYUD ARINERO, M.ª A.: *Catálogo de las expediciones y viajes científicos españoles, Siglos XVIII y XIX,* Madrid, CSIC, 1984.

CANTO DÍAZ, P.: *Evolución: ¿mito o fraude? Consideraciones sobre la verosimilitud de la teoría de la «evolución de las especies».* Barcelona, el autor, 1995.

CARTER, G. S.: *Cien años de evolución,* Madrid, Taurus, 1959.

DENNETT, D. C.: *La peligrosa idea de Darwin* Barcelona, Galaxia Gutenberg, 1999.

GHISELIN, M. T.: *El triunfo de Darwin,* Madrid, Cátedra, 1983.

HEMLEBEN, J.: *Darwin,* Madrid, Alianza, 1971.

GREEN, T.: *Tras las huellas de Darwin. Un viaje a caballo de Tierra del Fuego a las islas Galápagos*, Barcelona, Plaza y Janés, 2000.

GLICK, Th.: *Darwin en España*, Barcelona, Península, 1982.

HENRIQUEZ UREÑA, P.: *Historia de la cultura en la América hispana*, México, F.C.E., 1947.

HOWARD, J.: *Darwin,* Madrid, Alianza, 1982.

JONSON, Ph.: *Proceso a Darwin,* Grand Rapids (Michigan, EE.UU.), Ed. Portavoz, 1994.

LAFUENTE, A. y MAZUECOS, A.: *Los caballeros del punto fijo. Ciencia, política y aventura en la expedición geodésica hispanofrancesa al virreinato del Perú en el siglo XVIII,* Barcelona, Serbal/CSIC, 1987.

LENAY, Ch.: *La Evolución. De la bacteria al hombre,* Barcelona, RBA, 1994.

LÓPEZ FANJUL, C. y TORO IBÁÑEZ, M. A.: *Polémicas del evolcionismo*, Madrid, Eudema, 1987.

MARTÍNEZ SANZ, J. L.: *Medio siglo de ciencia española: la Real Sociedad Española de Historia Natural (1871-1921),* Madrid, Universidad Complutense, 1982.

MARTÍNEZ SANZ, J. L.: «Aportación a la historia de las mentalidades en la España del siglo XIX: la polémica de las cuevas de Altamira en la S.E.H.N.», en *Perspectivas de la España contemporánea,* Madrid, Univ. Complutense de Madrid, 1986.

McKIE, D.: «Ciencia y tecnología», en *Historia del mundo moderno,* capítulo 4 del vol. XII (Univ. de Cambridge), Barcelona, Sopena, 1978.

MILNER, R.: *Diccionario de la evolución,* Barcelona, Biblograf, 1995.

MILLER, J. y VAN LOON, B.: *Darwin para principiantes,* Buenos Aires, Era Naciente, 1995.

MONTERO, J. M.: *Caminos abiertos por Charles Darwin,* Madrid, Hernando, 1978.

MOOREHEAD, A.: *Darwin. La expedición en el Beagle (1831-1836),* Barcelona, Ediciones del Serbal, 1980.

MAYR, E.: *Una larga controversia. Darwin y el darwinismo,* Barcelona, Crítica, 1992.

NÚÑEZ RUIZ, D.: *El darwinismo en España,* Madrid, 1977.

PESET, J. L. y otros: *Ciencias y enseñanza en la revolución burguesa,* Madrid, Siglo XXI, 1978.

MILNER, R.: *Diccionario de la evolución,* Barcelona, Biblograf, 1995.

MORENO GLEZ., A.: *Una ciencia en cuarentena, La Física académica en España (1750-1900),* Madrid, CSIC, 1988.

RUIZ DE QUEVEDO, M.: *Cuestión universitaria. Documentos coleccionados por M. R. de Q. referentes a los profesores separados, dimisionarios y suspensos,* Madrid, 1876.

RUSE, M.: *La revolución darwinista (La ciencia al rojo vivo),* Madrid, Alianza, 1983.

RUSE, M.: *Mystery of Mysteries. Is Evolution a Social Construction?,* Cambridge (EE.UU.), Harvard University Press, 1999.

SARUKHÁN, J.: *Las musas de Darwin,* México D.F., Fondo de Cultura Económica, 1988.

SARUKHÁN, J.: *Charles Darwin: su influencia en la ciencia y fuera de ella,* México, UNAM, 1996.

SOKAL, A. y BRICMONT, J.: *Impostures Intellectuelles,* París, Editions Odile Jacob, 1997.

193

STRATHERN, P.: *Darwin y la evolución,* Madrid, Siglo XXI de España, 1999.

TAMAYO, M.: «Las "profecías" de Charles Darwin», en A. Troncoso-M. Tamayo: *Viva la Ciencia,* pp. 177-194, Chile, Universidad de Talca, 1998.

TATON, R.: *Historia general de las ciencias,* Barcelona, Destino, 1973 (5 vols.)

TORRES, J. L.: *En el nombre de Darwin,* México, Fondo de Cultura Económica, 1995.

VERNET GINÉS, J.: *Historia de la ciencia española,* Madrid, Instituto de España, 1976.

YUDILEVICH LEVY, D. y CASTRO LE-FORT, E.: *Darwin en Chile (1832-1835). Viaje de un naturalista alrededor del mundo,* Santiago de Chile, Editorial universitaria, 2002.

YOUNG, D.: *El descubrimiento de la Evolución,* Barcelona, Ediciones del Serbal, 1998.

Publicaciones informáticas asequibles en español sobre Darwin

MICROSOFT Co.: *Enciclopedia Encarta 2004,* Madrid, 2004. Muy interesante y de acertados contenidos.

PLANETA-AGOSTINI: *MILENIUM. Gran biblioteca multimedia,* Barcelona, 2001.

ÍNDICE